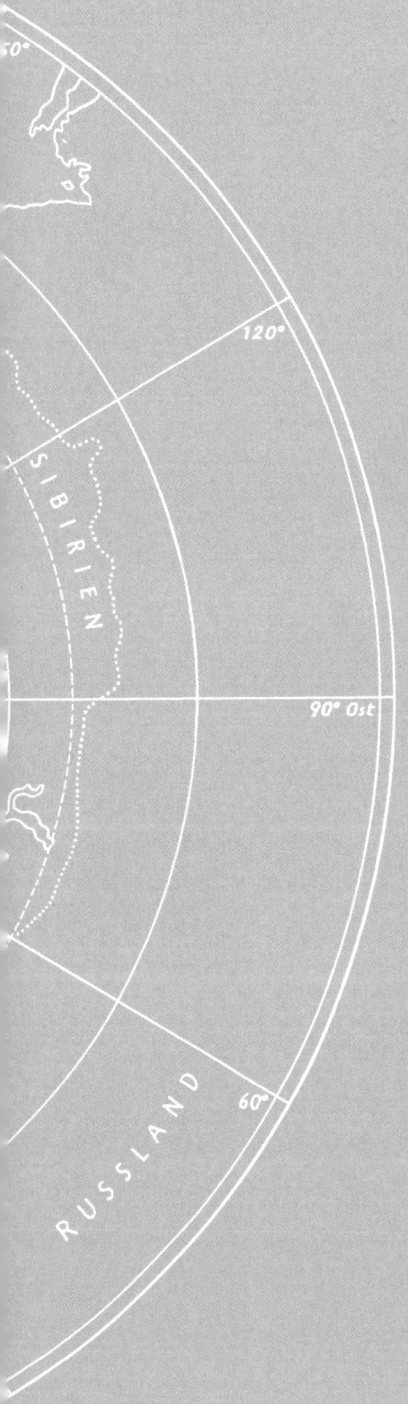

Die Deutsche Nationalbibliothek verzeichnet diese
Publikation in der Deutschen Nationalbibliografie;
detaillierte bibliografische Daten sind im Internet unter
http://dnb.ddb.de abrufbar.

1. Auflage 2011
© 2011 by mareverlag, Hamburg

Lektorat Meike Herrmann
Gestaltung und Satz Simone Hoschack
Bildrecherche Petra Koßmann, Andrea Knobloch (Ass.)
Grafiken und Karten Walther-Maria Scheid
Schrift Bembo, Syntax
Druck Memminger MedienCentrum, Memmingen
Bindung Buchbinderei Lachenmaier, Reutlingen
Printed in Germany
ISBN 978-3-86648-133-6

www.mare.de

ROLAND KNAUER • KERSTIN VIERING

ARKTIS UND ANTARKTIS

Von Pinguinen, Polarlichtern und stürzenden Stürmen

Mit Illustrationen von Jürgen Willbarth

Inhalt

Vorbemerkung

Der Zauber der Kälte

Glitzernd weiß, strahlend blau, rabenschwarz, im Sonnenlicht sieht das Land märchenhaft aus. Gipfel an Gipfel, Berg an Berg. Zerklüftet, wild wie kein anderes Land auf unserer Erde liegt es da, ungesehen und unbetreten.« Als der Polarforscher Roald Amundsen im Dezember 1911 seine Eindrücke von der Antarktis notierte, war er erkennbar beeindruckt. Ein beinahe unwirkliches Kunstwerk aus Fels und Eis, aus Wasser und Farben schien die Natur da am südlichen Ende der Welt geschaffen zu haben. Faszinierend und abweisend, schön und schroff zugleich und voller Geheimnisse, die es zu ergründen galt. Die Eiswelt lockte. Und es war schwer, sich diesem Lockruf aus Sturmgeheul und Vogelgeschrei, aus Meeresrauschen und Gletscherkrachen zu entziehen.

Hundert Jahre nach Amundsens legendärer Reise zum Südpol hat sich daran nichts geändert. Der Zauber der Antarktis ist ungebrochen. Immer mehr Menschen zieht es auf den kältesten, trockensten, stürmischsten und einsamsten Kontinent der Erde. Von »ungesehen und unbetreten« kann keine Rede mehr sein. Die einen machen eine luxuriöse Kreuzfahrt, um beeindruckende Landschaften und eine vielfältige Tierwelt an sich vorbeiziehen zu lassen. Die anderen kommen an Bord von Forschungsschiffen, mit modernster Technik im Gepäck, um Kälteanpassungen oder Lebensgemeinschaften, Klimaprozesse oder den Ozonabbau zu untersuchen. Doch was auch immer sie hergeführt hat, eine Erfahrung verbindet die modernen Antarktisreisenden: Sie berichten von einer Art Virus, das sie sich beim ersten Besuch im eisigen Süden eingefangen haben.

Dieser geheimnisvolle Erreger scheint die Infizierten zu zwingen, immer wieder zurückzukehren. Da kann das Schiff in den wilden Wellen noch so schlingern, die Seekrankheit den Magen noch so aufwühlen. Da kann sich die grandiose Kulisse der eisgekrönten Berglandschaften noch so oft hinter dunklen Wolken verbergen, während der Sturm die Schneeflocken in peitschende Geschosse verwandelt. Es lohnt sich trotzdem. Wieder und wieder. Für die Touristen, die mit verzauberten Gesichtern mitten in einer riesigen Pinguinkolonie sitzen und erleben, wie ihnen eines der neugierigen Jungtiere prüfend an die Linse der Kamera pickt. Und für die Wissenschaftler, die hier immer neue Mosaiksteine finden, um ihr Bild von der Erde zu komplettieren. Das Antarktis-Virus erwischt sie fast alle.

Es wird sie zurückziehen in die Regionen südlich einer unsichtbaren Linie, die Meeresforscher die »Antarktische Konvergenz« nennen. Dort, wo das kalte Oberflächenwasser aus der Antarktis auf die wärmeren Fluten aus dem Norden trifft, beginnen die südlichen Polargebiete. Wie eine Schlangenlinie zieht sich diese wässrige Grenze durch den Ozean, wölbt sich an einigen Stellen ein Stück weiter nach Norden, bleibt an anderen etwas weiter südlich. Das auf dem 54. Breitengrad liegende Feuerland gehört gerade nicht mehr zur Eiswelt des tiefen Südens, die britische Insel South Georgia auf dem gleichen Breitengrad dagegen durchaus.

Diese Ortsangaben verraten schon, dass auf der gegenüberliegenden Seite des Globus irgendetwas anders sein muss. Denn auf dem 54. Breitengrad Nord liegt beispielsweise die Stadt Hamburg. Über deren Wetter mag man alles Mögliche sagen, aber von polaren Verhältnissen kann dort sicher keine Rede sein. Die Grenze der Arktis liegt also deutlich weiter im Norden. Wo genau, ist allerdings nicht so leicht zu sagen. Es gibt für die nördlichen Polargebiete eine ganze Reihe von Definitionen, die allerdings noch mehr Ausnahmen im Schlepptau haben. Die Ökologen etwa vertreten ein recht einfaches Konzept. Für sie endet die Arktis dort, wo auf Meereshöhe die ersten Bäume wachsen. Ein kleiner Zipfel im äußersten Norden Skandinaviens gehört daher genauso zur Polarregion wie der Norden Sibiriens, Kanadas und Alaskas sowie etliche Inseln wie Spitzbergen und Grönland.

Auf der Nordhalbkugel reicht der kalte Arm der Polargebiete also längst nicht so weit Richtung Äquator wie im Süden des Planeten. Und auch was die Temperaturrekorde angeht, kann die Arktis nicht mit ihrem südlichen Pendant mithalten. So muss ein Besucher am Nordpol im Sommer mit Temperaturen um den Gefrierpunkt rechnen, im Winter ist bei Werten um minus 30 Grad Celsius schon deutlich wärmere Ausrüstung gefragt. Am Südpol dagegen sind solche strengen Fröste schon in der wärmeren Jahreszeit an der Tagesordnung. Im Winter fällt das Thermometer dort leicht auf minus 60 Grad. Da wird rasch klar, dass kalt eben nicht gleich kalt ist. Auch der Frost hat seine Hierarchien.

Was hinter diesen Temperaturunterschieden steckt, verrät ein Blick in den Atlas. Die Antarktis präsentiert sich dort als Kontinent mit fast 3 000 Meter dicken Eispanzern und dem Südpolarmeer ringsherum. Auf der anderen Seite des Globus liegt dagegen kein eisbedeckter Kontinent, sondern nur das von den nördlichen Rändern Europas, Nordamerikas und Asiens eingefasste Nordpolarmeer. Auf dessen kalten Fluten schwimmt zwar eine rund 3 Meter dicke Packeisdecke, größere gefrorene Panzer auf festem Land aber gibt es abgesehen von den Gletschern Grönlands kaum. Im Wettbewerb um die größten Eismassen und damit auch die tiefsten Temperaturen liegt eindeutig die Südhalbkugel vorn.

Trotz dieser Unterschiede haben die Polarwelten im Norden und Süden aber auch eine ganze Reihe von Gemeinsamkeiten. So verschwinden sie im jeweiligen Winter größtenteils in der Finsternis der Polarnacht, je nach Breitengrad steigt die Sonne dann tage- oder sogar monatelang nicht über den Horizont. Dafür geht sie im Sommer für entsprechend lange Perioden auch nicht unter. Ihre Strahlen lassen die Eiswelt in einer erstaunlichen Palette von Farben schimmern: glasklar und milchig weiß, meergrün und türkisblau. Wind und Wellen haben die bizarrsten Formen herausgeschliffen. Rundgewaschen, ausgehöhlt und filigran verästelt liegen ganze Kollektionen von langsam dahinschmelzenden Skulpturen am Strand. Ihre größeren Verwandten treiben derweil als Eisberge auf dem Meer – eine Herausforderung für jeden Schiffskapitän. Riesige Quader und rundliche Lindwurmbuckel, verwunschene Paläste und glitzernde Skylines tauchen wie Sinnestäuschungen am Horizont auf und erweisen sich doch immer wieder als reale Eisgebilde. Auch wenn die Löcher in den weißen Flanken in einem noch so unirdischen Blau leuchten: Das Farb- und Formenspiel ist keine Magie, sondern reine Physik.

Die Biologie dagegen zaubert dunkle Schatten an die Strände, elegante Silhouetten an den Himmel und rasche Bewegungen ins Wasser. Denn die surreale Eiswelt ist keineswegs so lebensfeindlich, wie sie auf den ersten Blick aussieht. Nur die Extremisten der Tierwelt können dem klirrenden Frost, den peitschenden Stürmen und der langen Dunkelheit trotzen. Die Pinguine des Südens und die Eisbären des Nordens haben sich auf diese polaren Herausforderungen eingestellt, ebenso ein Heer von Seevögeln, Robben und Walen. Für sie lohnt es sich, den Kampf mit den Elementen aufzunehmen. Denn die Polarmeere entschädigen mit einem reich gedeckten Tisch – bis jetzt jedenfalls.

Schon aber mehren sich die Indizien dafür, dass die eisigen Paradiese im Wandel sind. Die steigenden Temperaturen im Treibhaus Erde setzen den Polargebieten und ihren Bewohnern besonders stark zu. Welche Folgen das haben wird, kann bisher niemand genau abschätzen. Klar ist nur, dass viel auf dem Spiel steht. Denn Arktis und Antarktis sind entscheidende Motoren und Weichensteller für das Klima auf dem gesamten Globus. Wenn sie sich verändern, werden die Folgen nicht nur ein paar Eisbären und Pinguine treffen, sondern auch Menschen – und zwar viele Menschen. Wir sollten die hohen Breiten also im Blick behalten. Wenn wir uns dabei auch noch von Amundsens Märchenlandschaft verzaubern lassen, umso besser. ❧

1

Aufbruch ins Ungewisse: Die Pioniere der Polarforschung

Gut, dass Fridtjof Nansen am 3. März 1895 keine Zeitung in die Hände bekam. Sonst hätte er in einem Artikel der *New York Times* allerlei Herabwürdigendes lesen müssen. Was man denn von dem Versuch des Norwegers halte, in einem vom Eis eingeschlossenen Schiff zum Nordpol zu driften, hatte das Blatt etliche bekannte Polarexperten gefragt. Das Urteil war vernichtend. Das sei eines der idiotischsten Vorhaben aller Zeiten, ereiferte sich Lieutenant David Brainard, der in den 1880er-Jahren an der Lady-Franklin-Bay-Expedition in die kanadische Arktis teilgenommen hatte. Nansen fehle es schlicht an Erfahrung, um die Risiken eines solchen Unternehmens richtig einzuschätzen. Der Gewalt des Eises könne sich kein Schiff widersetzen. Die Expedition werde sich nicht nur als Fehlschlag erweisen, sondern in einer Katastrophe enden: »Ich halte es für zweifelhaft, dass man jemals wieder von Dr. Nansen hören wird.« Der so Abgekanzelte war da allerdings schon knapp zwei Jahre unterwegs. Zeitungen konnten ihn nicht mehr erreichen. Doch man würde durchaus noch von ihm hören.

Abb. links: Schlittenhunde waren bei der Erforschung der Polargebiete zuverlässige Helfer und Begleiter. Ihr Vorteil: Da sie sich von Robbenfleisch ernähren konnten, musste man das Gepäck nicht zusätzlich mit Futter für die Tiere belasten.

Abenteuer Grönland

Damit hätte man rechnen können. Denn es war nicht das erste Mal, dass sich Fridtjof Nansen in ein riskantes Polarabenteuer stürzte. So hatte er in den 1880er-Jahren einen ehrgeizigen Plan zur Durchquerung Grönlands entwickelt. Er wollte seine Reise nicht etwa im bewohnten Westen der Insel beginnen, sondern an den abgelegenen und geheimnisumwitterten östlichen Küsten, an denen Barrieren aus Eis die Zufahrt übers Meer versperrten und an Land nur schroffe Berge warteten. Kopfschüttelnd hörten sich Forscherkollegen und mögliche Finanziers diese Pläne an. Wer wollte Geld in ein derart leichtsinniges Unternehmen stecken? Wenn Nansen und seine Begleiter in diesem unwirtlichen Landstrich einmal losgelaufen wären, hätten sie keinerlei sichere Basis mehr, zu der sie notfalls zurückkehren konnten.

Sie müssten weiter, komme, was da wolle. Doch Nansen ließ sich nicht beirren. Warum von Westen loslaufen, wenn dann im unwirtlichen Osten kein Schiff für die Rückfahrt wartete? Zweimal den beschwerlichen Weg übers Eis zu machen, schien selbst dem eingefleischten Polarfan nicht unbedingt erstrebenswert. Und wenn man nur vorwärts und nicht zurück konnte, hatte das ja auch seine Vorteile. Zumindest steigerte es die Motivation.

Ein Kopenhagener Kaufmann ließ sich schließlich zu einer Investition von 1 000 Dollar überreden und das Abenteuer konnte beginnen. Im Juni 1888 schiffte sich Nansen mit fünf Begleitern Richtung Ost-Grönland ein. Am 17. Juli kletterte das Team in seine Ruderboote und ließ die schwimmende Zuflucht hinter sich. Ein paar Stunden würden sie schon brauchen, um den Strand zu erreichen, hatten die Männer kalkuliert. Doch sie hatten nicht mit dem Wind und den Strömungen gerechnet, die sie nie in die gewünschte Richtung trieben. Oder mit dem tückischen Packeis, das sich immer wieder um die Boote schloss, sodass sie aussteigen und ihre Gefährte bis zum nächsten offenen Wasser ziehen mussten. Stunden vergingen. Tage. Eine Woche. Der Zauber der Arktis aber blieb zumindest in Nansens Augen ungebrochen. Selbst dem Meer-Eis konnte er nach wie vor etwas abgewinnen, so

hinderlich, unberechenbar und gefährlich es für die Insassen eines kleinen Bootes auch sein mochte: »Und doch hat es eine ungewöhnliche Wirkung auf unsere Sinne. Wenn man genau hinschaut, verändern sich seine Formen pausenlos und Farben spielen in allen Schattierungen von Blau und Grün.«

FRIDTJOF NANSEN

Der Norweger Fridtjof Nansen (1861–1930) hat nicht nur als Erster Grönland durchquert und beinahe den Nordpol erreicht, er war eines der letzten Universalgenies: Seine Arbeiten zur Neurobiologie gelten noch heute als Klassiker, er war Politiker und einer der Gründerväter Norwegens. Sein Engagement für Flüchtlinge und die Entwicklung des sogenannten Nansen-Passes für Staatenlose brachten ihm den Friedensnobelpreis ein.

10.10.1861:	Geburt in Store Frøen bei Christiania (heute Oslo)
1888:	Durchquerung Grönlands
1893–1896:	Expedition mit der *Fram* ins Nordpolarmeer
1906–1908:	Norwegischer Botschafter in Großbritannien
ab 1920:	Hochkommissar des Völkerbundes für Flüchtlingsfragen
10.12.1922:	Friedensnobelpreis
13.05.1930:	Tod in Lysaker, Norwegen

Nach zwölf Tagen hatten die Boote endlich die Küste erreicht. Doch dann gingen die Strapazen erst richtig los. Zunächst galt es, eine Wand aus steilen Klippen zu überwinden. Und dahinter wartete das Eis. Zwei Monate lang quälten sich die Männer auf Skiern an Gletscherspalten vorbei bis auf 2 700 Meter Höhe und auf der anderen Seite wieder hinunter bis zum Meer. Auf diesen 560 Kilometern Fridtjof betrat Nansen Gebiete, die vermutlich noch kein Mensch zu Gesicht bekommen hatte. Er konnte der Welt nun aus erster Hand berichten, dass Grönland komplett von Eis bedeckt ist und die Gletscher an die 3 000 Meter in den Himmel ragen.

Mitten im Oktober aber war es für eine Rückkehr nach Europa zu spät, die Expedition musste in Godthåb, der Hauptstadt Grönlands, überwintern. Fridtjof Nansen studierte in dieser Zwangspause nicht nur das Leben der Inuit, sondern erfuhr auch, wo die Menschen auf dieser Insel ohne Bäume bisweilen ihr Bauholz herbekamen: Immer wieder werden noch heute an der Küste Grönlands Baumstämme und anderes Treibholz angeschwemmt, das aus Nordamerika oder Sibirien stammt.

Im Griff des Eises

Was andere vermutlich interessiert zur Kenntnis genommen und dann wieder vergessen hätten, ging Fridtjof Nansen nicht aus dem Kopf. Nach seiner triumphalen Rückkehr nach Norwegen dachte er immer wieder an die weitgereisten Baumstämme. Treibholz konnte so weite Strecken doch eigentlich nur zurücklegen, wenn es im Eismeer Strömungen gab, die es trugen. Dazu passte auch, dass Überreste eines Schiffbruchs 1884 vor der Südwestküste Grönlands aufgetaucht waren. Eingefroren im treibenden Eis fanden sich Kleidungsstücke und Dokumente, vollständig mit Namen und Daten, die eindeutig vom US-Marineschiff *Jeannette* stammten. Das aber war drei Jahre zuvor gesunken – und zwar nicht etwa vor Grönland, sondern eine halbe Welt entfernt, vor den Neusibirischen Inseln. Konnte nicht vielleicht auch ein intaktes Schiff auf diese Weise reisen? Die Idee war verführerisch. Der Meeresstrom von Sibirien nach Grönland musste irgendwo am Nordpol vorbeiführen. Und den zu erreichen, war der bis dahin unerfüllte Traum aller Polarforscher. Nansens riskante Idee, die ihm so viel Kopfschütteln von Kollegen eintragen sollte, war geboren.

Eins war dabei von vornherein klar: Wenn es mit der Drift durchs Eis tatsächlich etwas auf sich hatte, brauchte es ein ganz besonderes Schiff, um das zu belegen. Eine 08/15-Konstruktion würde dem gewaltigen Druck des Eises nicht standhalten. Also wandte Nansen sich an Colin Archer, die damalige Nummer eins unter Norwegens Schiffskonstrukteuren. Entwurf um Entwurf wurde gezeichnet und wieder verworfen, bis Nansen endlich zufrieden war. Am 9. Juni 1891 unterschrieben die beiden Männer einen Vertrag, am 6. Oktober 1892 lief die *Fram* vom Stapel.

Eine Schönheit war sie nicht. Irgendwie plump mit ihrem seltsam geformten, abgerundeten Rumpf. Doch Archer verteidigte seine Krea-

Fridtjof Nansens Schiff hat zwischen 1893 und 1912 Geschichte geschrieben: Die *Fram* (norwegisch für »vorwärts«) war für norwegische Polarforscher damals das Fahrzeug der Wahl. Kein anderes Holzschiff ist jemals in Regionen vorgestoßen, die weiter südlich oder nördlich liegen. Zunächst bewährte sich der Dreimaster von 1893 bis 1896 unter Nansens eigenem Kommando. Die riskante Reise durchs arktische Packeis konnte der *Fram* nichts anhaben und so wurden auch andere Polarforscher auf sie aufmerksam. Otto Sverdrup nutzte das Schiff für seine von 1898 bis 1902 dauernde Arktisexpedition, und 1910 brach Roald Amundsen damit zu seinem berühmten Südpolwettlauf auf. Dafür wurde die *Fram* als erstes Schiff der Welt mit einem Dieselantrieb ausgerüstet. Heute ist das legendäre Schiff in einem Museum in Oslo zu sehen.

tion: Ein Schiff für eine so ungewöhnliche Aufgabe wie eine Drift im Eis müsse eben auch anders aussehen als die üblichen Wasserfahrzeuge. Alle Details war darauf ausgelegt, den Attacken der weißen Schollen zu widerstehen: Die dreilagige, 60 bis 70 Zentimeter dicke Außenhaut aus Eiche und härtestem Tropenholz. Die einziehbaren Ruder und Propeller. Und vor allem die rundliche Form, die dem Eis keinen Angriffspunkt bot. Statt ihn zu zerquetschen, würde der gefrorene Panzer des Ozeans den Rumpf einfach nach oben schieben, hoffte Nansen. Sein Schiff würde »wie ein Aal aus der Umarmung des Eises schlüpfen«. So weit die Theorie.

Am 24. Juni 1893 wurde es ernst. Begleitet von Salutschüssen und dem Jubel der Schaulustigen verließ die *Fram* den Hafen von Oslo und nahm Kurs auf die Neusibirischen Inseln. An Bord hatte sie neben Nansen und seinen zwölf Begleitern auch einen Proviantvorrat für sechs Jahre. Man konnte nie wissen, wie lange so ein Abenteuer dauern würde.

Schon bald machten sich die Nachteile bemerkbar, die mit der ungewöhnlichen Konstruktion der *Fram* verbunden waren. Sie mochte Eismassen standhalten. Dafür lag das 39 Meter lange und 11 Meter breite Schiff aber ziemlich instabil im Wasser. Sir Clements Markham, Präsident der Royal Geographic Society in London, bescheinigte ihm später Segelqualitäten von der Güte »eines Heuhaufens«. Besonders bei rauer See litten die Passagiere Höllenqualen. Blieb zu hoffen, dass der Dreimaster die Bewährungsprobe im Eis besser bestehen würde. In der Nähe der Neusibirischen Inseln, etwas südlich des 78. Breitengrades, war es dann so weit. Am 20. September sichtete die Mannschaft das erste Eis, ein paar Tage später schlossen die weißen Massen das Schiff ein. Ruder und Propeller wurden eingezogen. Es gab kein Zurück.

Die *Fram* machte ihre Sache gut. Jedenfalls was ihren Widerstand gegen das Eis anging. Allerdings kam sie zu Nansens Enttäuschung so gut wie nicht voran. Kaum war man ein Stück nach Norden vorgedrungen, trug die unberechenbare Strömung das Schiff wieder nach Süden zurück. Auf die Art und Weise würde es Jahre dauern, bis das Schiff auch nur in die Nähe des Pols kam. Als die Sonne Ende Oktober hinter dem Horizont versank, wurde die Stimmung nicht besser. Die

Langeweile zerrte an den Nerven. »Kann nicht irgendetwas passieren?«, schrieb Nansen frustriert in sein Tagebuch. »Kann nicht ein Orkan kommen und das Eis aufbrechen?« Im Januar sah es endlich aus, als hätten die Gewalten des Meeres ein Einsehen. Die *Fram* driftete stetiger nach Norden. Am 22. März 1894 überquerte sie den 80. Breitengrad.

Die Positionsbestimmungen aber verhießen nichts Gutes. Bald wurde klar, dass der Traum trotz allen beharrlichen Wartens zu platzen drohte. Die *Fram* würde ziemlich weit am Nordpol vorbeidriften. Und dafür verbrachten sie all die nervenaufreibenden Monate im Eis? Nansen konnte sich damit nicht zufriedengeben. Nach monatelangen Vorbereitungen und unermüdlichem Skitraining verließ der Norweger im März 1895 gemeinsam mit Hjalmar Johansen, drei Schlitten, zwei Kajaks und 28 Hunden das im Eis festliegende Schiff. Sie würden versuchen, den Pol zu Fuß zu erreichen, auf Skiern durch die eisige Weite. Ohne Hoffnung, das Schiff wiederzufinden. Nachdem sie den Pol erreicht hätten, würden sie sich über den gefrorenen Panzer des Meeres weiter zur Inselgruppe Franz-Joseph-Land und von dort nach Spitzbergen durchschlagen.

Zunächst kamen die beiden Abenteurer gut voran, obwohl bei Temperaturen um minus 40 Grad keineswegs ideales Reisewetter herrschte. Doch mit der Zeit schienen sich die Meilen immer mehr in die Länge zu ziehen. »Meine Finger sind ganz kaputt. Alle Handschuhe sind steif gefroren«, notierte Johansen zunehmend niedergeschlagen. »Es wird schlimmer und schlimmer … Gott weiß, was aus uns werden wird.« Auch Nansen kamen immer mehr Zweifel, ob das Ziel überhaupt zu erreichen war. Am 7. April zerschellte der Traum endgültig. Vor Nansens Augen erstreckte sich »ein Durcheinander aus Eisblöcken bis zum Horizont«. Es ging nicht weiter. Die Positionsbestimmung ergab 86° 13,6' Nord. Immerhin. So nahe war bis dahin noch kein Mensch dem Nordpol gekommen.

Eigentlich sollte Fridtjof Nansens Schiff Fram *von den Neusibirischen Inseln aus direkt über den Nordpol hinweg bis in den Atlantik driften. Doch der Plan ging nicht auf, und der Entdecker musste den Weg Richtung Pol auf Skiern antreten.*

Abb. links: Fridtjof Nansen posiert mit zwei- und vierbeinigen Gefährten an Bord der Fram. *Sobald das Schiff die polaren Breiten erreicht, werden die Männer Anzüge und Hüte gegen wärmere Ausrüstung tauschen müssen.*

Die Männer schlugen nun den Weg nach Südwesten ein, Richtung Franz-Joseph-Land. Prompt ging es leichter voran, die Lage schien sich zu bessern. Bis sie an einem Tag auf die Uhr schauten und feststellten, dass beide Zeitmesser den Geist aufgegeben hatten. Das aber bedeutete, dass sie nicht mehr zuverlässig feststellen konnten, auf welchem Längengrad sie sich befanden. Liefen sie überhaupt noch in Richtung Franz Joseph Land? Oder steuerten sie auf den offenen Atlantik zu?

Mitte April tauchte ein Hoffnungsschimmer auf: ein großes Stück Treibholz, eingefroren in einer Eisscholle. War nun doch Land in der Nähe? Die Spuren von Polarfüchsen und Eisbären nährten den Optimismus. Doch die Wochen vergingen und kein Ziel kam in Sicht. Einen Hund nach dem anderen mussten die Männer töten, um die übrigen am Leben zu erhalten. Die steigenden Temperaturen ließen das Eis aufbrechen, der Weg wurde beschwerlicher. Doch dann, am 23. Juli, tauchte das auf, was die Männer so lange herbeigesehnt hatten: »Endlich ist das Wunder geschehen«, notierte Nansen, »Land, Land, und das, nachdem wir schon nicht mehr daran geglaubt hatten.« Weitere anstrengende Tage später – auch eine Eisbärenattacke mussten sie noch überstehen – erreichten sie die Grenze des Eises, bastelten Kajaks und Schlitten zu einem provisorischen Katamaran zusammen und setzten zu einer festen Küste über. Franz-Joseph-Land war erreicht. Und es war klar, dass sie vor dem Winter nicht mehr weiterkommen würden.

Am 28. September hatten die Männer ihr Quartier fertiggestellt: Ein Loch mit zu Wänden aufgetürmten Steinen ringsherum und einem Dach aus Walrosshäuten würde für die nächsten Monate ihre Zuflucht vor der Finsternis, der Kälte und den Stürmen sein. Immerhin gab es genug Eisbären und Robben, sodass sie die Lebensmittelrationen mit Fleisch aufstocken konnten. Doch die Zeit wurde lang. Dunkelheit, Langeweile und keine Ablenkungen – außer einer sehr einseitigen Lektüre beim funzeligen Licht von Tranlampen: Ein Segelhandbuch und Navigationstabellen sind nicht unbedingt das, was man sich unter einem anregenden Lesevergnügen vorstellt. Vor allem nicht, wenn man sie mangels Alternativen schon zum x-ten Mal studiert.

Im Mai 1896 konnte die Reise endlich weitergehen. Abgetriebene Kajaks, die nur durch einen Sprung ins eisige Wasser gerettet werden konnten, ein Walrossangriff – es wurde nicht leichter. Und am 17. Juni schienen die Strapazen die Nerven der Männer endgültig zerrüttet zu haben. Sie hörten Stimmen. Und Gebell. Es dauerte einen Moment, bis sie realisierten, dass sie nicht unter Halluzinationen litten. Sie hatten das unglaubliche Glück gehabt, mitten in der eisigen Weite auf Frederick Jackson zu stoßen, den Leiter einer britischen Expedition. Auch der glaubte seinen Augen nicht trauen zu können, als er die seltsamen Gestalten näher kommen sah: »Ein großer Mann mit einer weichen Filzmütze, loser, voluminöser Kleidung und langem, struppigem Haar und Bart, der nach schwarzem Fett stank.« Doch dann fiel es ihm wie Schuppen von den Augen: »Sie sind Nansen, nicht wahr?« – »Ja, ich bin Nansen.«

Zwei Monate verbrachten die Männer im Hauptquartier der Briten in Cape Flora, dann kehrten sie mit deren Expeditionsschiff nach Norwegen zurück. Nur eine Woche später erreichte auch die *Fram* mit

Ein angriffslustiger Eisbär drohte Nansen und seinem Begleiter Hjalmar Johansen noch kurz vor dem Ziel einen Strich durch die Rechnung zu machen. Doch die Männer erreichten unbeschadet Franz-Joseph-Land.

dem Rest der Mannschaft den Hafen von Skjervøy in Nordnorwegen. Nach drei Jahren hatte das Eis seine hölzerne Gefangene wieder freigegeben. Es war ein Triumph. Nansen hatte zwar den Nordpol nicht erreicht. Doch er hatte bewiesen, dass die Strömung im Packeis kein Hirngespinst war. Und er hatte eines der gewagtesten Abenteuer der Polarforschung zu einem guten Ende geführt.

DAS ERBE DER PIONIERE

Wissenschaftler interessieren sich heutzutage sehr für die Eismassen, die rings um den Nordpol den Ozean bedecken. Wie hat sich die Ausdehnung des Meer-Eises in den letzten Jahrhunderten verändert? Schmilzt es unter dem Einfluss des Klimawandels allmählich ab? Bei solchen Fragen können die Logbücher der alten Polarforscher helfen. Schon die Kapitäne des 16. Jahrhunderts haben darin neben Wetterangaben auch das Auftauchen von Eisbergen und die Grenzen des Packeises vermerkt. Dreihundert Jahre später hielt Fridtjof Nansen nicht nur Eisgrenzen fest, sondern auch Wassertiefen und Strömungen, Temperaturen und Salzgehalte. Wertvolle historische Informationen wie diese haben Mitarbeiter des Norwegischen Polar-Instituts und der Naturschutzorganisation WWF in einem besonderen Archiv zusammengetragen. Es enthält mehr als 6000 Karten aus dem Gebiet zwischen Grönland und der Insel Nowaja Semlja im russischen Eismeer. Darauf ist die Eisverteilung zu verschiedenen Zeitpunkten zwischen den Jahren 1553 und 2002 zu sehen.

Der Ruf des Nordpols

Die Herausforderung Nordpol aber lockte weiter. Immer wieder brachen Expeditionen zu diesem eisigen Ziel auf – und scheiterten. Einige Abenteurer behaupteten zwar, sie seien angekommen, konnten das aber nicht beweisen. Auf Skepsis stießen zum Beispiel die Behauptungen des US-amerikanischen Arztes Frederick Cook, der am 21. April 1908 als erster Mensch den Pol bezwungen haben wollte. An seinen Schilderungen schien etwas nicht recht zu stimmen. Im Sommer 1907 war der Sohn der deutschen Einwanderer Theodor und Magdalena Koch zu seiner Expedition aufgebrochen und hatte den Winter in einer Inuitsiedlung im Norden Grönlands verbracht. Begleitet von zwei Inuit wanderte Frederick Cook dann über die Axel-Heiberg-Insel hoch im Norden Kanadas und kämpfte sich angeblich von dort über das Eis des Polarmeers bis zum Nordpol durch. Sämtliche wissenschaftlichen Aufzeichnungen über den Verlauf der Expedition aber gingen Cook nach eigenen Angaben verloren. Und statt der Welt von ihrer vermeintlichen Heldentat zu berichten, verbrachten die Männer noch einen weiteren Winter auf der kanadischen Devon-Insel. Erst im Frühjahr 1909 kam Frederick Cook schließlich in die USA zurück. Die Anerkennung als Nordpolbezwinger aber blieb ihm verwehrt. So haben Experten inzwischen ausgerechnet, dass die mitgeführte Verpflegung des angeblichen Pioniers allenfalls bis zum Pol gereicht hätte, aber nicht für den Rückweg.

Kaum war Cook wieder in den USA angekommen, erhob noch ein anderer den Anspruch, die große Herausforderung im hohen Norden gemeistert zu haben. Cooks Landsmann und guter Bekannter Robert Peary berichtete triumphierend von seiner Polbezwingung am 6. April 1909. Der Amerikaner hatte schon etliche Anläufe auf das frostige Ziel unternommen. So war er bereits von 1891 bis 1893 auf dem Weg nach Norden gewesen, mit von der Partie war kein anderer als Frederick Cook. Die Männer scheiterten weit vor dem Pol. Weitere Versuche folgten, 1905/06 überschritt Robert Peary auf einer seiner Expeditionen sogar den 87. Breitengrad und war damit bis auf 280 Kilometer an den Nordpol herangekommen. So nahe wie nie zuvor ein Mensch. Acht Zehen waren ihm dabei erfroren und mussten amputiert werden.

Das hielt ihn jedoch nicht vom nächsten Versuch ab. Seine Darstellung der Expedition von 1908/09 aber strotzte vor Ungereimtheiten. An dem Tag, an dem Robert Peary angeblich am Nordpol stand, begleiteten ihn zum Beispiel entgegen allen Absprachen nur vier Inuit und ein Diener. Keiner dieser Männer aber konnte Breitengrade bestimmen und so bestätigen, dass die Gruppe überhaupt am Ziel war. Obendrein hätten die Expeditionsteilnehmer auf den letzten Etappen Übermenschliches leisten müssen. 20 Kilometer

Der US-Amerikaner Frederick Cook hatte bereits Ende des 19. Jahrhunderts an mehreren Polarexpeditionen teilgenommen. 1909 behauptete er, als erster Mensch den Nordpol bezwungen zu haben. Beweisen konnte er das allerdings nicht.

waren sie vorher an durchschnittlichen Tagen vorangekommen. In den letzten vier Tagen vor dem Pol aber wollten sie plötzlich 250 Kilometer durch völlig unwegsames Gelände auf dem Meer-Eis zurückgelegt haben? Ganz zu schweigen vom Rückweg, auf dem sie für die gleiche Distanz angeblich nur zwei Tage und acht Stunden gebraucht hatten. Zunächst enthusiastisch als Pionier gefeiert, wurde Robert Peary nach seinem Tod 1920 das Etikett des Nordpolschwindlers angehängt.

Wenn es aber so schwierig war, sich über das tückische Meer-Eis bis zum ersehnten Ziel vorzukämpfen – warum probierte man es dann nicht aus der Luft? Diese Idee ließ den Norweger Roald Amundsen nicht los. Kurz entschlossen machte er sich an die Vorbereitungen für ein solches Unternehmen und erwarb am 11. Juni 1914 den ersten Flugschein, der überhaupt in seiner Heimat ausgestellt wurde. Zwei Monate später aber musste er mit dem Ausbruch des Ersten Weltkriegs alle Flugpläne begraben. Jetzt sollte es doch eine klassische Schiffsexpedition werden. Am 16. Juni 1918 lief die eigens dafür gebaute *Maud* dann endlich vom nordnorwegischen Tromsø aus – und stieß bald auf außergewöhnlich große Mengen von Treibeis. Statt sich weiter im Norden vom Eis einschließen zu lassen und auf eine Drift Richtung Pol zu hoffen, entschloss sich Roald Amundsen, an der Küste Nordsibiriens zu überwintern.

Damit aber begann seine Pechsträhne erst so richtig. Ende September zog er sich bei einem Sturz einen Splitterbruch der Schulter zu, am 8. November endete die überraschende Begegnung mit einem Eisbären mit tiefen Rückenwunden, und am 10. Dezember vergiftete er sich bei wissenschaftlichen Experimenten mit Kohlenmonoxid und trug bleibende Schäden am Herzen davon. Die geplante Schlittenexpedition zum Nordpol wurde daher gar nicht erst angetreten.

Doch Roald Amundsen dachte gar nicht daran, seine Nordpolpläne aufzugeben. Am 21. Mai 1925 startete er den nächsten Anlauf. Der amerikanische Millionär Lincoln Ellsworth hatte ihm zwei Flugboote des Typs Dornier-Wal gekauft. Diese Flugzeuge mit schwimmfähigem Rumpf sollten nun als Transportmittel für eine Reise von Spitzbergen nach Alaska dienen. Allerdings mussten beide Maschinen etwa 150 Kilometer vom Pol entfernt auf dem Eis notlanden – eine mit leckem

Le Petit Journal

5 CENT   SUPPLEMENT ILLUSTRÉ   **5** CENT   ABONNEMENTS

DIMANCHE 19 SEPTEMBRE 1909

LA CONQUÊTE DU POLE NORD
Le docteur Cook et le commandant Peary s'en disputent la gloire

ROALD AMUNDSEN

Kinder haben oft hochfliegende Pläne. Der Norweger Roald Amundsen (1872–1928) aber dachte nicht daran, sich mit dem Erwachsenwerden davon zu verabschieden. Er war von klein auf entschlossen, Polarforscher zu werden. Als Jugendlicher trainierte er Bergsteigen, das Laufen in Eis und Schnee und das Schlafen bei Minusgraden, um sich auf diese Karriere vorzubereiten. Und tatsächlich ging er als Bezwinger beider Pole in die Geschichte ein.

16.07.1872: Geburt in Borge, Norwegen
1897–1899: *Belgica*-Expedition unter Adrien de Gerlache
1903–1906: Durchquerung der Nordwestpassage auf der *Gjøa*
1910–1912: Antarktisexpedition auf der *Fram*
14.12.1911: Erreichen des Südpols
12.05.1926: Überfliegen des Nordpols
18.06.1928: Rettungsexpedition für den mit einem Luftschiff in der Arktis abgestürzten Italiener Umberto Nobile; seither verschollen

Treibstofftank und die andere mit Motorproblemen. Nur eine von beiden war danach noch flugfähig. Erneut war Roald Amundsen nicht nur gescheitert, sondern auch in akuter Lebensgefahr. Drei Wochen brauchte das sechsköpfige Expeditionsteam, um mit den Händen und ein paar Werkzeugen mehr als 600 Tonnen Eis und Schnee beiseitezuschaffen und so eine primitive Startbahn zu improvisieren. Dann endlich konnten sich die sechs Männer in das verbliebene Flugzeug quetschen und starten. Tatsächlich gelang es dem Piloten mit einer fliegerischen Meisterleistung, die völlig überladene Maschine mit den letzten Tropfen Treibstoff wieder sicher in Spitzbergen zu landen. Den jubelnden Empfang bei seiner Rückkehr nach Oslo beschrieb Amundsen später als einen der glücklichsten Momente seines Lebens.

Flugboote schienen also auch nicht die idealen Transportmittel für die Polbezwingung zu sein. Doch es gab noch weitere Alternativen. Kurzerhand kaufte Amundsen von der italienischen Regierung das Luftschiff N1, taufte es auf den Namen *Norge* (deutsch: »Norwegen«) um und startete am 11. Mai 1926 von Spitzbergen aus ein weiteres Mal Richtung Pol. Kapitän war der Konstrukteur des Luftschiffs, der Italiener Umberto Nobile. Außer ihm und Amundsen waren auch der Finanzier Lincoln Ellsworth und 13 weitere Männer an Bord. Diesmal klappte endlich alles. Nach 16 Stunden und 40 Minuten Fahrt überflog die *Norge* ihr Ziel, und die Männer konnten die Flaggen ihrer drei Heimatländer über dem Nordpol abwerfen. Am 14. Mai landete die *Norge* sicher in Teller in Alaska.

Es war geschafft: Zum ersten Mal hatten Menschen nachweislich den Nordpol erreicht. Der Amerikaner Richard Byrd behauptete zwar, er habe das glitzernde Ziel im hohen Norden schon drei Tage vor der *Norge* in einem Flugzeug überquert. Die erheblichen Zweifel an seiner Behauptung konnte er aber nie widerlegen. Die *Norge* und ihre Besatzung heimsten den Ruhm der Polbezwinger ein. Bis sich Menschen zu Fuß zu diesem magischen Punkt durchschlagen konnten, sollte es dann noch Jahrzehnte dauern. Erst 1969 erreichte der Schotte Wally Herbert mit drei Gefährten, vier Hundeschlitten und 40 Huskys von Alaska aus den nördlichsten Punkt der Erde.

Nachdem so viele gescheitert waren, kamen Roald Amundsen und seine Begleiter endlich ans Ziel: Das Luftschiff Norge *brachte seine Passagiere im Mai 1926 sicher von Spitzbergen nach Alaska und überquerte dabei zum ersten Mal den Nordpol.*

Der Kontinent im Süden

Der sagenhafte »Süd-kontinent« lockte seit jeher Interessenten aus aller Welt. Zwar wusste niemand etwas über die Geografie und die Gefahren dieser Region, viele Kartendarstellungen waren reine Fantasie-gebilde. Das hinderte Abenteurer wie Regierungen allerdings nicht daran, dort unten allerlei Wertvol-les zu vermuten.

Wer hätte gedacht, dass die Eroberung des Nordpols so lange dauern würde? Am Ende des 19. Jahrhunderts hätte wohl kaum jemand darauf gewettet, dass Menschen zuerst das südliche Pendant dieses magischen Punktes erreichen würden. Seefahrer und Wissenschaftler hatten jahr-hundertelang darüber gerätselt und gestritten, was genau sich eigent-lich im tiefen Süden des Planeten verbarg. Schon die Gelehrten im al-ten Griechenland hatten über einen großen Südkontinent spekuliert, der den Indischen Ozean begrenzte und mit Afrika verbunden war. Die Geografen der Antike und des Mittelalters zeichneten entspre-chende Landmassen in ihre Karten ein. Doch die Umrisse samt Bergen und Flüssen waren reine Fantasiegebilde. Niemand hatte die geheim-nisvolle »Terra australis incognita« je gesehen.

Dabei schien sie nach allem, was man sich so vorstellte, ein durchaus verlockendes Ziel zu sein: angenehmes Klima, reiche Bodenschätze, kultivierte Bewohner, mit denen man lukrative Handelsbeziehungen knüpfen konnte – kurz: eine echte Goldgrube. Kein Wunder, dass jahrhundertelang immer wieder Expeditionen ausgeschickt wurden, um den sagenhaften Südkontinent zu suchen. Am 27. Januar 1820 sich-tete der deutsch-baltische Seefahrer Fabian Gottlieb von Bellingshau-sen im Auftrag des russischen Zaren tatsächlich eine Landmasse tief im Süden. Von mildem Klima und freundlichen Bewohnern konnte allerdings keine Rede sein. Es war eine menschenleere Welt aus Eis: die Antarktis.

Neues Land weckte natürlich den Ehrgeiz der Polarforscher, und so stachen in den folgenden Jahrzehnten immer wieder Ex-peditionen mit Kurs Süd in See, um es genauer zu erforschen. Rasch wurde dabei klar, dass man auf solchen Reisen mit allem rechnen

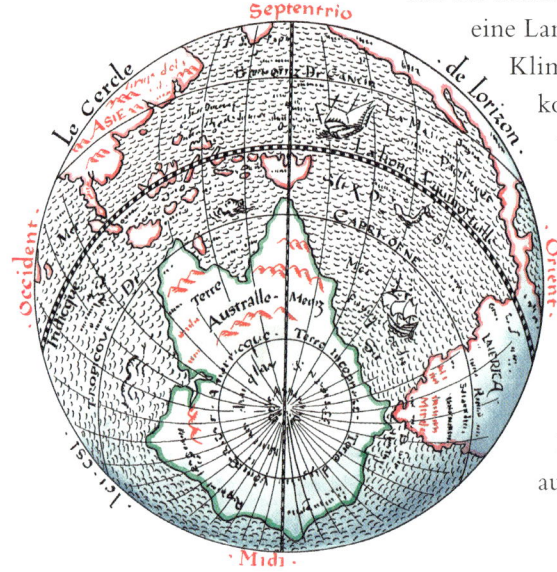

EIN ROBBENFÄNGER AUF GROSSER FAHRT

Die *Belgica* schien nicht gerade das perfekte Schiff für eine Winterexpedition in die Antarktis zu sein. Lediglich einen neuen Anstrich hatte man dem 30 Meter langen und 7 Meter breiten Robbenfänger vor dem Auslaufen verpasst. Um das Dampfschiff eisgängig zu machen, fehlte das Geld. Derartige Zustände würden heutigen Antarktisreisenden die Haare zu Berge stehen lassen. Doch trotz der mangelhaften Ausstattung hat die *Belgica* ihre mehr als ein Jahr dauernde Odyssee durchs Packeis unbeschadet überstanden.

musste: Tobende Stürme, Eis, klirrende Kälte waren echte Herausforderungen auch für den hartgesottensten Seefahrer, und das selbst im Sommer. Niemand mochte sich vorstellen, was dort unten im Winter vor sich ging. Doch Adrien de Gerlache de Gomery hatte vor, genau das herauszufinden. Als erster Mensch wollte der Belgier der Finsternis und erbarmungslosen Kälte der Polarnacht trotzen und in der Antarktis überwintern.

Er ließ ein ehemaliges norwegisches Robbenfängerschiff für die Expedition herrichten und taufte es auf den Namen *Belgica*. Die Vorbereitungen waren beinahe abgeschlossen, und das Abreisedatum rückte näher, als de Gerlache unerwartete Post bekam. Ob er bitte an der Expedition teilnehmen könne, fragte ein damals noch völlig unbekannten Norweger namens Roald Amundsen. Er sei auch bereit, auf jeden Lohn zu verzichten. Der Expeditionsleiter ließ sich nicht lange bitten. Als die *Belgica* am 16. August 1897 den Hafen von Antwerpen verließ, war Amundsen als Zweiter Offizier an Bord.

Allerdings schien die Reise unter keinem guten Stern zu stehen. Schon auf dem Atlantik drohte das völlig überladene Schiff zu kentern, Stürme beschädigten den Rumpf, und ein Teil der überforderten Mannschaft musste in Südamerika zurückgelassen werden. Am 20. Januar 1898 erreichte die *Belgica* endlich das Südpolarmeer. Doch die Probleme rissen nicht ab. Ein Mann ging über Bord und konnte trotz aller Bemühungen nicht gerettet werden. Im März wurde das Schiff vom Eis eingeschlossen. Hilflos saß die Besatzung an Bord und sah die Sonne hinter dem Horizont versinken. Erst Monate später würde sie

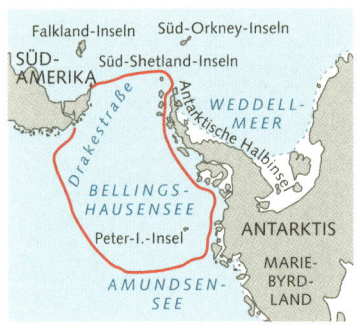

Die Reise der Belgica dauerte von 1897 bis 1899 und führte weiter nach Süden, als Menschen bis dahin je gewesen waren. Im März 1898 überquerte das Schiff den 63. Breitengrad Süd. Im Februar 1898 wurde es in der Nähe der Peter I.-Insel vom Eis eingeschlossen und kam erst im März 1899 wieder frei.

wieder auftauchen. Derweil war man der Finsternis der Polarnacht ausgeliefert. Düstere Aussichten. Zumal außer de Gerlache kein einziger Mann mit Eismeer-Erfahrung an Bord war.

Vom wissenschaftlichen Standpunkt aus gesehen, konnte sich das Team nicht beklagen. Wann bekam man schon einmal die Gelegenheit, so ausführlich die antarktische Küste zu untersuchen und aus den Lücken des Packeises bis dahin unbekannte Meeresbewohner ans Tageslicht zu holen? Doch je mehr Wochen vergingen, umso kritischer wurde die Lage. Die Nahrung musste rationiert werden, die erschöpften Männer litten an Skorbut. Auch de Gerlache war krank, Roald Amundsen übernahm das Kommando. Schnell fand er sich in seine neue Rolle ein und schickte die Männer an die Arbeit: Robben und Pinguine wurden gefangen und auf den Speisezettel gesetzt, Wolldecken verwandelten sich in warme Kleidung.

Mitte Februar 1899 schien endlich ein Ende der Strapazen in Sicht zu kommen: Das offene Wasser war auf ein paar Hundert Meter an das im Eis gefesselte Schiff herangerückt. Verzweifelt versuchten die Männer, mithilfe von Hacken und Sprengstoff eine Rinne dorthin freizubrechen. »Kein Anarchistenknast hat je eifrigere Bombenbastler gesehen als die *Belgica*«, soll Henryk Arctowski, der polnische Geologe an Bord, die Lage beschrieben haben. Doch alle Bemühungen und alle aus Keksdosen gebastelten Sprengkörper brachten die Mannschaft kaum einen Schritt voran. Erst nach einem Sturm Mitte März gab das Eis die *Belgica* endlich frei – und die Expedition hatte Geschichte geschrieben: Zum ersten Mal hatten Menschen einen Winter in der Antarktis durchgestanden. Gleichzeitig hatte die Reise viele neue Erkenntnisse über die kalte Welt im tiefen Süden geliefert. Man wusste nun, dass es dort tatsächlich einen eigenständigen, eisbedeckten Kontinent gibt. Man hatte Inseln und die Westküste der Antarktischen Halbinsel kartografiert und die Meeresströmungen der Region in Augenschein genommen. Und dank der mehr als ein Jahr lang aufgezeichneten Wetterdaten konnte man sich zum ersten Mal ein Bild davon machen, wie harsch die Bedingungen in diesen Breiten wirklich sind.

Ballons und Hunde

Der Sieg über den Polarwinter war aber nicht die letzte Herausforderung, die in der Antarktis wartete. So viele unbekannte Landstriche, so viel zu entdecken, und einen unerreichten Pol gab es hier ja
auch noch. Für den Briten Robert Falcon Scott klang das alles sehr
verlockend. Er hatte die Nase gestrichen voll von seiner Arbeit bei der
britischen Marine mit ihrer täglichen Routine. Die Antarktis – das war
doch die lang ersehnte Möglichkeit, etwas Besonderes zu leisten! Scott
beschloss, sich um das Kommando der *Discovery* zu bewerben, die das
1841 entdeckte Rossmeer weit südlich von Neuseeland näher erforschen sollte.

Am 6. August 1901 lief das Expeditionsschiff unter seiner Leitung
aus. Einer der Offiziere an Bord war Ernest Shackleton, der noch eine
große Karriere als Polarforscher vor sich hatte. Zunächst sah alles gut
aus. Ohne größere Schwierigkeiten durchquerte die *Discovery* das
Rossmeer und lief am 3. Februar 1902 in eine Bucht im Ross-Schelfeis
ein. Kaum hatten die Männer die gewaltige Eisplatte erreicht, stand
ein riskantes Experiment auf dem Plan: die erste antarktische Ballonfahrt der Geschichte. Scott und Shackleton kletterten in die Gondel
und stiegen bis in 250 Meter Höhe auf, um die Eiswelt aus der Vogel-
perspektive zu betrachten. Wenn sie dort oben nicht verunglückten,

ROBERT FALCON SCOTT

Wenn es einen Polarforscher
gibt, der als tragische Figur in
die Geschichte eingegangen ist,
dann ist es der Brite Robert
Falcon Scott (1868–1912). Er
und seine Begleiter verloren den
Wettlauf zum Südpol gegen die
norwegische Konkurrenz unter Führung von Roald
Amundsen. Letztlich unterlagen sie auch der rauen
Natur der Antarktis und bezahlten ihr Polarabenteuer
mit dem Leben. In einem heftigen Schneesturm wurde
ihr Zelt zur eiskalten, tödlichen Falle.

06.06.1868:	Geburt in Davenport, England
1901–1904:	*Discovery*-Expedition in die Antarktis
1910–1912:	*Terra Nova*-Expedition zum Südpol
17.01.1912:	Erreichen des Südpols
29.03.1912:	Tod in der Antarktis

ERNEST SHACKLETON

Am Ende scheiterten seine Unternehmen praktisch alle, der große Durchbruch blieb ihm verwehrt. Und doch gilt Ernest Shackleton (1874–1922) als einer der größten Helden der Antarktisforschung. Denn sein Talent, Menschen zu führen, Vertrauen zu wecken und noch in den auswegslosesten Situationen eine Lösung zu finden, hat ihn und seine Begleiter mehr als einmal vor dem sicher scheinenden Tod gerettet. Als die Bevölkerung Großbritanniens 2002 über die wichtigsten Personen in der Geschichte ihres Landes abstimmte, landete Ernest Shackleton achtzig Jahre nach seinem Tod auf Platz 11.

15.02.1874:	Geburt in Kilkea, Irland
1901–1904:	*Discovery*-Expedition in die Antarktis unter Robert Falcon Scott
1907–1909:	*Nimrod*-Expedition in die Antarktis
1914–1917:	*Endurance*-Expedition in die Antarktis
1920–1922:	*Quest*-Expedition ins Südpolarmeer
05.01.1922:	tödliche Herzattacke in Grytviken, South Georgia

kommentierte der mitgereiste Arzt Edward Wilson kopfschüttelnd, »so deshalb, weil Gott Mitleid mit den Verrückten hat«. Zu weiteren riskanten Höhenflügen konnte sich allerdings niemand hinreißen lassen, weil der Ballon gleich bei der ersten Fahrt beschädigt wurde.

Beim nächsten großen Abenteuer von Scott und Shackleton war Wilson dann mit von der Partie. Am 2. November 1902 spannte das Trio die Hunde vor die Schlitten und machte sich daran, den Südpol zu erobern. Was das Überleben in der Antarktis anging, waren die drei allerdings keine Profis. Wie sich bald herausstellen sollte, hatten sie sich schon beim Abschätzen der nötigen Lebensmittelvorräte ziemlich vertan. Noch fataler war ihre mangelnde Erfahrung im Umgang mit Hunden und Schlitten. Die Tiere weigerten sich, den halb verdorbenen Stockfisch zu fressen, den man ihnen anbot. Anderes Futter aber stand nicht zur Verfügung, und so wurden die Hunde täglich schwächer. Wenn sie die Schlitten nicht mehr ziehen könnten, müssten sich die Forscher selbst davorspannen.

Trotz aller Widrigkeiten überquerte das Team am 25. November den 80. Breitengrad Süd. Jenseits davon waren auf den Landkarten nur weiße Flecken eingezeichnet. »Wir können nicht haltmachen, wir können nicht umkehren«, schrieb Scott in sein Tagebuch. »Und das

Hundeschlittenfahren ist das Schlimmste, womit man es in diesem Beruf zu tun bekommt.« Ohne Hunde war es allerdings noch deutlich schlimmer. Ein Tier nach dem anderen starb oder wurde geschlachtet, mit seinem Fleisch wurden die übrigen am Leben gehalten. Und auch die Gesundheit der Männer verfiel zusehends. Wilson konnte wegen Schneeblindheit kaum noch etwas sehen, und Shackleton litt an Skorbut. Es war hoffnungslos. Am 31. Dezember beschloss Scott, die Sache aufzugeben und umzukehren. Immerhin hatte die Expedition 82° 17' südlicher Breite erreicht. So weit war vorher noch niemand gekommen. Doch der Pol war immer noch 750 Kilometer entfernt.

Das Antarktis-Virus ließ die Teilnehmer dieser Expedition nicht los. Das Ziel Südpol zu den Akten zu legen kam nicht infrage. Den nächsten Anlauf unternahm Shackleton mit dem Expeditionsschiff *Nimrod*. Im August 1907 lief er von Großbritannien Richtung Neuseeland aus, anschließend ging es weiter in die Antarktis. Im Oktober 1908 machte sich dann ein Team von vier Personen auf den beschwerlichen Fußmarsch über das Ross-Schelfeis Richtung Pol.

Um die Umgebung besser überblicken zu können, startete die Besatzung der Discovery *1902 ein gewagtes Experiment: die erste antarktische Ballonfahrt der Geschichte.*

Shackleton und seine Begleiter Frank Wild, Eric Marshall und James Adams kämpften sich durch Eis und Schnee und erreichten am 9. Januar 1909 die Breite 88° 23' Süd. Der Pol lag nur noch 180 Kilometer entfernt. Doch die Vorräte schwanden, und die Männer waren erschöpft. Shackleton wusste, die Chance, Polargeschichte zu schreiben, lag greifbar nahe. Sie konnten das Ziel erreichen. Doch auf dem Rückweg würden sie verhungern. War es das wert? Shackleton zögerte nicht lange, sondern beschloss umzukehren. Sein Leben und das seiner Begleiter waren ihm dann doch wichtiger als der Ruhm des Polbezwingers. Als der Forscher wohlbehalten zu seiner Frau zurückkehrte, kommentierte er nur lapidar: »Besser ein lebender Esel als ein toter Löwe, oder?« – »Ja, Schatz«, antwortete sie.

Wettlauf zum Südpol

Die Krone des Südpolbezwingers war damit nach wie vor zu vergeben. Also unternahm Robert Scott einen neuen Anlauf. Am 1. Juni 1910 verließ sein Schiff *Terra Nova* den Hafen von London. Da lief noch alles nach Plan. Doch im australischen Melbourne erreichte Scott ein Telegramm, mit dem er nicht gerechnet hatte. Roald Amundsen teilte lapidar mit, dass er ebenfalls auf dem Weg in die Antarktis sei. Damit war ein polares Wettrennen eröffnet, das die Welt noch in Atem halten sollte.

Dabei hatte Amundsen eigentlich ein ganz anderes Projekt auf der entgegengesetzten Seite der Welt in Angriff genommen. Noch im Sommer 1909 sah sein Plan vor, sich mit einem Schiff nördlich der Beringstraße vom Eis einschließen und dann über den Nordpol hinwegtreiben zu lassen. Fridtjof Nansen hatte ihm für dieses Unternehmen sogar sein eigenes Schiff, die *Fram*, geborgt. Doch dann meldeten die Zeitungen im September 1909 in großen Lettern »Nordpol erreicht!«. Die Amerikaner Robert Peary und Frederick Cook berichteten unabhängig voneinander von ihren angeblichen Erfolgen in der Arktis. Trotz aller späteren Zweifel an diesen Geschichten hatte das Ziel Nordpol damit zumindest vorerst seinen Reiz verloren.

Amundsen aber war verschuldet und brauchte dringend ein Erfolgserlebnis. Kurzerhand beschloss er, stattdessen den Südpol zu erobern. Er wusste zwar, dass Scott schon mit dem gleichen Ziel unterwegs war. Doch den glaubte Amundsen noch überholen zu können. Am 9. August 1910 verließ die *Fram* mit 97 grönländischen Schlittenhunden, einem Kanarienvogel, einem Grammofon, einer zerlegbaren Hütte und Proviant für zwei Jahre an Bord den Hafen der norwegischen Stadt Kristiansand.

Der Großteil der 18-köpfigen Mannschaft glaubte sich da noch auf dem Weg in die Arktis. Denn Amundsen hatte zunächst nur seinen Bruder Leon und seine engsten Mitarbeiter in die neuen Pläne eingeweiht. Möglicherweise fürchtete er, bei einem so spontanen Wechsel des Expeditionsziels würden seine Geldgeber abspringen oder Nansen könnte sein Schiff zurückfordern. Vielleicht wollte er auch seinen Rivalen Scott noch eine Zeit lang im Dunkeln tappen lassen. Jedenfalls erfuhr die Mannschaft erst auf der Höhe von Madeira von ihrem neuen Ziel. Wer wolle, könne natürlich immer noch aussteigen, verkündete Amundsen. »Die meisten standen mit offenem Mund da und starrten den Chief an wie eine Reihe von Fragezeichen«, berichtete einer der Offiziere später. Doch alle blieben.

Am 14. Januar 1911 ging die *Fram* in der Walbucht am Ross-Schelfeis vor Anker, dort schlug Amundsen sein Basislager auf. Knapp 1 400 Kilometer lagen noch zwischen ihm und dem Pol. Damit war er schon einmal 100 Kilometer näher am Ziel als sein Rivale, der seine Station Cape Evans an der Westküste der Ross-Insel im McMurdo-Sund errichtet hatte. Dafür lag vor Amundsen nun ein völlig unbekanntes Gebiet, während Scott eine Route nutzen konnte, die Ernest Shackleton schon teilweise erforscht hatte. Erst einmal aber mussten beide Teams überwintern.

Was die Ausrüstung anging, hatte Amundsen wie üblich nichts dem Zufall überlassen. »Wenn wir gewinnen wollen, darf kein Hosenknopf fehlen«, war der Norweger überzeugt. Drei Wochen lang transportierten fünf Schlitten und 46 Hunde jeden Tag um die 10 Tonnen Vorräte und Ausrüstung von der *Fram* in Amundsens neue Station Framheim. Vorratszelte und die mitgebrachte Hütte wurden aufgebaut. Und als das geschafft war, legten die Männer auf dem 80., 81. und 82. Breiten-grad Vorratsdepots für den endgültigen Marsch zum Pol an. Dann brach die Polarnacht herein, und es blieb nichts mehr zu tun, als zu warten.

Um dem Lagerkoller vorzubeugen, bestand Amundsen auf einer festen Tagesroutine. Jeder der Männer bekam spezielle Aufgaben zugeteilt, die von wissenschaftlichen Beobachtungen bis zum Putzen der Hütte reichten. Auch in Cape Evans vergingen die Tage mit ähn-lichen Routinearbeiten. Fußballspiele und Vorträge über die verschie-densten Themen von Vulkanismus bis zu Pferdepflege sorgten für zusätzliche Abwechslung. Am 6. Juni feierte die Mannschaft Scotts 43. Geburtstag.

Doch es half alles nichts: Die Zeit wurde lang. Ein endloser, düsterer Tag reihte sich an den nächsten, die Polarnacht schien kein Ende zu nehmen. Erst am 24. August kletterte die Sonne wieder über den Hori-zont. Weitere Wochen vergingen, bis es warm genug war, um die Rei-se zum Pol zu beginnen. Die Spannung zerrte an den Nerven der Männer, ständig lag Streit in der Luft. Doch die Tage wurden heller, es konnte nicht mehr lange dauern. Am 20. Oktober brach Amundsen mit vier Begleitern, mehr als fünfzig Hunden und vier Schlitten end-lich auf.

Wenige Tage später machten sich auch Scotts Männer auf den Weg. Der Brite hatte vier Gruppen mit jeweils vier Personen eingeteilt, von denen nur eine den Pol erreichen sollte. Die anderen hatten die Aufga-be, diese Pioniere zu unterstützen und unterwegs Vorratslager anzule-gen. Nach den Erfahrungen seiner ersten Antarktisexpedition wollte sich Scott nicht mehr allein auf Hundeschlitten verlassen. Also war eines der Teams mit Motorschlitten ausgerüstet, die anderen führten außer Hunden auch sibirische Ponys mit. Die Motorschlitten gaben allerdings nach kurzer Zeit den Geist auf, sodass die motorisierte Gruppe ihre mehr als 300 Kilogramm Gepäck knapp 250 Kilometer weit schleppen musste. Erschöpft erreichten die Männer am 15. Novem-ber die Stelle, an der sie mit den anderen Teams zusammentreffen soll-ten. Diese kamen mit etlichen Tagen Verspätung dort an, weil die Ponys auch nicht die erhoffte Leistung brachten.

Bei Amundsens Expedition stand derweil kräftezehrendes Skilaufen auf dem Programm. Tag für Tag, Kilometer um Kilometer. Dazwischen karge Mahlzeiten, die Körper und Geist kaum inspirierten. »Es gab nichts besonders Luxuriöses«, schrieb Amundsen. »Drei oder vier trockene Haferkekse, das war alles. Und wer etwas trinken wollte, mischte die Kekse mit Schnee.« Trotzdem kam die Expedition zunächst problemlos voran. Die Männer überquerten den 3 180 Meter hohen Axel-Heiberg-Gletscher und erreichten Anfang Dezember die Antarktische Hochebene. Dort aber stießen sie auf ein tückisches Gletschergebiet, das sie aufgrund seiner Unwegsamkeit »des Teufels Ballsaal« tauften. Unter einer dünnen Schneeschicht verbargen sich zahllose gefährliche Gletscherspalten, mehrfach entgingen Männer und Hundegespanne nur um Haaresbreite einem tödlichen Sturz in die Tiefe.

Das Schlimmste an der Polarnacht ist das Warten und die Langeweile. Bei manchen Antarktisexpeditionen war daher auch ein Grammofon an Bord.

Scott und seine Männer hatten in diesen Tagen mit ihren eigenen eisigen Herausforderungen zu kämpfen. Am 4. Dezember erreichte die Expedition den mehr als 160 Kilometer langen und 30 Kilometer breiten Beardmore-Gletscher. Dann ging es erst einmal nicht weiter, weil ein heftiger Schneesturm tobte. Wieder waren kostbare Tage und Essensrationen verloren. Die Lage wurde kritisch. Nach dem Sturm wurden die Ponys erschossen, die Hundeschlitten und ihre Führer kehrten um. Der Rest der Mannschaft kämpfte sich weiter nach Süden.

Für Amundsens Team sah es derweil besser aus, die Männer ließen den satanischen Ballsaal hinter sich. Am 7. Dezember erreichten sie die Stelle, an der Shackleton hatte umkehren müssen. Und nach einer weiteren Woche, am 14. Dezember 1911, standen sie an einem vollkommen unspektakulär aussehenden Punkt 3 000 Meter über dem Meeresspiegel. Geschafft! Der Südpol war erreicht. Die Männer

Geschafft!
Am 14. Dezember
1911 war der Südpol
bezwungen. Roald
Amundsen und seine
Begleiter rammten
die norwegische Flagge
ins ewige Eis und
tauften das Plateau
am Ziel ihrer Reise
nach dem norwegi-
schen König
»Haakon-VII-
Plateau«.

fassten sich an den Händen und rammten die norwegische Fahne ins Eis. »Ich kann nicht behaupten, dass ich das Ziel meines Lebens erreicht hatte«, schrieb Amundsen später. »Der Nordpol hatte es mir von Kindesbeinen angetan, und nun befand ich mich am Südpol. Kann man sich etwas Gegensätzlicheres vorstellen?«

Trotzdem feierten die Männer ihren Erfolg mit Seehundfleisch und Zigarren, bevor sie sich vier Tage später auf den Rückweg nach Framheim machten. Als sie 99 Tage nach ihrem Aufbruch wieder bei ihrem Schiff ankamen, hatten sie insgesamt rund 3 000 Kilometer durch Eis und Schnee zurückgelegt.

Von dem Triumph seines Rivalen ahnte Scott zu diesem Zeitpunkt noch nichts. Kilometer um Kilometer kämpfte er sich mit seinen Männern durch die Eiswelt voran. Am 4. Januar 1912 wählte er vier Begleiter aus, die ihn auf dem letzten Stück zum Pol begleiten sollten. Nun mussten die eigentlich für vierköpfige Teams berechneten Rationen neu verteilt werden. Und das sollte sich später als verhängnisvoll erweisen. Zunächst aber schleppten die Männer ihre Schlitten bei guten Bedingungen unbeirrt Richtung Pol. Irgendwann musste diese Plackerei doch ein Ende haben!

Am 18. Januar 1912 hatten sie es endlich geschafft. Doch statt Stolz und Erleichterung malte sich vor allem bittere Enttäuschung in die Gesichter. Denn am Ziel aller Träume wehte bereits die Fahne der Konkurrenz. Auch ein Zelt, ein paar Kleidungsstücke, Nahrungsmittel und Messinstrumente sowie je einen Brief an Scott und den norwegischen König hatte Amundsen zurückgelassen. »Großer Gott!«, schrieb der Brite in sein Tagebuch. »Dies ist ein grauenvoller Ort. Schlimm genug, dass wir uns bis hierhin gequält haben und nicht damit belohnt wurden, die Ersten zu sein.« Doch es sollte noch schlimmer kommen.

Amundsen erreichte samt Crew und Schiff problemlos Tasmanien. Von dort konnte er am 7. März endlich ein Telegramm an seinen Bruder schicken und seinen Erfolg vermelden. Die Nachricht von der Eroberung des Südpols ging um die Welt. Für Scott und seine Begleiter aber bahnte sich derweil eine Katastrophe an. Der antarktische Sommer ging zu Ende, es wurde immer kälter, und der Rückweg zog sich hin. Die Männer hatten Schwierigkeiten, ihre Versorgungsdepots zu finden. Die Kräfte ließen zusehends nach, und die Rationen wurden knapp.

Am 17. Februar starb Edgar Evans am Fuße des Beardmore-Gletschers. Lawrence Oates verließ eines Tages das Zelt mit der Ankündigung, er werde »einige Zeit weg sein«, und tauchte nie mehr auf. Vermutlich hat er sich absichtlich geopfert, um die anderen zu retten. Doch es half nichts. Am 20. März wurden die drei Überlebenden des Grüppchens etwa 18 Kilometer vor ihrem nächsten Depot von einem Schneesturm überrascht. Sie konnten das Zelt nicht mehr verlassen. Der letzte Eintrag in Scotts Tagebuch stammt vom 29. März 1912: »Ich denke nicht, dass wir jetzt noch hoffen können. Wir werden es bis zum Ende durchstehen, doch wir werden zusehends schwächer, und das Ende kann nicht mehr weit sein. Es ist bedauerlich, aber ich kann jetzt nicht mehr schreiben. Kümmert euch um Gottes willen um unsere Leute.«

Am 29. Oktober 1912 schickte das überlebende Expeditionsteam einen Suchtrupp los, um das Schicksal von Scott und seinen Begleitern zu klären. Am 12. November fanden die Männer ein fast bis zur Spitze zugeschneites Zelt und darin die gefrorenen Körper von Robert Falcon Scott, Edward Adrian Wilson und Henry Robertson Bowers.

»Endurance« heißt Ausdauer

Ernest Shackleton wartete derweil immer noch auf seinen großen Durchbruch als Polarforscher. Doch welches Ziel sollte er sich vornehmen? Der Südpol war erreicht, der Nordpol angeblich auch. Was blieb, war in Shackletons Augen die Durchquerung der Antarktis, »eine transkontinentale Reise von Meer zu Meer, über den Pol«. Um eine Mannschaft für dieses neue Abenteuer zusammenzubekommen, soll er eine Zeitungsanzeige aufgegeben haben: »Männer gesucht für gefährliche Reise. Geringer Lohn, bittere Kälte, lange Monate in vollkommener Dunkelheit. Sichere Rückkehr fraglich. Ehre und Anerkennung im Fall des Erfolges.« Ob es diese berühmt gewordene Aufforderung

Karte rechts:
Während Ernest
Shackleton mit der
Endurance ins Wed-
dellmeer fuhr (gelb),
steuerte die Aurora
von Tasmanien aus
das Ross-Eisschelf auf
der entgegengesetzten
Seite des antarkti-
schen Kontinents an
(orange). Die Besat-
zung dieses Schiffs
legte eine Linie von
Versorgungsdepots
an (hellblau), die
Shackleton und seinen
Männern die geplante
Durchquerung der
Antarktis (pink)
ermöglichen sollte.
Nach vielen Schwie-
rigkeiten und etlichen
Todesopfern kehrte
die Aurora nach
Neuseeland zurück
(dunkelgrün).

tatsächlich gegeben hat, ist unklar. Über mangelnden Zulauf konnte sich Shackleton jedenfalls nicht beklagen. Er bekam mehr als 5 000 Bewerbungen, 56 Männer nahmen schließlich an der Expedition teil.

Laut Plan sollte das abenteuerliche Unternehmen von zwei Gruppen in Angriff genommen werden: Die eine würde unter Shackletons Kommando mit dem Schiff *Endurance* ins Weddellmeer fahren. An der dortigen Küste würde ein Teil der Männer an Land gehen und sich mit Hunden und Motorschlitten 2 900 Kilometer quer durch den eisigen Kontinent bis zum Rossmeer durchschlagen. Die zweite Gruppe an Bord der *Aurora* sollte derweil direkt das Rossmeer ansteuern. Von dort aus sollten die Unterstützer den Eiswanderern entgegengehen und quer über das Ross-Eisschelf bis zum Beardmore-Gletscher eine Kette von Versorgungsdepots anlegen. Ohne diese Unterstützung würden Shackleton und seine Männer es nicht bis zum Ziel schaffen. Proviant genug für die gesamte Reise hätten die Männer unmöglich mitschleppen können.

Gesagt, getan. Am 5. Dezember 1914 stach die *Endurance* mit Shackleton und 27 Begleitern an Bord von der Walfangstation Grytviken in South Georgia aus in See. Doch schon bald erkannten die Männer, auf welche Gefahren sie sich eingelassen hatten. Denn in diesem Südsommer waren die Wetterverhältnisse extrem schwierig. Schon bald tauchten vor dem Bug glitzernde, unerbittliche Hindernisse auf. »Es war unmöglich, das Schiff im Eis zu manövrieren«, schrieb Shackleton. »Denn der starke Wind hielt die Schollen in Bewegung, sodass sich Fahrrinnen in gefährlichem Tempo öffneten und schlossen.« Am 18. Januar 1915 war es dann so weit: Die weiße Falle schnappte zu, die *Endurance* war im Eis gefangen. Verzweifelt versuchten die Männer, das Schiff mit Meißeln, Hacken und Sägen wieder zu befreien. Doch der Kampf war vergebens. Mitten im Südsommer musste sich die Crew

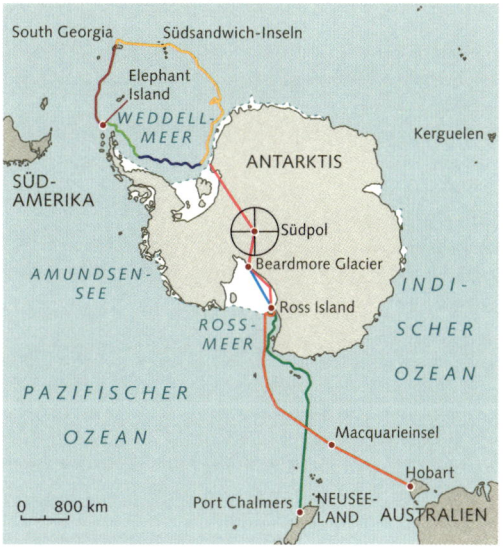

Die Endurance *aber driftete zunächst durchs Packeis (dunkelblau) und wurde dann zerstört. Die Mannschaft ließ sich mit dem Eis bis nach Elephant Island treiben (hellgrün), von dort fuhr Shackleton mit dem Beiboot* James Caird *nach South Georgia (rot).*

auf eine Überwinterung auf dem im Eis festsitzenden Schiff einstellen. Shackleton wusste, dass der weiße Panzer sie vor dem nächsten Frühjahr nicht wieder freigeben würde. Bis dahin aber würden noch neun endlose Monate vergehen. Mindestens.

Später sollten dramatische Bilder des Expeditionsfotografen Frank Hurley um die Welt gehen, auf denen die *Endurance* beinahe im Eis verschwindet. Das größte Problem der Männer an Bord aber war vorerst vollkommen undramatisch: Langeweile. Endlose Stunden und Tage, die irgendwie gefüllt werden mussten. Also sorgte Ernest Shackleton für Abwechslung: Fußball auf dem Eis war angesagt, Theateraufführungen und Schlittenhunderennen erfreuten sich ebenfalls großer Beliebtheit. Jeder Geburtstag und jedes Ereignis wurden groß gefeiert. Den Kampf gegen Depressionen gewann Ernest Shackleton so. Gegen die Physik aber hatte er keine Chance.

Schon im August war das Schiff in eine gefährliche Lage geraten, als die Eismassen ringsum aufzubrechen und mit Gewalt gegen den Rumpf zu drücken begannen. Die *Endurance* bekam Schlagseite, hielt aber durch. Doch am 14. Oktober wurde der Griff des Eises zu stark. Planken bogen sich, Holz splitterte, Wasser rauschte. Shackleton bemannte die Pumpen und ließ gleichzeitig Rettungsboote und Vorräte aufs Eis schaffen. Am 27. Oktober musste das Schiff evakuiert werden. Noch sank es nicht, sodass die Männer in den nächsten Tagen weitere Vorräte bergen konnten. Doch am 21. November war es schließlich vorbei: Die *Endurance* versank in den eisigen Fluten.

Von nun an war für Menschen wie Hunde Zelten auf dem Eis angesagt. Auf dem Speiseplan stand das Fleisch gejagter Robben und Pinguine, das Fett der Tiere lieferte Brennstoff für die Öfen. Und wieder kämpften die Männer mit Spielen und Musik gegen die Langeweile, während sie mit dem Eis langsam nach Norden trieben. Längst saßen sie nur noch auf einer Eisscholle, die mit steigenden Temperaturen immer kleiner wurde. Doch in die verbliebenen drei Rettungsboote zu klettern und sich aufs Wasser zu wagen kam auch nicht infrage. Das Wetter war die meiste Zeit viel zu stürmisch für eine größere Fahrt. Der nächste Ort aber hieß Kapstadt und lag mehr als 5 000 Kilometer entfernt. Andererseits würde die Eisscholle auch nicht ewig halten. Im

Spätherbst wurde die Situation immer bedrohlicher. Es knackte und krachte unter den Füßen, und die stabile Unterlage drohte endgültig zu zerbrechen. Am 9. April 1916 ließen die Männer die Boote weit nördlich der Spitze der Antarktischen Halbinsel zu Wasser.

Die folgenden Tage kamen einem Höllentrip nahe. Es galt, die Boote durch das tückische Gewirr von Eiskanälen zu bugsieren, die sich in unberechenbaren Mustern öffneten und wieder schlossen. Eisige Wassermassen schwappten immer wieder über Bord und durchnässten die Männer bis auf die Haut – das alles bei Temperaturen, die bis auf minus 30 Grad sackten. Die beschwerliche Reise dauerte bis zum 15. April. Doch dann endlich: Land! Ein trostloses, unbewohntes, abgelegenes Fleckchen Erde namens Elephant Island, das höchstens ab und an von einem Walfängerschiff angesteuert wurde. Außer Pinguinen und Robben gab es hier nur Fels und Eis. Man hatte zwar wieder festen Boden unter den Füßen, doch die Zivilisation schien so weit entfernt zu sein wie der Mond. 498 Tage waren die Männer jetzt unterwegs, und nirgends war Rettung in Sicht. Was nun? Hilfe versprach nur South Georgia mit seiner Walfangstation. Doch die Insel, von der die *Endurance* aufgebrochen war, lag 1 300 Kilometer entfernt. Dazwischen ein Ozean aus Eis und wilden Wellen, der für ihre Nussschalen von Rettungsbooten unbezwingbar schien.

Nach dem Untergang der Endurance *muss die Mannschaft die Reise auf einer Eisscholle fortsetzen. Zwar sind den Männern Ausrüstung und Beiboote geblieben. Doch das Eis bringt seine Passagiere nicht in Sicherheit, sondern auf die unbewohnte Insel Elephant Island.*

Nun aber bewährte sich das beinahe grenzenlose Vertrauen, das alle Expeditionsteilnehmer in ihren »Boss« Ernest Shackleton hatten. Er würde Hilfe holen, würde es irgendwie schaffen, den Rest der Mannschaft aus ihrer lebensgefährlichen Gefangenschaft auf Elephant Island zu befreien. Am 24. April 1916 kletterte der »Boss« mit fünf Begleitern und Vorräten für vier Wochen in den schwankenden Rumpf der nicht einmal 7 Meter langen *James Caird*. Die Expedition wurde ein unbarmherziger Kampf gegen die Elemente: heulender Sturm, beißende Kälte, zu Gebirgen aufgepeitschte Wellen. Doch das Unvorstellbare gelang. Am 10. Mai 1916 landete die *James Caird* auf South Georgia. Allerdings auf der falschen Seite. Zwischen den Männern und der norwegischen Walfangstation Stromness lag immer noch das völlig unerforschte Innere der Insel.

Doch wieder einmal wagte Ernest Shackleton das Unmögliche. Mit zwei Begleitern brach er auf und schaffte es tatsächlich: In einem 36-stündigen Gewaltmarsch über 1 000 Meter hohe, unbekannte Berge und Gletscher erreichten die drei ihr Ziel. Die Bewohner der Walfangstation meinten ihren Augen nicht zu trauen, als am Nachmittag des 20. Mai drei zerlumpte, schmutzige Gestalten mit zottigen Haaren und Bärten aus dem Niemandsland des Inselinneren gewandert kamen. »Draußen sind drei komisch aussehende Männer, die sagen, dass sie über die Insel gekommen sind und Sie kennen«, meldete der Vorarbeiter dem Leiter der Station, Thoralf Sørlle. Der trat vor die Tür und fand sich dem längst tot geglaubten Shackleton gegenüber, dem er bereits früher begegnet war. Ungläubiges Staunen, Kopf- und Händeschütteln, auch ein paar Freudentränen flossen unter den Walfängern. »Kommt rein, kommt rein«, drängte Sørlle. Doch Shackleton zögerte: »Ich fürchte, wir riechen.« Nun ja, man sei schließlich in einer Walfangstation, erwiderte der Norweger grinsend.

Lange ausruhen konnte sich Shackleton allerdings nicht. Schließlich galt es, so schnell wie möglich den Rest der Mannschaft in Sicherheit zu bringen. Zunächst wurde ein Walfängerschiff zur anderen Seite der Insel geschickt, um die dort Zurückgelassenen abzuholen. Dann startete der »Boss« mehrere vergebliche Anläufe, den Rest der Crew von Elephant Island zu holen. Endlich, am 30. August 1916, gelang die

Evakuierung: An Bord des chilenischen Schiffes *Yelcho* konnten auch diese 22 Männer gerettet werden.

Wieder einmal war eines von Ernest Shackletons Antarktis-Abenteuern grandios gescheitert. Wieder einmal hatte er das Ziel nicht erreicht. Trotzdem aber ging er mit dieser Expedition als einer der Helden der Polarforschung in die Geschichte ein. Mit Mut und Führungsqualitäten hatte der »Boss« Unglaubliches geleistet, gleich reihenweise scheinbar ausweglose Situationen gemeistert und den Naturgewalten getrotzt. Und kein einziger seiner Männer war dabei ums Leben gekommen. Diese Leistung fasziniert die Menschen bis heute. So pflegen die Besatzungen und Passagiere vieler moderner Kreuzfahrtschiffe auf dem Weg in die Antarktis einen Abstecher zu Shackletons Grab auf South Georgia zu machen, um auf den »Boss« anzustoßen.

Wenn sie Glück haben, ist dann Scobie Pye mit an Bord und gibt eine seiner Antarktis-Anekdoten zum Besten. Jahrelang hat der Brite für die Forschungsorganisation British Antarctic Survey gearbeitet und Sommer wie Winter auf South Georgia verbracht. Wenn er heute als Begleiter von Kreuzfahrtschiffen auf die abgelegene Insel im Südpolarmeer zurückkehrt, erinnert er sich stets an jenen Tag Mitte der 1970er-Jahre, als sich Ernest Shackletons Sohn Edward zu einem ersten Besuch am Grab seines Vaters angekündigt hatte. Scobie hatte den Friedhof auf Hochglanz gebracht. Alles war bereit, die große Zeremonie vorbereitet. Bis die See-Elefanten kamen. Bei einem letzten Kontrollgang am Abend vor dem großen Ereignis bot sich Scobie ein Bild der Verwüstung. Pietätlos hatten die tonnenschweren Robben den Holzzaun des Friedhofs niedergerissen und lagen nun gemütlich auf den Gräbern herum.

»Um 11 Uhr am nächsten Vormittag war die Feierstunde geplant, um 6 Uhr morgens war ich vor Ort«, erinnert sich Scobie. Erste Aufgabe: See-Elefanten vertreiben – was angesichts der Trägheit und schieren Körpermasse der Tiere ein anspruchsvolles und langwieriges Unterfangen war. Zweite Aufgabe: Zaun reparieren. »Ich arbeitete wie besessen und hatte es um 10 Uhr tatsächlich geschafft.« Nur sah die ausgebesserte Stelle deutlich anders aus als der weiß gestrichene Rest des Zaunes. Also nichts wie Farbe geholt und im Rekordtempo losgepinselt. »Meine Güte, da arbeitet aber jemand hart.« Scobie drehte sich nicht einmal nach dem plötzlich aufgetauchten Besucher um, sondern knurrte nur: »Da können Sie Gift drauf nehmen!« Schließlich habe sich Lord Shackleton angesagt, und in weniger als einer Stunde werde es eine Zeremonie mit allem militärischen Brimborium geben. Er hoffe nur, dass sich die ganze Prominenz mit ihren langen, schwarzen Marinemänteln dann nicht gegen den Zaun lehnen werde. »Sonst haben die lauter weiße Streifen am Hintern!« – »Verstehe!«, nickte der Besucher ernst und streckte die Hand aus: »Gestatten, Lord Shackleton.« ❧

Südliche See-Elefanten sind mit bis zu dreieinhalb Tonnen Gewicht die größten Bewohner der Strände im Südpolarmeer. Normalerweise machen sie dem Menschen keine Probleme – wenn sie sich nicht gerade auf einem Friedhof austoben.

Und ewig lockt das Eis: Polarforschung heute

Scobie Pye hat einen geradezu unerschöpflichen Fundus solcher Geschichten auf Lager. Seine jahrzehntelange Antarktiserfahrung merkt man ihm ebenso an wie die ungebrochene Faszination, die der eisige Landstrich tief im Süden immer noch auf ihn ausübt. Im Auftrag des British Antarctic Survey war der hagere Engländer mit dem dichten grauen Bart im November 1971 zum ersten Mal nach South Georgia gekommen, in der Tasche einen Dreimonatsvertrag als Bauhandwerker. Am Ende des Sommers wurde der Vertrag verlängert, bald war Scobie Pye für alles zuständig, was auf der 200 Kilometer langen Insel gebaut wurde. Aus der einen Sommersaison wurden vier Winter und insgesamt fünfeinhalb Jahre, in denen er sich auf South Georgia offenbar keine Minute gelangweilt hat. Dabei hatte der Mann aus Manchester neben See-Elefanten und Pinguinen meist weniger als ein Dutzend Menschen als Nachbarn.

Abb links:
Die Polarforschung
ist in den Naturwis-
senschaften des
21. Jahrhunderts einer
der letzten Bereiche,
die noch einen Hauch
Abenteuerlust erfor-
dern. Weit weg von
der nächsten Metro-
pole bedeutet die
Arbeit in den unwirt-
lichen Polregionen
oft auch körperliche
Strapazen.

Telex und Dosenfutter

Der Kontakt mit der Heimat und der Familie in England fiel in der Zeit vor Erfindung von Internet und Satellitenverbindungen allerdings nicht gerade üppig aus: »Im Monat durfte jeder von uns hundert Wörter über Fernschreiber senden und zweihundert Wörter empfangen«, erinnert sich Scobie Pye. Natürlich konnte man auch den einen oder anderen Brief dem Versorgungsschiff mitgeben, das im Sommer die Verpflegung für den kommenden Winter lieferte. Ein Jahr später brachte das nächste Schiff dann vielleicht eine Antwort.

In der Zwischenzeit waren die Überwinterer weitgehend auf sich allein gestellt. Und von der abwechslungsreichen Kost, die auf Antarktisstationen des 21. Jahrhunderts serviert wird, konnten die Forscher damals nur träumen. »Es gab Dosentomaten, Dosengemüse, Dosenschinken, Huhn aus der Dose, Dosengebäck und dazu Dosenbutter«, denkt Scobie Pye an die 1970er-Jahre auf South Georgia zurück. An Unterhaltung hat es ihm allerdings nie gemangelt. Dafür wusste er schon selbst zu sorgen.

Da gab es 1973 zum Beispiel eine Expedition zur Shackleton Bay am Weddellmeer. Dort standen noch die Überreste der Hütte, in der 1957 der britische Polarforscher Vivian Fuchs überwintert hatte, bevor er zur ersten Durchquerung der Antarktis aufbrach. »Offiziell sollten wir die Funkausrüstung aus der Hütte bergen«, erinnert sich Scobie Pye. Der eigentliche Hintergrund für den Trip aber war ein anderer: Vivian Fuchs war längst zum Direktor des British Antarctic Survey aufgestiegen und sollte jetzt in Pension gehen. Vorher wollte er ein letztes Mal die alte Hütte sehen und vielleicht ein wenig in Erinnerungen schwelgen.

Als die Expedition in der Bucht ankam, ragte allerdings nur noch der First des Hüttendachs aus Schnee und ewigem Eis. Leicht enttäuscht bat Vivian Fuchs seine Begleiter, einen Weg durch die weißen Massen zur vorderen Tür zu graben. Mühselig begannen die Männer, sich durch die harten Schichten zu hacken. Scobie Pye aber kam ins Grübeln. Angeblich war doch eine chilenische Expedition kurz zuvor erst in der

Hütte gewesen. Die Südamerikaner konnten kaum durch diesen Eispanzer gedrungen sein. Er lief um das vereiste Gebäude herum und fand prompt einen Einstieg durch weichen Schnee.

In der Hütte schien sich seit der Expedition von 1957 nichts verändert zu haben. Während Scobie Pye sich umsah, wurde ihm klar, dass seine Kameraden nichts von seinem erfolgreichen Einbruch mitbekommen hatten. Aus Richtung Vordertür hörte er deutlich, wie sie sich draußen abmühten, den Weg zum Eingang freizuschaufeln. So eine Gelegenheit aber lässt sich ein Mann wie Scobie Pye nicht entgehen. Er schmierte sich ein wenig Staub ins Gesicht, zog sich seine Kapuze über den Kopf und machte es sich im hinteren Teil der Hütte bequem. Dann hieß es warten und Geduld haben. Das Hacken kam näher.

Zwei sichtlich erschöpfte Männer öffneten schließlich die Tür und schauten neugierig in die Hütte, in der sie natürlich keinen Menschen wähnten. Und dann trat ein buckliger Schatten aus der Dunkelheit und raunte mit dumpfer Stimme: »Seit fünfzehn Jahren warte ich jetzt auf euch!« Panisch vor Schreck stürzten die beiden Männer rückwärts wieder nach draußen, offensichtlich glaubten sie, einen echten Geist vor sich zu haben. Scobie Pye treten immer noch die Lachtränen in die Augen, wenn er sich an die Gesichter der Kollegen erinnert. »Zum Glück war es nicht Vivian Fuchs, der als Erster hereinkam«, meint er heute. »Der hätte vermutlich einen Herzschlag erlitten!«

Ein Labor auf großer Fahrt

Nach seinen erfolgreichen Karrieren als Baumeister und Geisterdarsteller hat sich der bärtige Brite inzwischen der Wissenschaft zugewendet. Er forscht an der University of Tasmania in Australien und untersucht zum Beispiel, wie eingeschleppte Ratten das Ökosystem der Inseln in den Gewässern um die Antarktis verändern. Seine vielseitigen Talente kann er da bestens gebrauchen. Denn vor Überraschungen sind die Nachfolger von Amundsen und Scott, Nansen und Shackleton nie sicher. Auch in der modernen Polarforschung kommt vieles anders, als man es erhofft und geplant hat.

Das stellt auch die Besatzung des deutschen Forschungsschiffes *Polarstern* fest, als sie Anfang Februar 2010 im Hafen der neuseeländischen Hauptstadt Wellington die Anker lichtet und zum nächsten Abschnitt einer Forschungsreise ins Südpolarmeer aufbricht. Wie immer nach einem längeren Zwischenstopp in einer Stadt packen Besatzung und Wissenschaftler zunächst einmal die Expeditionskisten und Container aus und installieren die darin enthaltenen Laborgeräte in den Arbeitsräumen.

Die *Polarstern* fährt aus dem Hochsommer Neuseelands Richtung Südozean, um dort eine geplante wissenschaftliche Tiefseebohrung vorzubereiten. Doch dann taucht vor dem Bug des Schiffes plötzlich ein riesiges Sturmtief auf. Ein Kurswechsel ist angesagt, und die vorgesehene Forschung muss kurzerhand in ein ganz anderes Meeresgebiet verlegt werden. Überraschungen wie diese sind im Südozean an der Tagesordnung. Die Forscher müssen extrem flexibel sein und ihre Arbeit in die Lücken zwischen den Tiefdruckgebieten einpassen, die wie auf einer Perlenkette aufgereiht das Meer zwischen dem 50. und 60. Breitengrad Süd umkreisen. Sonnenschein ist nämlich nicht nur für brillante Bilder von den ersten Eisbergen wichtig, die vor der *Polarstern* auftauchen und von den Forschern in ihren kurzen Freistunden eifrig fotografiert werden. Gleichzeitig beruhigen sich bei gutem Wetter meist auch die Wellen. Und das erleichtert die Experimente ungemein.

Doch günstige Bedingungen halten im Südpolarmeer meist nicht lange an. So auch bei dieser Expedition. Wieder einmal erlebt das Schiff eine recht unruhige Nacht. Der gewaltige Seegang lässt die *Polarstern* wie einen betrunkenen Stahlkoloss hin und her schwanken, immer wieder donnert der Bug krachend in eine Welle. Daran haben sich die Menschen an Bord längst gewöhnt, manche besser, andere machen eine Plastiktüte zu ihrem ständigen Begleiter. In dieser Nacht aber ist alles anders. Wieder und wieder kracht das Schiff gegen irgendein Hindernis, bremst abrupt, der ganze Rumpf zittert. Es dauert einige Zeit, bis die nur langsam aus dem Schlaf erwachenden Gehirne diese Geräusche und Bewegungen deuten können: Die *Polarstern* bricht sich ihren Weg durch eine dicke Packeisdecke, die der Kapitän nicht umfahren konnte.

Innen Labors, Technik und Forscher, außen Pinguine und Eis – so sieht der Alltag des deutschen Forschungseisbrechers Polarstern *in der Antarktis aus.*

Das Schiff erreicht jetzt eine der rausten und unzugänglichsten Regionen der Erde. Es ist eine Welt voll glitzernder Eisberge, lärmender Pinguinkolonien und massiger See-Elefanten, die träge ins Schneetreiben blinzeln. Wenn das Wetter mitspielt, kann sich kaum jemand der Faszination dieser scheinbar unberührten Natur entziehen. Doch es gibt auch die anderen Tage, an denen gewaltige Stürme toben und den Südozean zu haushohen Wellen aufpeitschen. Oder an denen beißende Kälte das Wasser in dicke Eisplatten verwandelt. Genau für diese Herausforderungen wurde die *Polarstern* gebaut.

Für umgerechnet 100 Millionen Euro hatte das Bundesforschungsministerium dieses Forschungsschiff für Polarexpeditionen Anfang der 1980er-Jahre in Auftrag gegeben. Am 9. Dezember 1982 trat das 118 Meter lange und 25 Meter breite schwimmende Großlabor seinen Dienst an. Seither ist es für das Alfred-Wegener-Institut für Polar- und Meeresforschung (AWI) in Bremerhaven unterwegs. Rund 320 Tage im Jahr verbringt die *Polarstern* auf See und pendelt dabei meist zwischen Arktis und Antarktis. Normalerweise ist sie im jeweiligen Sommer in den polaren Eiswelten unterwegs. Einige Fahrten aber führten

Um auch noch bei minus 50 Grad Celsius Forschungsaufträge durchführen zu können, legten die Howaldts Werke/Deutsche Werft in Kiel und die Werft Nobiskrug in Rendsburg am 20. Februar 1981 einen wahren Kraftprotz auf Kiel. Der Eisbrecher *Polarstern* ist eines der leistungsfähigsten Polarforschungsschiffe der Welt.

Technische Daten:

Länge:	117,91 Meter
Breite:	25,00 Meter
Maximaler Tiefgang:	11,21 Meter
Verdrängung bei maximalem Tiefgang:	17 300 Tonnen
Wissenschaftliche Zuladung:	500 Tonnen wissenschaftliches Frachtgut
	417 Tonnen Treibstoff für die Antarktisstationen
	72 Container an Deck
Leistung:	Vier Hauptmaschinen mit je 3 529 kW Leistung
Maximale Geschwindigkeit:	16 Knoten (ca. 30 km/h)
Besatzung:	44
Fahrgäste/Wissenschaftler:	55

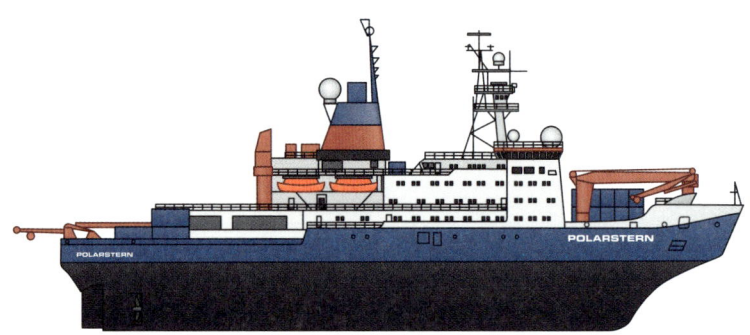

auch in die Dunkelheit der Polarnacht. So hat die *Polarstern* zwischen 2005 und 2006 ein ganzes Jahr in der Antarktis verbracht, damit Forscher das Meer-Eis und seine Bewohner zu verschiedenen Jahreszeiten beobachten konnten.

Selbst bei Winterexpeditionen kommt das Schiff im Südpolarmeer gut zurecht. Mit Geschwindigkeiten von bis zu 10 Kilometern pro Stunde pflügt sich der Rumpf durch bis zu einteinhalb Meter dickes Eis. Dabei schiebt sich der Bug auf den gefrorenen Panzer, und das gewaltige Gewicht des Schiffes bricht ihn in Schollen. Die werden anschließend nach rechts und links unter das Packeis geschoben, damit sie den Schiffspropellern nicht in die Quere kommen. Von diesem Prinzip leitet sich der Fachbegriff »Eisbrecher« ab.

Selbst 6 Meter dickes Eis kann die *Polarstern* aufbrechen. Dazu muss das Schiff aber immer wieder Anlauf nehmen und den Panzer von der Höhe eines Einfamilienhauses rammen. »Das machen wir natürlich nur, wenn es unbedingt nötig ist«, erklärt AWI-Mitarbeiter Eberhard Fahrbach, der für die wissenschaftliche Koordination der Expeditionen zuständig ist. Denn Eisbrechen verbraucht gewaltige Mengen Treibstoff. Also gilt es, eine Route mit möglichst dünnem Eis zu wählen, die trotzdem keine allzu großen Umwege erfordert. Schließlich gibt es einen genauen Plan, welche Regionen das Schiff wann erreichen muss, damit die Wissenschaftler an Bord ihre Arbeit machen können.

Radar und Aquarium

»Von der hohen Atmosphäre bis zur Tiefsee kann man auf der *Polarstern* so ziemlich alles untersuchen«, sagt Eberhard Fahrbach. Das Schiff ist vollgepackt mit Technik, Messgeräten und Laborausrüstung. Vom Radar bis zum Aquarium finden Forscher der unterschiedlichsten Fachrichtungen die nötige Ausrüstung an Bord. Mit Kränen kann man Netze oder Bohrgestänge in den Ozean hinablassen, um den Meeresgrund und seine Bewohner zu erkunden. Oder man nutzt einen der beiden Hubschrauber an Bord und lässt sich zum Messen und Sammeln irgendwo in der eisigen Weite des antarktischen Festlandes absetzen. Spezielle Messgeräte bringen die Forscher zusätzlich selbst mit.

Manchmal schleppt die *Polarstern* ein 3 000 Meter langes Kabel, scherzhaft die »gelbe Schlange« genannt, in einer Tiefe von 10 Metern hinter sich her. Alle 12 Sekunden feuert eine Luftkanone und löst dabei Schallwellen aus, die mehrere Kilometer tief in den Grund des Südpolarmeeres eindringen. Im Kabel ist nach jedem Meter ein Unterwassermikrofon eingelassen. Diese auch als »Hydrophone« bekannten Geräte zeichnen die Schallwellen auf, die von den verschiedenen Schichten im Meeresgrund reflektiert werden. Aus diesen Daten schließen Geowissenschaftler dann auf den Aufbau des Meeresbodens tief unter dem Kiel ihres Schiffes.

Von dergleichen Möglichkeiten träumt jeder Polarforscher. Doch nur 55 Wissenschaftler können pro Fahrt dabei sein, in Ausnahmefällen dürfen bis zu 70 Forscher mit. Dazu kommen noch einmal 44 Besatzungsmitglieder. »Die Konkurrenz um die Plätze ist groß«, weiß Eberhard Fahrbach. Jeder Interessent schreibt einen Antrag und stellt sein Forschungsprojekt vor. Gutachter entscheiden dann, wer die begehrte Fahrkarte ins Eis bekommt. Neben AWI-Mitarbeitern und anderen deutschen Polarforschern sind immer auch Kollegen aus dem Ausland an Bord.

Ablagerungen im Meeresboden untersuchen die Forscher von der Polarstern *aus mithilfe von Schallwellen, Luftkanonen und Unterwassermikrofonen. Daneben kommen etliche weitere Geräte zum Einsatz.*

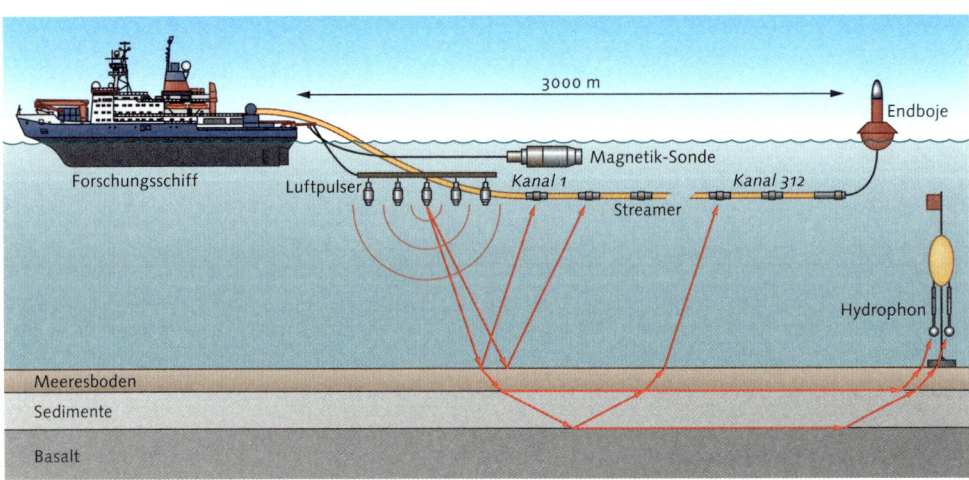

NORDLICHT MIT BOHRTURM

Einen Forschungseisbrecher mit eigenem Bohrturm lässt das deutsche Bundesforschungsministerium derzeit entwickeln. Federführend bei der Planung des 750 Millionen Euro teuren Schiffs mit dem Namen *Aurora Borealis* (»Nordlicht«) ist das Alfred-Wegener-Institut für Polar- und Meeresforschung in Bremerhaven. Mit einer Antriebskraft von mehr als 81 000 Kilowatt oder 110 000 Pferdestärken soll der neue Forschungseisbrecher an den Polen 250 Zentimeter dickes Meer-Eis durchbrechen. Das Besondere an der *Aurora Borealis* ist, dass sie bei geschlossener Eisdecke noch bei einer Wassertiefe von 5 000 Metern weitere 1 000 Meter tief in den Meeresgrund bohren kann. Aus der Analyse der so gewonnenen Sedimente wollen die Forscher auf die Klimageschichte der Nordpolregion der letzten Millionen Jahre und vor allem auf ihre Auswirkungen auf den Rest des Globus schließen. Selbst während der Bohrarbeiten sollen von der *Aurora Borealis* aus ferngesteuerte Unterseeboote zur Erforschung der Tiefsee starten.

Austauschbare Laboreinheiten an Bord sorgen dafür, dass für jede Fahrt auch die richtigen Spezial-Forschungseinrichtungen mitgenommen werden. Diese Fahrten aber sollen sich auf das Nordpolarmeer konzentrieren. Die *Polarstern* könnte dann das ganze Jahr in antarktischen Gewässern bleiben, das zeitraubende Pendeln würde entfallen. So bleibt mehr Zeit für die Forschung an den Polen.

Bernhard Diekmann von der AWI-Außenstelle in Potsdam zum Beispiel war schon vier Mal dabei. Elf Wochen in der Ost-Antarktis sind für ihn eine eher knappe Zeit, um Ablagerungen am Meeresgrund zu untersuchen. »Dort unten finden wir ein Klimaarchiv, das Jahrtausende zurückreicht«, erklärt der Meeresgeologe. Schicht für Schicht haben sich im Laufe der Zeit Schlamm, Schutt und Reste von Lebewesen aufeinandergelagert. Und die Zusammensetzung dieser Schichten ist vielsagend. »Wenn wir Schutt mit Stücken von mehr als einem Zentimeter Durchmesser finden, kann der nur von Eisbergen ins Meer transportiert worden sein«, erläutert Bernhard Diekmann. Schichten mit vielen solchen Brocken stammen also aus Zeiten, in denen es in der jeweiligen Region Eis gegeben hat. Immer wieder müssen damals von den Gletschern Eisberge abgebrochen und ins Meer getrieben sein. Auch die Ausdehnung des Meer-Eises in verschiedenen Perioden der Erdgeschichte lässt sich im Schlamm ablesen. Finden sich in einer Schicht viele Reste von Kieselalgen, muss der Ozean zur jeweiligen Zeit zumindest im Sommer eisfrei gewesen sein, denn sonst wachsen die kleinen Organismen nicht richtig.

Blick in den Meeresgrund

Um in dem Geschichtsbuch vom Meeresgrund lesen zu können, muss man es erst einmal an die Oberfläche holen. Und das geht am besten von der *Polarstern* aus. Das Echolotsystem des Schiffes tastet schon während der Fahrt den Meeresgrund ab, sodass die Geologen vielversprechende Stellen für ihre Untersuchungen aussuchen können. »Wenn wir unsere Proben nehmen, kann das durchaus 36 Stunden am Stück dauern«, erläutert Bernhard Diekmann. Tag und Nacht sind die Forscher dann im Einsatz.

Zunächst messen sie Temperatur, Salzgehalt und Tiefe des Wassers, dann wird ein kastenförmiger Greifer hintergelassen, der Material von der Oberfläche des Meeresgrundes ans Tageslicht holt. Und schließlich befördert der Kran der *Polarstern* ein langes, 2 Tonnen schweres Stechrohr in die Fluten. Bis in 4 000 Meter Wassertiefe haben die Forscher dieses Gerät schon hinabgelassen. »Es hat allein zweieinhalb Stunden gedauert, bis es den Meeresgrund erreicht hatte und wieder an Bord gehievt worden war«, erinnert sich Bernhard Diekmann. Unten angekommen stanzt sich das Rohr bis zu 28 Meter in den Schlamm und holt die Spuren der Vergangenheit an Deck. Dann geht es weiter zur nächsten Probestelle, vier bis fünf Stationen haben die Forscher in einer ihrer 36-Stunden-Schichten schon abgearbeitet. Doch die Plackerei lohnt sich. Bis zu 4 Millionen Jahre alte Ablagerungen haben die Geologen gefunden.

Diese Proben werden im Labor an Bord der *Polarstern* grob untersucht und beschrieben, die Feinarbeiten aber müssen warten, bis die Geologen wieder in Potsdam sind. Doch Langeweile kommt selten auf. Wenn an Deck und im Labor gerade nichts zu tun ist, schreiben die Forscher Berichte und wissenschaftliche Artikel. »An Bord kann man endlich das aufarbeiten, wozu man zu Hause nicht gekommen ist«, sagt Bernhard Diekmann. Das gelingt recht gut, weil anders als in den Labors in Europa das Telefon kaum einmal klingelt und auch nicht laufend E-Mails beantwortet werden müssen. Und wenn man irgendwann doch genug hat von Zahlen und Daten, Messgeräten und Schlammproben, kann man ja immer noch Tischtennis spielen, eine

Runde im kleinen Bordschwimmbad drehen oder im Fitnessraum trainieren. Oder die Bordkneipe besuchen. Auf einem Forschungseisbrecher gibt es jedenfalls erstaunlich viele Möglichkeiten, sich die Zeit zu vertreiben.

Das Blaue Haus

Allerdings haben andere Polarforscher erheblich mehr Bewegungsfreiheit. Die Bewohner des Blauen Hauses zum Beispiel können nicht nur Spaziergänge durch ein ganzes Dorf machen. In ihrer Freizeit und manchmal auch im Dienst durchstreifen sie eine Insel, die mit 39 000 Quadratkilometern beinahe so groß ist wie die Schweiz.

Das Dorf heißt Ny-Ålesund, liegt auf Spitzbergen und ist, 1 231 Kilometer südlich vom Nordpol gelegen, eine der nördlichsten Siedlungen der Welt. Entsprechend ungeduldig warten die rund dreißig Einwohner jeden Winter auf den Sonnenaufgang, der alljährlich zwischen dem 17. und 19. Februar angesagt ist. Dann späht zum ersten Mal nach mehr als einem Vierteljahr Polarnacht die Sonne wieder über den Horizont, und die Forscher aus Norwegen, Deutschland, Frankreich, China und einigen anderen Ländern wissen, dass die winterliche Kälte ihren Höhepunkt nun überschritten hat.

Aber was heißt an diesem Ort schon kalt? Genau genommen ist das Klima in Ny-Ålesund für diese hohen Breiten erstaunlich mild, weil die letzten Ausläufer des Golfstroms und damit der europäischen Warmwasserheizung dem Ort einige Zusatzgrade bescheren. Ein durchschnittlicher Februartag bringt daher minus 15 Grad Celsius, während die Eisbären an einem durchschnittlichen Hochsommertag im Juli bei knapp fünf Plusgraden schon langsam ins Schwitzen kommen. Dergleichen Temperaturen aber reichen aus, um im Sommer offenes Wasser entlang allen Küsten der auch »Svalbard« genannten Inselgruppe zu garantieren. In diesen Breiten ist das eine große Ausnahme. Überall sonst auf dem Globus dagegen hält in den Regionen um den 80. Breitengrad Nord Packeis jedes Stück Land das gesamte Jahr über fest im Griff.

Die Eisbären sind übrigens schuld daran, dass die Forscher in der Gegend von Ny-Ålesund oft bewaffnet unterwegs sind. Mit gut zweitausend Exemplaren leben immerhin rund 10 Prozent des Weltbestandes dieser Raubtiere auf Spitzbergen. Da Eisbären Menschen durchaus gefährlich werden können und einige der vierbeinigen Jäger gern in der Nähe des Ortes durch den Schnee tappen, ist Vorsicht angesagt, insbesondere wenn es im Sommer noch schneit – weil man die Tiere im Neuschnee kaum entdeckt. Drei bis vier Eisbären werden jedes Jahr auf Spitzbergen in Notwehr erschossen, heißt es. Außerhalb des Ortes sollte jeder eine Schusswaffe griffbereit haben, um aggressive Besucher abschrecken zu können. Wer sich das nicht zutraut, lässt sich lieber von einem bewaffneten Leibwächter begleiten. Diese Vorsichtsmaßnahme gilt auf Spitzbergen überall, nur vor dem Betreten der Bank bittet ein Schild dezent darum, doch bitte die Waffe nicht mit in den Schalterraum zu nehmen. Aber selbst auf dem Friedhof haben die Menschen das Gewehr dabei. Dabei hat Spitzbergen aus Wissenschaftlersicht natürlich auch seine Vorteile. Nirgendwo sonst kommt man so leicht in Nordpolnähe: Der Archipel ist der nördlichste Punkt auf der Erde, der

Eisbären besuchen die Gegend des Blauen Hauses auf Spitzbergen häufig. Die dort arbeitenden Forscher aber entdecken von den Tieren meist nur die Spuren.

sich mit normalen Verkehrsmitteln wie Linienflugzeugen oder Passagierschiffen problemlos erreichen lässt. Seit 1991 gibt es daher auch eine deutsche Forschungsstation in Ny-Ålesund, die nach dem deutschen Polarforscher des 19. Jahrhunderts Carl Koldewey benannt und im Blauen Haus untergebracht ist. Dort sind Wissenschaftler unterschiedlicher Disziplinen gleich mehreren polaren Geheimnissen auf der Spur.

Im Jahr 2003 haben das deutsche Alfred-Wegener-Institut (AWI) und das französische Polar-Institut Paul Emile Victor (IPEV) begonnen, ihre Arbeit unter dem Kürzel AWIPEV gemeinsam durchzuführen. Schwerpunkt ist die Erforschung der Stratosphäre, in der unter anderem Spurengase wie Ozon und andere Moleküle, die Ozon abbauen können, analysiert werden. Doch das ist längst nicht alles. Eine Wetterstation gehört selbstverständlich zum Forschungsauftrag, Taucher erkunden die Biologie des Nordpolarmeeres im Kongsfjord, an dem Ny-Ålesund liegt. Zudem bietet das Blaue Haus eine günstige Basis für Forscher, die sich für Gletscher oder Dauerfrostböden interessieren.

Ny-Ålesund und die Koldewey-Station spielen aber auch eine zentrale Rolle für ein wissenschaftliches Großprojekt, in dem Forscher auf der Nordhalbkugel der Erde die Zusammenhänge zwischen dem Abbau der Ozonschicht und dem Wetter genauer unter die Lupe nehmen. Dazu überspannt ein riesiges Netz von Forschungsstationen die höheren nördlichen Breiten, in denen Russen und Norweger, Dänen und Deutsche, US-Amerikaner, Kanadier und Japaner hervorragend zusammenarbeiten.

Allerdings klafft im Netzwerk dieser Forschung ein riesiges Loch, weil es auf dem Eis des Nordpolarmeeres keine festen Stationen gibt. Meteorologen aber sind auf ein relativ dichtes Messnetz angewiesen, um das Wettergeschehen zu erfassen. Auf anderen Meeren könnten Schiffe die Lücken im Netz schließen. Doch im hohen Norden ist das nicht möglich aufgrund der Eisbarrieren, vor denen auch die *Polarstern* kapitulieren muss. Satellitenbeobachtungen allein wiederum reichen den Forschern nicht, weil deren Daten für einige Zwecke zu grob sind. Exakte Daten für Temperatur, Feuchtigkeit und Luftdruck in den verschiedenen Schichten der Atmosphäre liefern dagegen Sonden, die von Ballons bis in 30 oder 40 Kilometer Höhe getragen werden. Solche Sonden aber müssen irgendwo von der Erdoberfläche auf die Reise geschickt werden. Notfalls tut es auch eine Eisscholle als Startplatz, und diese Überlegung bringt den AWI-Techniker Jürgen »Egon« Graeser ins Spiel.

Klima über der Scholle

Bereits seit 1937 lassen sich russische Forscher immer wieder auf riesigen Eisschollen durch das Nordpolarmeer treiben und untersuchen dabei Luft, Wasser und vor allem das Eis auf dem Ozean. Im September 2007 begleitete dann zum ersten Mal ein Deutscher eine solche Expedition, Egon Graeser. Der Grund für die Einladung der Russen findet sich in der wissenschaftlichen Ausrüstung, die das AWI seinem Mann mitgibt und die mehr als eine Tonne wiegt. Ein vergleichbares Equipment gibt es so weder in Russland noch in anderen Ländern der Erde. Der Techniker kann damit die Atmosphäre von der Eisscholle bis in eine Höhe von 30 Kilometern exakt vermessen – und so die arktische Lücke der Atmosphärenforschung schließen helfen.

Doch bevor es losgeht, kämpft das Team aus zwanzig Russen und einem Deutschen erst einmal mit den extremen Eisverhältnissen im Nordpolarmeer. Im Sommer 2007 ist das Eis um den Nordpol so stark zusammengeschmolzen wie noch nie seit Beginn der Satellitenbeobachtungen. Die russischen Wissenschaftler inspizieren zwanzig Eisschollen. Doch sie finden keine einzige, die dick genug wäre, um sie und ihre Ausrüstung einen Winter lang sicher durch das Nordpolarmeer zu tragen. In den siebzig Jahren zuvor hatte die Suche nach einer geeigneten Plattform kein einziges Mal auch nur annähernd so lange gedauert. Die Untersuchung des Meer-Eises droht paradoxerweise am mangelnden Eis zu scheitern. Erst am 18. September 2007 entdecken sie in Küstennähe doch noch eine geeignete Scholle. Auf 5 Kilometern Länge und 3 Kilometern Breite bietet das »NP-35« genannte Stück Eis genug Platz für eine feste Station, die in den folgenden Wochen aufgebaut wird. Die Männer wohnen in festen Hütten, die Ausrüstung lagert in einfachen Hallen oder Zelten, ein Spezialzelt dient als Hangar für den großen Fesselballon, der Wettersonden in die Höhe trägt.

Jetzt beginnt auch die Forschung, bei der Egon Graeser vor allem den Klimawandel beobachtet. Während es normalerweise in der Atmosphäre mit zunehmender Höhe kälter wird, sind diese Verhältnisse über dem Eis des Polarmeeres umgekehrt. Weil das Eis kräftig kühlt, ist es am Boden am kältesten und wird bis in einige Hundert Meter Höhe dann immer wärmer. Klimamodelle aber können diese kleinräumigen Verhältnisse nicht berücksichtigen. Daher müssen sich die Modellierer mit Schätzungen begnügen, die natürlich einen Unsicherheitsfaktor bedeuten. Wie gut diese Schätzungen sind, überprüft Egon Graeser von der Eisscholle aus: Immer wieder lässt er einen »Miss Piggy« genannten Fesselballon an einem Seil bis in 400 Meter Höhe steigen, während Sonden in verschiedenen Höhen Temperatur, Luftdruck und Feuchtigkeit messen. »Da gibt es durchaus Unterschiede zu den bisherigen Vermutungen«, bestätigt Graesers in Potsdam gebliebener AWI-Kollege Markus Rex. Mit Ergebnissen wie diesen können die Modellierer dann ihre Schätzungen verbessern.

Eine Auswirkung des Klimawandels kann Jürgen Graeser auch direkt beobachten: Weil es auf dem Polarmeer viel weniger Eis als

Abb. links:
»Miss Piggy« wird der Fesselballon im Forscher-Jargon genannt, den Egon Graeser mit Messinstrumenten bestückt viele Male von einer treibenden Eisscholle aus aufsteigen ließ, um die Vorgänge hoch oben in der Atmosphäre zu beobachten.

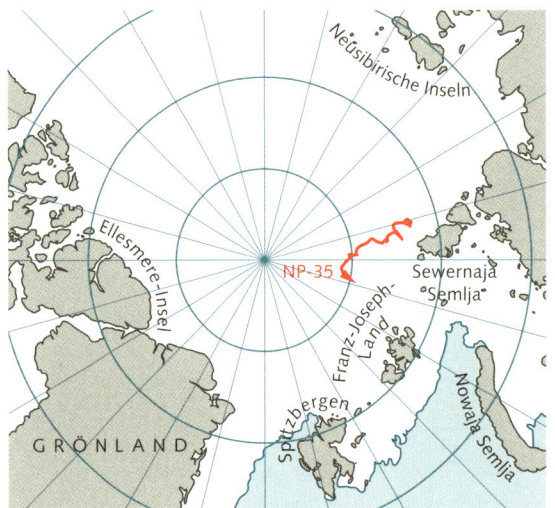

Im Winter 2007/08 war ein deutscher Forscher mit russischen Kollegen monatelang auf einer Eisscholle im Nordpolarmeer unterwegs, die in dieser Zeit die Strecke entlang der roten Linie zurücklegte.

üblich gibt, konzentrieren sich die Eisbären im Winter 2007/08 auf einer kleineren Fläche. Prompt bekommt die Eisscholle viel öfter als in früheren Jahren Besuch von neugierigen Tieren im zotteligen weißen Pelz. Beinahe an jedem zweiten Tag schaut einer der vierbeinigen Polarjäger vorbei.

Der Winter aber fällt trotz Klimawandels ziemlich kalt aus. Höher als 30 Grad Celsius klettern die Temperaturen im Januar und Februar 2008 kaum einmal – gemeint sind natürlich Minusgrade. Immer wieder kommen auch minus 40 Grad in Reichweite und stellen nicht nur das Durchhaltevermögen der Menschen, sondern auch das der Geräte auf harte Proben. Im Freien sieht man von Egon Graesers Gesicht an solchen Tagen bestenfalls die Augen. Über ihnen funkelt eine Stirnlampe, die zumindest ein wenig Licht in die von Ende Oktober bis Ende Februar dauernde Polarnacht bringt.

Mitte Februar wird es dann endlich wieder ein wenig heller am Horizont, eine erste Morgendämmerung kündet von der Rückkehr des Lichts. Die Sonne aber lässt theoretisch noch zwei Wochen und in der Praxis sogar noch fast einen Monat auf sich warten. Am 13. März 2008 sieht Egon Graeser zum ersten Mal wieder eine blasse Scheibe über dem Horizont, in den Tagen zuvor haben Wolken die Sonne schlicht verhüllt.

Bald beginnen die russischen Kollegen auch damit, auf der Scholle eine Landebahn zu bauen. Kein einfaches Unterfangen, wenn das Glätten des Eises zwar halbwegs gelingt, aber immer wieder Risse auftauchen. Schließlich ist das Eis im April 2008 gerade noch 120 Zentimeter dick. Die Risse schließen sich zwar immer wieder. Aber natürlich bildet sich dabei keine glatte Fläche mehr, und die Männer müssen die Landebahn erneut bearbeiten. Am 10. April 2008 ist es dann so weit:

Nach bald sieben Monaten auf der Eisscholle holt das Forschungsflugzeug *Polar-5* Egon Graeser und seine mehr als eine Tonne wiegende
Ausrüstung wieder ab und beendet damit ein weiteres Kapitel der aktuellen modernen Polarforschung.

4 473 Quadratmeter Zukunft

Die Polarforschung der Zukunft begann dann am 20. Februar 2009.
An diesem Tag nahm das AWI in der Atka-Bucht der Antarktis seine
funkelnagelneue Station Neumayer III in Betrieb. Diese hatte der Vizechef des Instituts Heinz Miller mit einem Satz vorgestellt: »Wir wollen den Grundstein für die zukünftige Polarforschung legen.« Bis 2040,
mindestens, soll die Station in Betrieb sein.

Im Inneren dieses hochmodernen Wissenschaftlerdomizils öffnet
sich ziemlich weit hinten in einem ewig langen Gang mit blauem Fußboden eine Tür nach rechts. Dahinter wartet ein Raum mit ansteigenden Holzbänken, um die herum Dampfschwaden wabern. Eine Sauna
würde wohl niemand in der Antarktis erwarten. Doch die AWI-Mitarbeiter müssen immerhin neun Polarwintermonate lang vom Rest der
Welt isoliert in einer bis zu minus 50 Grad kalten Eiswelt mit brüllenden Stürmen ausharren, um die Ozonschicht zu vermessen, den Atomwaffensperrvertrag zu überwachen und Wetterdaten zu sammeln. Da
regenerieren gerade die heißen Dampfschwaden Körper und Geist besonders gut, das zeigen ähnliche Erfahrungen der letzten Jahrhunderte
in Finnland.

Schon die Bewohner der 1991 im Schelfeis der Antarktis errichteten
Vorgängerstation Neumayer II hatten eine Sauna improvisiert und den
kleinen Luxus zu schätzen gelernt. Als Pläne für ein Nachfolgemodell
geschmiedet wurden, stand ein Dampfbad daher gleich mit auf der
Wunschliste.

Die Sauna ist aber nur das »Sahnehäubchen« der Neumayer III, von
der die AWI-Wissenschaftler in höchsten Tönen schwärmen. Erstmalig
können die Forscher jetzt mit einem Blick aus ihrer Station feststellen,
ob über dem ewigen Eis ein Schneesturm heult oder ob gerade die

Die deutsche Antarktisforschung lässt sich zurückführen auf den 21. Juni 1826, als in Kirchheimbolanden im heutigen Rheinland-Pfalz Georg Neumayer das Licht der Welt erblickte. Bis 1851 studierte der junge Mann Geophysik an der Münchener Ludwig-Maximilians-Universität – seine Heimatstadt gehörte damals schließlich zur Bayerischen Pfalz.

Mit seinem frisch erworbenen Steuermannspatent stach der Forscher 1852 in See und erreichte Brasilien und Australien. König Max von Bayern gab ihm die Finanzen, mit denen er im australischen Melbourne das Flagstaff-Observatorium für Geophysik, Magnetismus und Nautik aufbaute und bis 1864 leitete. 1876 gründete er die Deutsche Seewarte in Hamburg, die er bis 1903 leitete. Sie wurde sein Lebenswerk. Bereits in Australien aber hatte er sich für die Erforschung des Eiskontinents weiter im Süden begeistert. Zurück in seiner Heimat trieb er diese Wissenschaftsrichtung mit aller Kraft voran. Er war seit 1879 Vorsitzender der Internationalen Polarkommission und gilt als einer der Hauptarchitekten des Internationalen Polarjahres 1882/83 sowie des Antarktischen Jahres 1901. Wegen seiner Verdienste wurde er 1900 von der bayerischen Krone in den Ritterstand erhoben, und so trug er bis zu seinem Tod am 24. Mai 1909 das Wort »von« in seinem Namen.

Die am 24. Februar 1981 in der Antarktis eröffnete deutsche Forschungsstation und ihre beiden Nachfolger heißen offiziell Georg-von-Neumayer-Station. Meist jedoch sprechen die Forscher nur von der Neumayer III, wenn sie die aktuelle Station meinen.

Sonne scheint. Denn der insgesamt 39 Millionen Euro teure Neubau hat auch Fenster. Die hätten in den alten Stationen wenig gebracht, weil die Wissenschaftler dort wie Maulwürfe unter der Oberfläche im ewigen Eis saßen. Da der unermüdliche Wind der Antarktis rasch gigantische Schneewehen um normale Häuser anhäufen würde, hatte man einfach zwei 90 Meter lange Röhren aus Wellblech mit 8 Metern Durchmesser in den Schnee auf dem sogenannten Ekström-Schelfeis im Nordosten der Antarktis eingebuddelt. In diese Röhren wurden dann Container mit Wohnräumen und Labors, mit Küche, Sanitätsraum, Werkstatt, Funkraum und mit der Energieversorgung eingebaut.

Neuschnee und Verwehungen haben die Station Neumayer II zwischen 1992 und 2009 unter einer 14 Meter dicken Schicht begraben. Das Eis unter der Station aber schwimmt als 200 Meter dicker Panzer auf dem Meer und bewegt sich an einzelnen Stellen durchaus unterschiedlich. Seine Kräfte drohten die Maulwurfshöhle aus Stahl daher langsam zu zermahlen. Auch die neue Station einzugraben wäre sinnlos gewesen, denn der Antarktisvertrag verpflichtet Deutschland, seinen Müll auf dem frostigen Kontinent ordentlich zu entsorgen. Und zu diesem Abfall gehört eben auch eine verlassene Station im Eis.

Also steht die neue Station auf 16 Stahlbeinen 6 Meter hoch über der Schneedecke. Sie hat auch noch eine Art Tiefgeschoss: Bis zu 8,20 Meter unter der Schnee- und Eisdecke liegen die Garagen mit den Kettenfahrzeugen der Wissenschaftler. Eine aufwendige Konstruktion aus kältefestem Spezialstahl verbindet die insgesamt 4 473 Quadratmeter Nutzfläche zu einer Einheit.

Einmal jährlich hebt eine Hydraulik je zwei Beine der Station paarweise so weit in die Höhe, wie die Schneedecke in der Zwischenzeit angewachsen ist. Mit einer Schneefräse und Pistenraupen schieben die Ingenieure dann Schnee unter die Stahlplattform am Ende des Beines. Ist dieser ausgehärtet, wird die Stütze auf seine Oberfläche abgesenkt und bekommt wieder einen festen Untergrund. Danach wird das nächste Beinpaar angehoben. Nach dem Anheben aller acht Beinpaare wird die gesamte Tiefgarage bis zur Höhe der Stützensohlen mit Schnee verfüllt. Anschließend hebt die Hydraulik in allen 16 Stützen die gesamten knapp 2 600 Tonnen der Station genau so weit in die Höhe, wie jedes einzelne Bein vorher angehoben wurde. Am Ende befinden sich die 15 Schlafräume mit den insgesamt 40 Betten ebenso

Ski-Doo werden die Motorschlitten genannt, die die Forscher auf dem Eis der Antarktis für ihre Arbeit fast täglich brauchen.

FUHRPARK IM EWIGEN EIS

Bis zu 8,20 Meter unter der Oberfläche des Antarktis-Eises liegt die Tiefgarage der Station Neumayer III. Dort parken die neun Motorschlitten mit Kettenantrieb, die im wissenschaftlichen Umgangsenglisch auch »Ski-Doo« heißen. Elf erheblich größere Pistenraupen oder Pistenbullys verteilen mit überdimensionalen Ketten ihr Gewicht so gut auf eine breite Fläche, dass sie auch schweres Material problemlos über den Schnee transportieren können. Daneben finden mit den »Chief-Tains« die beiden schweren Kettenfahrzeuge der Station Platz. Und dann stemmen vom Boden der Tiefgarage noch 16 große Bodenplatten mit einer jeweils dreibeinigen Hydraulik die insgesamt 2 600 Tonnen der Antarktisstation über die Oberfläche des Eises. Vom Boden der Garage bis zum Dach der Ballonhalle geht es 29,20 Meter in die Höhe.

wie Labors, Messe, Lounge, Krankenstation, Energiezentrale, Schnee-
schmelz-Einheit und Sauna dann wieder wie vorher 6 Meter über dem
Schnee. Während das Eis in fünfundzwanzig Jahren gut 4 Kilometer
weiterwandert und eine unterirdische Station zermalmen würde, garantiert dieses stetige Anheben die lange Lebensdauer und wird am
Ende auch das Recycling erheblich erleichtern.

Versorgt wird die Neumayer III mit vier herkömmlichen Diesel-
aggregaten mit einer Leistung von jeweils 150 Kilowatt und einem
Windrad, das weitere 30 Kilowatt Leistung beisteuert. »Es ist sehr
schwierig, größere Windräder auf dem schwimmenden Eis sicher zu
verankern«, erklärt der syrischstämmige AWI-Cheftechniker Saad El
Naggar die Zurückhaltung bei der alternativen Energieversorgung.
Wenn Länder wie Belgien eine kohlendioxidfreie Antarktisstation
bauen, so ist das lediglich eine verhältnismäßig kleine Sommerstation
mit entsprechend wenig Energiebedarf.

Die Neumayer III dagegen ist eine sehr große Station und gleichzeitig der größte Beitrag Deutschlands zur Antarktisforschung. Von dort
aus beobachten die Forscher das Wetter. Seit 1985 ununterbrochen
durchgeführte Ozonmessungen liefern die längste ununterbrochene
Messreihe dieser Art. Der Posten im Eis kann mögliche Atomwaffen-
versuche überwachen, die sich durch weit tragende Schallwellen unter
der Hörschwelle des menschlichen Ohrs verraten.

Von der Neumayer III aus starten die Forscher aber auch zu Expeditionen in Richtung Südpol. Dafür haben sie mit der neuen Station auch
gleich noch ein 8 Millionen Euro teures neues Flugzeug erhalten, die
Polar-5. Im Prinzip handelt es sich dabei um eine Weiterentwicklung
der DC-3-Maschinen, die als »Rosinenbomber« nach dem Zweiten
Weltkrieg Berlin aus der Luft versorgten. Speziell für das AWI erhalten
die Motoren eine höhere Verdichtung, damit die Maschine auch aus
der dünnen Luft von der teilweise 3 800 Meter über dem Meeresspiegel
liegenden Eisdecke der Antarktis starten kann. Im abmontierbaren
Nasenmast der *Polar 5* können die Forscher Instrumente einbauen, die
das Magnetfeld der Erde oder Luftturbulenzen und damit das Wetter
genau messen. Mit ihrer fliegenden Errungenschaft wollen die AWI-
Mitarbeiter aber auch die Mächtigkeit der Eisdecke der Antarktis

Die wahren Dimensionen der Neumayer-III-Station können Darstellungen kaum vermitteln. Allein angesichts der Zahlen zu diesem Hightech-Bauwerk aber gerät man in ehrfürchtiges Staunen.

Technische Daten:

Grundfläche der Plattform:	68 mal 24 Meter
Größte Höhe über dem Eis:	21 Meter
Grundfläche der Tiefgarage:	76 mal 26 Meter
Verbauter Stahl:	1 400 Tonnen
Anzahl Einzelteile der Stahlkonstruktion:	128 000
Verwendete Schrauben:	16 000
Gewicht aller Schrauben:	13 Tonnen
Länge der Elektrokabel:	42 Kilometer
Länge der Lüftungskanäle:	1 200 Meter
Länge der Heizungsrohre:	1 500 Meter
Fenster:	55
Gewicht des Bauwerks:	2 300 Tonnen
Nutzlast aus Inventar und Besatzung:	255 Tonnen

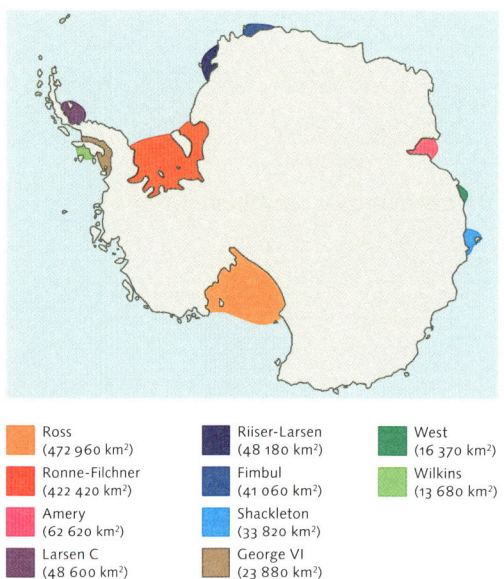

Ross
(472 960 km²)

Ronne-Filchner
(422 420 km²)

Amery
(62 620 km²)

Larsen C
(48 600 km²)

Riiser-Larsen
(48 180 km²)

Fimbul
(41 060 km²)

Shackleton
(33 820 km²)

George VI
(23 880 km²)

West
(16 370 km²)

Wilkins
(13 680 km²)

Die farbig markierten Flächen auf dieser Karte sind Schelfeis und damit Regionen, auf denen dicke Eisschichten schwimmen, die aber mit den Gletschern auf dem Festland fest verbunden bleiben.

genauer unter die Lupe nehmen, erklärt Eisforscher Heinz Miller diese Investition: »Von einem Drittel der Antarktisfläche kennen wir die Eisdicke noch nicht genau. Und diese Zahlen fehlen uns, wenn wir die Reaktion des Eispanzers auf den Klimawandel beobachten wollen.«

Die Neumayer III steht auf dem Ekström-Schelfeis. Das ist ein Ausläufer der antarktischen Eiskappe, der die Küste des sechsten Kontinents längst hinter sich gelassen hat und als 200 Meter dicker Eispanzer auf dem Meer schwimmt. Für die Station ist das ein praktischer Standort. Denn so kann das AWI-Forschungsschiff *Polarstern* nur ein paar Kilometer entfernt an der Eiskante der Atka-Bucht anlegen, wenn es im Südsommer kurz nach Weihnachten Lebensmittel, Ausrüstung und Heizöl sowie eine neue Besatzung zur Station bringt. Die Stationen Russlands, Norwegens, Indiens und Südafrikas liegen dagegen bis zu 250 Kilometer landeinwärts und müssen mit Kettenfahrzeugen viel aufwendiger versorgt werden.

Es brennt

Genau wie Schiffe auf dem Meer haben auch die Antarktisstationen einen gemeinsamen Feind. Und das ist nicht etwa die beißende Kälte, die sie umklammert hält. Nein, die größte Gefahr kommt von der lodernden Hitze eines Brandes. Im September 2009 hat es auch die nagelneue deutsche Station Neumayer III erwischt: Im Blockheizkraftwerk brennt es. Lautstark alarmiert ein automatisches System die neun Frauen und Männer, die in der Station überwintern. Hastig schlüpfen sie in die tiefroten, feuerbeständigen Schutzanzüge mit den knallig weißen Leuchtstreifen an Armen und Beinen. Die in jedem Labor und Schlafraum bereitliegende Atemschutzmaske wird über das Gesicht gezogen, ein Schutzhelm macht die Ausrüstung komplett. So ausgestattet tauchen sieben Gestalten am Treffpunkt auf. Jeder von ihnen hat Teile der Feuerausrüstung wie Pressluftatmer, Seile und Leuchten dabei.

Zwei der Überwinterer aber fehlen. Ist ihnen etwas passiert? Zweiergruppen schwärmen zum Suchen aus und stoßen rasch auf einen Nachzügler. Da der Rest der Station menschenleer ist, kann der neunte Überwinterer nur im brennenden Blockheizkraftwerk sein. Also dringen zwei Personen in voller Montur zum Brandherd vor. Dort aber ist es inzwischen so heiß, dass die Rettungsaktion selbst im roten Feueranzug viel zu gefährlich wäre. Tamer Kazanç schlüpft nun in einen Silberanzug, in dem er viel mehr Hitze aushält. Der Pressluftatmer versorgt ihn mit dem notwendigen Sauerstoff, ein Seil bildet die letzte Versicherung. Daran kann sein Kollege ihn zurückziehen, falls er trotzdem in der Hitze ohnmächtig wird. Mit einem Feuerlöscher in der Hand stapft Tamer Kazanç in das Blockheizkraftwerk und erstickt erst einmal die Flammen. Tatsächlich liegt Olaf Hüttebräucker bewusstlos neben einem der dicken Rohre des Heizkraftwerkes, sein Bein ist schwer verletzt. Tamer Kazanç zieht seinen Kollegen aus der Gefahrenzone und leistet zusammen mit Gerhard Weigand erste Hilfe.

Heidi Turpeinen und Jessica Helmschmidt haben da bereits den Operationssaal der Station vorbereitet. Über Satellitenverbindungen wird der diensthabende Spezialist in Deutschland zugeschaltet, wichtige Instrumente werden bereitgelegt. Mit einer aufblasbaren Stütze stabilisieren die Helfer zur gleichen Zeit das verletzte Bein von Olaf Hüttebräucker und schieben ihn auf der Trage in den Operationssaal. Dort könnte der Stationsarzt Gerhard Weigand dann gleich mit der Operation beginnen. Die ist an diesem Tag allerdings überflüssig. Denn der Brand war nur eine Übung, wie sie jeden zweiten Monat durchgeführt wird. In Deutschland hatten die Überwinterer vorher eine ganze Woche lang gelernt, wie man Brände bekämpft. Das war offenbar eine gute Grundlage. Denn die Übung im Winter der Antarktis haben sie mit Bravour absolviert, obwohl sie vorher nicht wussten, was genau auf sie zukommen würde.

Einsamer Winter

Mit solchen Notfällen selbst fertigzuwerden kann für die Überwinterer in der Antarktis lebenswichtig sein, denn sie können nicht eben
schnell über eine Notrufnummer die Feuerwehr holen. Die nächste
Feuerwache liegt im südafrikanischen Kapstadt und durch mehr als
4000 Kilometer stürmischen Südatlantik von der Neumayer-Station
getrennt.

Bevor sie zu ihrem Winterabenteuer im ewigen Eis der Antarktis
aufbrechen, werden die neun oder maximal zehn Überwinterer sorgfältig ausgewählt. Schließlich ist nicht jeder Mensch dafür geeignet, so
viele Monate zu verbringen ohne die Möglichkeit, mal in den Wald zu
gehen, ins Kino, zum Badesee in der Umgebung oder in die Kneipe
um die Ecke, in der man andere Menschen als seine unmittelba-
ren Arbeitskollegen trifft. Die neun Überwinterer begegnen in der
Lounge oder im Speiseraum immer nur den gleichen acht Mitstreitern,
die sie von der täglichen Arbeit oder vom gemeinsamen Ausflug zur
Kolonie der Kaiserpinguine kennen. Neue Gesichter tauchen nicht
auf, denn auch die nächste Forschungsstation ist mehr als 300 Kilome-

*Mit Pistenbullys und
Wohncontainern
brechen die Forscher
in der Antarktis regel-
mäßig zu Routine-
besuchen bei ihren
automatischen Statio-
nen auf dem Eis der
Antarktis auf.*

ter entfernt. Bei Differenzen im Team hat man kaum Möglichkeiten, sich aus dem Weg zu gehen.

Die einzige Nabelschnur zur Außenwelt ist eine Satellitenverbindung. Die letzte SMS und das letzte Handy-Telefonat gab es vor dem Start mit einer russischen Iljuschin-Transportmaschine im sommerlichen Kapstadt im Dezember oder Januar. Mitte März stehen dann neun Menschen am Rand der Piste auf dem Schelfeis und schauen dem letzten startenden Versorgungsflugzeug hinterher, das in diesem Sommer an der Station gelandet war. Erst im November wird die nächste Maschine kommen. Dann werden die Überwinterer gar nicht wissen, worüber sie sich mehr freuen sollen: die neuen Gesichter oder das Festessen in Form des ersten frischen Obstes und Gemüses nach mehr als acht Monaten, das mit dem Flugzeug kommt.

In den Monaten dazwischen leben die Menschen in der Neumayer-Station von den gebunkerten Vorräten, aus denen der Koch erfahrungsgemäß recht üppige Mahlzeiten zaubert. Ob der Koch oder der Arzt die wichtigste Person unter den Überwinterern ist, mag in der Station eifrig diskutiert werden. Rein verwaltungstechnisch hat das AWI im heimischen Bremerhaven diese Frage vorab entschieden und den Arzt zum Stationsleiter bestimmt. Die restlichen Jobs verteilen sich auf die wissenschaftlichen und technischen Aufgaben, die in der Neumayer III anfallen: Ein Funker und Elektroniker sorgt für die Verbindung mit der Außenwelt und hält die gesamte Elektronik der Station am Laufen. Ein Elektriker und ein Ingenieur kümmern sich um den großen Rest der Technik. Ein Meteorologe, ein Luftchemiker und zwei Geophysiker teilen die wissenschaftlichen Aufgaben unter sich auf.

Wie in jeder halbwegs funktionierenden Wohngemeinschaft muss bei den Routineaufgaben, die nicht in den Verantwortungsbereich dieser neun Spezialisten fallen, jeder mit anpacken. Dazu gehört nicht nur das Putzen der gemeinsam genutzten Räume von der Sauna über die Lounge bis zu den Toiletten und Waschräumen, sondern auch das Schneeschaufeln. Aus diesem Schnee schmilzt die Station das benötigte Wasser für Trinkgläser, Küche, Dusche und zum Zähneputzen. Die Arbeitszeiten des Teams werden sehr flexibel gehandhabt – oder genauer: Sie richten sich nach dem Wetter. Heult ein Sturm um die

Station, bleibt man lieber in den 20 Grad Celsius warmen Räumen und hat nach den Routinearbeiten und der eigenen Schreibtisch- oder Labortätigkeit oft auch ein wenig Freizeit. Tischtennis und Sauna stehen dann genauso auf dem Programm wie Schmökern in der gut ausgestatteten Bibliothek und natürlich auch das eine oder andere Gespräch mit den Mitüwis – das ist das gängige Kürzel für die Mit-Überwinterer.

Flaut der Wind ab, stehen Außenarbeiten auf dem Programm, die oft zur Grundlagenforschung gehören: Wetterballone aufsteigen lassen oder das eineinhalb Kilometer südlich der Station gelegene Observatorium besuchen, das die Substanzen in der Atmosphäre, von Treibhausgasen bis zu Schwebstoffen, misst.

Sagt der Wetterfrosch eine längere Schönwetterperiode voraus, brechen zumindest einmal im Jahr fünf der Überwinterer mit einem Pistenbully auf, der einen Wohncontainer und einen Technikschlitten hinter sich herzieht. Ungefähr zehn Stunden dauert die Fahrt zum »Olymp«. So heißt die geophysikalische Station, die rund 80 Kilometer von der Neumayer-Station entfernt liegt und winzige Erschütterungen in der Erde misst. Dort werden die Geräte und Antennen ausgegraben, die jedes Jahr von einem bis mehreren Metern Schnee zugeweht werden. Anschließend geht es zur zweiten geophysikalischen Station, die mit »Watzmann« einen Namen aus den Berchtesgadener Alpen trägt und rund 40 Kilometer von der Neumayer III entfernt liegt. Dort warten die gleichen Arbeiten auf das Team wie auf dem Olymp. Allerdings gibt es am Watzmann meist weniger als einen Meter Neuschnee im Jahr, entsprechend weniger muss geschaufelt und gebuddelt werden.

Im antarktischen Frühsommer, irgendwann im November, bringen Flugzeuge dann die ersten Sommergäste und bald auch das nächste Team von Überwinterern. Die Neuen werden von ihren Vorgängern erst einmal eingearbeitet. Dann fliegt das alte Team nach insgesamt 14 oder 15 Monaten mit zwei Sommern und einem Winter in der Antarktis wieder zurück nach Kapstadt, zurück in die Welt von Handys, SMS und was man in der Einsamkeit des ewigen Eises sonst noch vermisst oder auch nicht vermisst hat.

Abb. links:
Die Drescher-Station in der Antarktis ist ein mobiles Camp auf dem Schelfeis, von dem aus Biologen Weddellrobben und Kaiserpinguine beobachten.

Biologen in der Antarktis

Unter den Überwinterern fehlt aus einem guten Grund die Zunft der Biologen: Auf dem Schelfeis wäre die Biologie eine eher eintönige Beschäftigung, weil es dort kaum lebende Organismen gibt. Die AWI-Forscher und ihre Kollegen von der Arbeitsgruppe Polarökologie an der Universität Jena gehen da schon lieber in das Dallmann-Labor auf King George Island vor der Antarktischen Halbinsel. Da es hier kein Schelfeis gibt, stehen die Container direkt auf dem Fels der Insel, und im Sommer plätschern hier Wellen an den Strand.

Dieser Standort bietet Biologen ideale Arbeitsbedingungen. Forschungstaucher nehmen vor der Küste das Unterwasserleben unter die Lupe. Polarornithologen wie Hans-Ulrich Peter von der Universität Jena beobachten die Vögel, die auf den kalten, aber eisfreien Felsen brüten. Zwölf Menschen können im Dallmann-Labor forschen, und sollten es einmal mehr werden, gibt es noch ein paar knallrote Igluhütten mit Ausweichschlafplätzen.

Seit 1994 betreiben das AWI, das argentinische Polarforschungsinstitut und niederländische Forscher das Dallmann-Labor gemeinsam als internationale Forschungseinrichtung. Dabei übernehmen die Argentinier mit ihrer unmittelbar angrenzenden und ganzjährig besetzten Station Jubany wichtige Teile der Logistik und feiern mit den Europäern auch die eine oder andere südamerikanisch-europäische Fiesta. Anders als die ganzjährig besetzte Neumayer-Station nutzen die europäischen Forscher das Dallmann-Labor nur im Südsommer, zwischen Oktober und März. Im Brennpunkt ihrer Untersuchungen stehen dabei die Auswirkungen der Umweltveränderungen auf das Leben in dieser harschen Region unmittelbar vor dem Eispanzer der Antarktis.

Manchmal arbeiten die Biologen des Alfred-Wegener-Instituts aber auch auf dem Riiser-Larsen-Schelfeis, um die Kolonien der dort lebenden Weddellrobben und Kaiserpinguine zu studieren. Dazu bauen die Forscher ein mobiles Camp auf das Eis, das nach dem ehemaligen AWI-Biologen Eberhard Drescher (1944–1983) »Drescher-Station« genannt wird. Dann stehen ein paar Hundert Kilometer von der Neumayer-Station entfernt knallrote Tomaten auf dem Schelfeis, die erst ein ge-

nauer Blick als Iglus aus Glasfasern identifiziert. Diese werden von Helikoptern vom Forschungseisbrecher *Polarstern* auf das Eis geflogen und fungieren als Wohnung, Küche, Labor, Vorratslager und Toilette. Zwei Generatoren liefern elektrischen Strom, zwei Schneemobile dienen als Transportmittel. Zwischen 1986 und 2009 gab es sechs Forschungskampagnen, in denen jeweils mindestens vier Wissenschaftler auf dem Riiser-Larsen-Schelfeis bis zu 53 Tage lang campierten. Dergleichen Expeditionen gehören mit Sicherheit zu den absoluten Höhepunkten im Leben eines Polarforschers. ❧

Zwischen Sauna und Kühlschrank: Das Klima der Vergangenheit

E in paar Wochen in einer Station auf dem ewigen Eis verbringen? Auch für Heinz Miller gehört das zu den schönsten Seiten seines Berufslebens. Sein bevorzugter Ort ist allerdings die Kohnen-Station, 757 Kilometer südöstlich der Neumayer-Station. Der Vizechef des Alfred-Wegener-Instituts in Bremerhaven ist Glaziologe, interessiert sich für Gletscher und Eiskappen: Wie verhält sich das Eis, weshalb fließt es an einigen Stellen viel schneller als an anderen? Und was kann man aus den gefrorenen Schichten über die Klimageschichte ablesen?

Für diese Wissenschaft braucht man vor allem eins: Eis. Davon aber gibt es an der Kohnen-Station reichlich. Immerhin steht sie auf einem 2 775 Meter mächtigen Eispanzer. Auf Stahlpfeilern sitzt eine 32 Meter lange und 8 Meter breite Plattform, auf der elf Container befestigt sind. Drinnen gibt es eine Funkstation, eine Messe, eine Küche, Toiletten

Abb. links: Noch vor 70 Millionen Jahren bedeckten tropische Wälder und saftig grüne Weiden die Antarktis. Wo heute Schneestürme über die Eiswüste heulen, streiften damals Dinosaurier bei Saunabedingungen durch die Landschaften.

und Waschräume sowie zwei Schlafräume. Platz genug, damit insgesamt zwanzig Menschen hier leben und arbeiten können. Droht die Station im Schnee zu versinken, lassen sich die Stahlpfeiler aufstocken.

Zweimal in jedem Sommer bahnen sich bis zu sechs Pistenbullys den Weg von der Neumayer-Station zur Kohnen-Station. Jedes dieser Kettenfahrzeuge kann drei Schlitten ziehen, auf denen sich bis zu 20 Tonnen Material inklusive Sprit für die Generatoren befindet. Knapp zwei Wochen brauchen die Pistenbully-Konvois für eine Strecke. So viel Zeit haben die Forscher meistens nicht. Also fliegen sie von Stationen wie der britischen Halley, der südafrikanischen SANAE IV oder der deutschen Neumayer III mit kleinen Flugzeugen ein, die auf Kufen landen.

Die Grundlagen für ihre Wissenschaft erarbeiten sich die Forscher aber nicht in den Containern, sondern in einem 66 Meter langen, fast 5 Meter breiten und 6 Meter tiefen Graben einige Meter neben der Kohnen-Station. Von einem Holzdach zumindest ein wenig vor den heulenden Stürmen der Antarktis geschützt, bohren die Wissenschaftler dort ein 2 775 Meter tiefes Loch ins Eis. Ganz unten, unmittelbar

---

HEINZ KOHNEN

Der Geophysiker Heinz Kohnen wird am 5. Februar 1938 in Oberhausen geboren. Nach seinem Abitur 1959 studiert er in Mainz und Münster Geophysik und misst während einer Expedition 1967 die Dicke des Eises auf Grönland. Danach prägen die Polargebiete sein Leben: In der Antarktis und in Kanada erkundet er das Verhalten großer Eismassen. 1979/80 sucht er in der Antarktis nach einem geeigneten Ort, an dem die deutsche Polarforschung eine das ganze Jahr über besetzte Station errichten könnte.

Im Jahr 1982 übernimmt Heinz Kohnen die gesamte Logistik des Alfred-Wegener-Instituts und stellt in dieser Position unter anderem den Forschungseisbrecher *Polarstern* und mehrere Forschungsflugzeuge in Dienst. Außerdem verantwortet er den Bau von Neumayer I und II und des Dallmann-Labors in der Antarktis sowie der Koldewey-Station auf Spitzbergen. Bis zu seinem unerwarteten Tod am 25. Juli 1997 hatte er damit die entscheidenden Grundstrukturen des AWI maßgeblich gestaltet. Es fehlte eigentlich nur noch eine Station im Herzen der Antarktis. Sie wurde am 11. Januar 2001 in Betrieb genommen und trägt seinen Namen.

über dem Fels, trifft diese Bohrung auf Schmelzwasser unter dem Eis, das im Bohrloch wieder gefriert. Je weiter die Geräte der Forscher in die Tiefe dringen, umso älter ist das Eis, auf das sie stoßen. 160 000 Jahre Klimageschichte liegen zwischen der tiefsten Stelle und dem Graben an der Oberfläche. Wie das Klima in all diesen Jahren war, wollen die Glaziologen um Heinz Miller mit ihrer Bohrung ermitteln. Der Vizechef des AWI leitet nämlich EPICA, das »European Project for Ice Coring in Antarctica«. Dahinter verbirgt sich ein europäisches Forschungsprojekt, an dem Wissenschaftler aus Belgien, Dänemark, Deutschland, Frankreich, Großbritannien, Italien, den Niederlanden, Norwegen, Schweden und der Schweiz arbeiten.

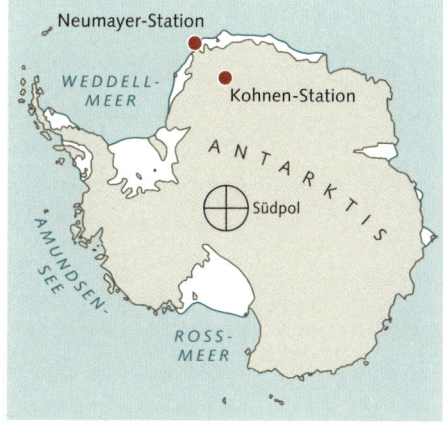

In der Kohnen-Station bohren Klimaforscher fast 3 Kilometer tiefe Löcher ins Eis der Antarktis und holen aus den Eisschichten Informationen über Temperatur und Niederschlag der Zeit, in der sich das Eis einst gebildet hat.

Staubiges Eis

Bei ihrer Reise durch die Eisschichten entdecken die EPICA-Wissenschaftler erstaunliche Zusammenhänge. So wird das Eis staubiger, wenn die Temperaturen in der Antarktis sinken, berichtet Thomas Stocker von der Universität Bern. Der Experte für das Klima der Vergangenheit schließt das aus einer weiteren Bohrung, die von EPICA seit 1999 in der Ost-Antarktis ins Eis getrieben wurde. Im Dezember 2004 erreichte dieser Vorstoß 3 260 Meter unter der Eisoberfläche, 5 Meter tiefer soll bereits der nackte Fels der Antarktis liegen.

Die mehr als 3 Kilometer langen Eiskerne, die sie aus diesem Loch an die Oberfläche geholt haben, nehmen die Forscher unter die Lupe. Jedes Stückchen davon rieselte irgendwann in der Vergangenheit als Schnee auf das »Dome C« genannte Gebiet in der Ost-Antarktis, in dem die Bohrung stattfand. Gerade einmal 25 Liter Niederschlag fallen dort im Jahr auf einen Quadratmeter. Berlin bekommt mehr als die zwanzigfache Regenmenge ab. Die Ost-Antarktis gehört damit zu den trockensten Orten der Welt, sie ist im Prinzip eine gigantische Wüste aus Eis. Und weil Tauwetter dort so gut wie nie vorkommt, sammelt sich jedes Jahr eine Schneedecke von nicht einmal 10 Zentimetern Dicke an.

Ohne Tauwetter aber häuft sich mit der Zeit immer mehr Schnee auf und drückt aus den tieferen Schichten einen großen Teil der reichlich vorhandenen Luft heraus. Aus 10 Zentimetern Schnee wird so weniger als ein Zentimeter Eis. Allerdings quetscht das gewaltige Gewicht der darüberliegenden Massen die tieferen Schichten immer stärker zusammen, daher werden die »Jahresringe« in der Tiefe immer schmaler: Die Wissenschaftler haben mit ihrem 3 260 Meter tiefen Loch das Antarktis-Eis der letzten beinahe 900 000 Jahre durchbohrt. In jeder Eisschicht aber verbergen sich Informationen über das Klima der Zeit, in der sich das Eis gebildet hat. So können Forscher untersuchen, welche Mengen eines »Deuterium« genannten Typs von Wasserstoffatomen in einer bestimmten Schicht im Vergleich mit normalen Wasserstoffatomen vorhanden sind. Diese »Wasserstoff-Isotopen-Methode« verrät einiges über die Temperaturen der Zeit, in der das Wasser einst verdunstete und später als Schnee auf die Antarktis rieselte.

Hundeschlitten und Handbohrer ihrer Vorgänger haben die Polarforscher des 21. Jahrhunderts längst durch moderne Geräte ersetzt.

In der mehr als 3 Kilometer tiefen Eisbohrung stecken Informationen über die Temperaturen, die in der Antarktis und den umliegenden Meeren in den letzten 900 000 Jahren geherrscht haben. Mindestens acht Kältewellen zogen in dieser Zeit über die Erde, jede von ihnen dauerte viele Jahrtausende. »Eiszeiten« nennen Laien diese Perioden meist, weil sich das Eis der hohen Breiten in den kalten Episoden weiter ausdehnte. So schoben mehr als 1 000 Meter dicke Gletscher ihre Zungen zeitweise von Skandinavien bis weit in die Tiefebenen Mitteleuropas vor.

Genau aus diesen kalten Perioden finden die Berner Forscher besonders viel Staub im Eis. Wieso aber rieselt auf dem Höhepunkt einer Eiszeit bis zu 25-mal mehr Staub auf die Antarktis als heute? Da spielten offenbar mehrere Effekte eine Rolle. Wenn es kälter ist, verdunstet aus den Meeren auch weniger Wasser, die Luftfeuchtigkeit sinkt, und es gibt weniger Niederschlag. In der Antarktis fielen damals noch weniger als die 10 Zentimeter Schnee, die dort heute im Jahr vom Himmel fallen.

Auch über dem Südpolarmeer nahm der Niederschlag während der Eiszeiten ab. Regen und Schnee aber waschen den Staub aus, von dem immer ein wenig in der Luft schwebt. Bei niedrigen Temperaturen bleibt also mehr Staub in der Luft. Da Staub aber schwerer als Luft ist, sinkt er mit der Zeit von selbst zu Boden. Dieser von Wissenschaftlern »trockene Deposition« genannte Vorgang wird stärker, wenn mehr Staub in der Luft schwebt. Das ist der eine Grund, warum in den kalten Perioden mehr Staub auf die Antarktis fällt.

Untersuchen die Forscher bestimmte Atomsorten im Staub, können sie auch feststellen, aus welchen Gegenden er stammt. Die weitaus überwiegende Staubmenge wurde demnach aus Patagonien in die Antarktis geweht, nur ein kleiner Teil stammt aus Australien. Das scheint nicht weiter verwunderlich zu sein, schließlich reicht Südamerika viel näher an die Antarktis heran als Australien. In den Eiszeiten aber wurde in Patagonien offensichtlich auch erheblich mehr Staub aufgewirbelt als in wärmeren Epochen wie etwa heute. Jedenfalls finden die Forscher am Grund des Südpolarmeeres aus diesen Zeiten einen erheblich höheren Staubanteil als aus wärmeren Epochen. Da aber der Niederschlag abgenommen und einen geringeren Anteil des vorhandenen Staubs ausgewaschen hatte, muss die Staubmenge in der Luft damals höher gelegen haben. Weil gleichzeitig auch die Meeresspiegel niedriger lagen und Patagonien daher größer als heute war, könnten die stärker wehenden Winde von dort viel mehr Staub aufgewirbelt haben.

Der kam dann dem Leben im Meer zugute. Dort ist nämlich das Spurenelement Eisen Mangelware, das im Staub reichlich vorhanden ist. Rieselt mehr Staub ins Meer, wirkt dieser wie Dünger, Algen und Plankton wachsen viel besser. Davon aber ernähren sich Krebse, Fische, Pinguine und Wale – auch deren Zahl könnte damals zugenommen haben. Es ist schon erstaunlich, was der Staub im Eis der Antarktis so alles erzählen kann.

Gletscher im Super-Treibhaus

Die EPICA-Bohrungen verraten allerdings nicht, wann das erste Eis an den Polen auftauchte. Dazu müssen Wissenschaftler mehr als 100-mal weiter in die Vergangenheit zurückschauen, als es anhand der Bohrung an Dome C und der Schlussfolgerungen über die letzten 900 000 Jahre möglich war.

Selbst enthusiastischen Sonnenanbetern wäre es damals, vor 92 Millionen Jahren, im Super-Treibhaus rund 380 Kilometer vor der Küste des heutigen Surinam in Südamerika wohl zu warm gewesen. Statt der heutigen 29 Grad hatte das Atlantikwasser mit 37 Grad Celsius praktisch Körpertemperatur, an Abkühlung war nicht zu denken. Auch in den hohen Breiten kletterte die Quecksilbersäule oft über die 20-Grad-Marke, in der Arktis aalten sich Krokodile in subtropischen Verhältnissen. Und doch bildeten sich vor 91,2 Millionen Jahren in der Nähe des Südpols in den Bergen der Antarktis mächtige Gletscher, weiß André Bornemann vom Institut für Geophysik und Geologie der Leipziger Universität.

So recht konnten sich Klimaforscher bisher nicht vorstellen, dass damals, im Reich der Dinosaurier auf der sehr warmen Erde der

Kreidezeit, größere Gletscher existiert haben sollen. Die Erdplatten waren kräftig in Bewegung und bildeten neuen Ozeanboden. Riesige Mengen von Kohlendioxid kamen dabei aus dem Innern der Erde. Sie verursachten in der Atmosphäre einen Super-Treibhauseffekt, der die Temperaturen auf dem Globus in für die letzten 500 Millionen Jahre unerreichte Höhen trieb. Pudelwohl fühlten sich die Dinosaurier: Im Erdzeitalter Turonium vor rund 93 Millionen Jahren standen die Riesenechsen auf dem Höhepunkt ihrer Entwicklung.

André Bornemann und seine Kollegen aus Köln, den Niederlanden, Großbritannien und Kalifornien haben nun Sedimente aus dem tropischen Atlantik weit vor Surinam unter die Lupe genommen, um die Klimageschichte jener Zeit zu untersuchen. »In diesen 83 bis 93 Millionen Jahre alten Gesteinsschichten haben sich Foraminiferen genannte Meeresorganismen sehr gut erhalten«, staunt der Geologe der Leipziger Universität. An den Kalkschalen dieser winzigen Geschöpfe aber ist es möglich, sehr präzise eine sogenannte Sauerstoff-Isotopen-Analyse durchführen.

In der heißen Welt vor rund 91 Millionen Jahren verteilten sich die Landmassen völlig anders als heute über die Erde. Schon damals aber lag die Antarktis am Südpol.

Dabei nutzen die Forscher die Tatsache, dass es zwei unterschiedlich schwere Varianten von Sauerstoff gibt. Sie untersuchen, wie viele der schweren Sauerstoff-18-Atome im Verhältnis zu den leichteren und viel häufigeren Sauerstoff-16-Atomen vorhanden sind. Beide Sauerstoff-Isotope kommen in der Natur vor, allerdings hängt das Verhältnis zwischen beiden Atom-Arten vom Klima ab. Wird das Wasser an der Oberfläche der Meere wärmer, verdunsten von dort mehr Wassermoleküle mit dem schweren Sauerstoff-18, und die Foraminiferen lagern weniger Sauerstoff-18 in ihre Kalkschalen ein.

Besonders niedrige Sauerstoff-Isotopen-Verhältnisse findet André Bornemann zum Beispiel in den Foraminiferen, die vor 91,34 Millionen Jahren im tropischen Atlantik lebten. Bis zu 37 Grad Celsius könnte das Wasser damals warm gewesen sein, rechnen die Forscher aus. 140 000 Jahre später enthalten die Foraminiferen dann erheblich mehr Sauerstoff-18 als vorher.

Diese Änderung der Sauerstoff-Isotopen-Verhältnisse aber wurde nicht allein von niedrigeren Meerwassertemperaturen ausgelöst, sondern hatte noch eine andere Ursache, zeigt André Bornemann: Weil Sauerstoff-16 leichter verdunstet, reichert sich dieses Isotop im Niederschlag an, der sich aus Luftfeuchtigkeit bildet. Fällt dieser Niederschlag als Schnee, der viele Jahre liegen bleibt und sich langsam in Eis verwandelt, enthalten auch diese Gletscher viel mehr Sauerstoff-16 und viel weniger Sauerstoff-18 als Meerwasser. In einem raffinierten Indizienbeweis zeigte der Leipziger Forscher 2008, dass zur fraglichen Zeit das Isotopenverhältnis im Meer allein von einer geringen Temperaturänderung beeinflusst wurde. Demnach müssen vor 91,2 Millionen Jahren irgendwo Gletscher große Mengen von Sauerstoff-16 eingelagert haben. Der fehlte dann im Meerwasser und ließ dort den Sauerstoff-18-Gehalt steigen.

Schon vorher hatten andere Forscher in verschiedenen Regionen Indizien gefunden, dass der Meeresspiegel in dieser Zeit um 25 bis 40 Meter gefallen sein könnte. Auch das war ein Hinweis darauf, dass damals viel Eis entstanden sein könnte, das dem Meer als Wasser fehlte.

Genau wie jetzt lag die Antarktis auch damals schon am Südpol, mächtige Gebirge könnten sich ähnlich wie heute durch diesen Kontinent gezogen haben. Derzeit liegen diese Berge allerdings meist unter einer Eisschicht, die einmal geschmolzen den Meeresspiegel um rund 61 Meter ansteigen lassen würde. Aus diesen Zahlen schließt André Bornemann, dass sich damals in wenigen Zehntausend Jahren ein Eisschild im Inneren der Antarktis gebildet haben könnte, der ungefähr der Hälfte der heute dort liegenden Eismassen entsprach. Diese Gletscher im Super-Treibhaus sind auf natürliche Einflüsse zurückzuführen und auf eine Besonderheit der Erdbahn, die damals relativ wenig Sonnenlicht auf die Polregionen fallen ließ. Als diese Konstellation vorbei war, schmolzen die Gletscher wieder, und die erste Vereisung der Antarktis blieb eine relativ kurze Episode in der Geschichte. Spuren einer weiteren Vereisung hat André Bornemann in den folgenden Jahrmillionen jedenfalls nicht gefunden. Der Eispanzer im Super-Treibhaus war demnach eine Ausnahme.

Wie die Antarktis dauerhaft vereiste

Weit mehr als 40 Millionen Jahre lang bedeckten üppige Wälder und saftig-grüne Weiden die Antarktis. Vor 65 Millionen Jahren streiften dort noch immer Dinosaurier durch tropisches Gehölz. Allenfalls im Hochland um den Südpol glitzerten vor 40 Millionen Jahren ein paar Gletscher, kleinere Eisflächen könnte es auch in der Nähe des Nordpols gegeben haben. Ansonsten war Eis auf der Erde Mangelware. Vor rund 34 Millionen Jahren aber wurde alles anders. Beinahe blitzartig vereisten größere Teile der Antarktis, die riesigen Gletscher sind seither nicht mehr abgetaut, und der Rest des Globus kühlte kräftig ab.

Lange Zeit nahmen Geoforscher an, die Plattentektonik stecke hinter dieser Entwicklung. Noch vor 200 Millionen Jahren bildete die Antarktis das Herzstück des Urkontinents Gondwana. Als dieser vor 170 Millionen Jahren auseinanderbrach, entstanden mit der Zeit die heutigen Kontinente, und die Antarktis driftete langsam zum Südpol. Allein die Position ganz unten auf dem Globus aber führte noch nicht zur Vereisung. Schließlich kam die Antarktis schon vor rund 120 Millionen Jahren am Südpol an, und noch etliche Millionen Jahre später

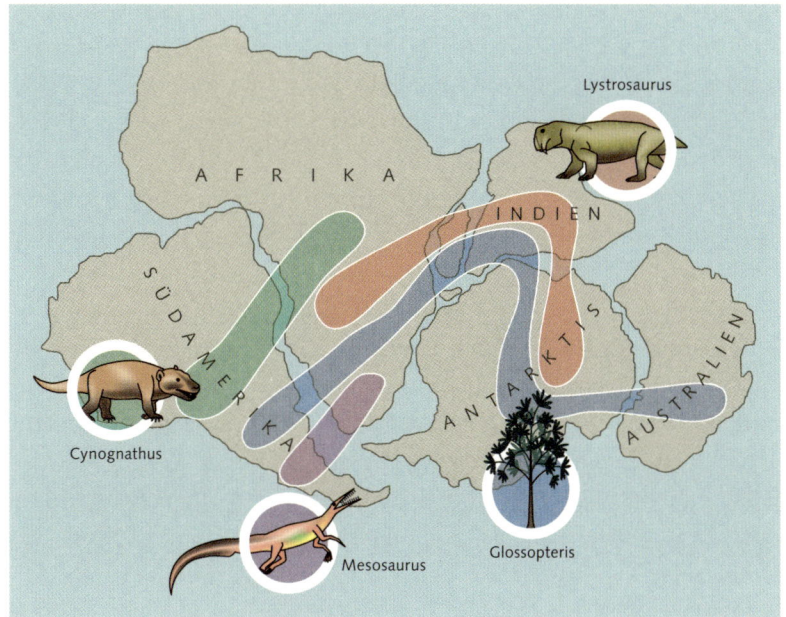

Labels on image: Lystrosaurus, A F R I K A, I N D I E N, S Ü D A M E R I K A, A N T A R K T I S, A U S T R A L I E N, Cynognathus, Mesosaurus, Glossopteris

Weil verschiedene Artengruppen vor mehr als 200 Millionen Jahren offenbar in zusammenhängenden Gebieten lebten, die heute auf verschiedenen Kontinenten liegen, müssen diese Landmassen damals zu einem Superkontinent »Gondwana« verbunden gewesen sein.

lebten dort die wärmeliebenden Dinosaurier und die Beuteltiere. Die Geologen suchten nach einer zweiten Erklärung. Vor 120 Millionen Jahren war die Antarktis noch über Landbrücken mit Südamerika und Australien verbunden. Erst vor 35 Millionen Jahren brachen beide Kontinente endgültig ab. Plötzlich konnte der in Südpolnähe immer kräftig wehende Westwind das kalte Wasser des Südozeans in einem riesigen Kreis rund um den Südpol treiben. Diese Strömung traf nirgends auf Widerstand in Form eines Kontinents und isoliert so noch heute die Antarktis von den warmen Wassermassen der Tropen. Der sogenannte antarktische Ringstrom hält die Eiskeller-Bedingungen um den Südpol aufrecht.

Doch so einleuchtend dieses Modell klingt, reicht es als Erklärung für den Beginn der Vereisung nicht aus, wie Peter Barker vom British Antarctic Survey in Cambridge im Jahr 2003 gezeigt hat. Denn ein Ringstrom isoliert nur dann vollständig von höheren Temperaturen, wenn er bis auf den Grund des rund 3 000 Meter tiefen Südozeans reicht. So eine tiefe Meeresstraße bildete sich vor rund 35 Millionen

Jahren tatsächlich südlich der Insel Tasmanien im Süden von Australien. Der einsetzende Ringstrom aber wurde bereits bei Südamerika wieder abrupt gebremst. In den ersten Jahrmillionen nach dem Abbrechen trennte nämlich nur ein flaches Schelfmeer von vielleicht 200 Metern Tiefe Südamerika von der Antarktis. Das aber stoppte den Ringstrom effektiv, bis sich vor 20 Millionen Jahren die heutige Drake-Passage auf mehr als 1 000 Meter vertieft hatte. Als der Ringstrom endlich freie Bahn hatte, waren große Teile der Antarktis aber schon lange vereist.

Also musste es eine andere Ursache für die andauernde Vereisung geben. Peter Barker hat die Kohlendioxid-Konzentrationen in der Atmosphäre im Verdacht. Der Anteil dieses Treibhausgases in der Luft änderte sich damals sehr stark. Gemessen wird dieser Wert in Teilchen Kohlendioxid pro einer Million Teilchen Luft – »parts per million« oder kurz »ppm« heißt das im Englischen. Nachdem am Ende der Kreidezeit vor 65 Millionen Jahren die Dinosaurier von der Erde verschwanden, lag dieser Wert für viele Jahrmillionen zwischen 1 000 und 2 000 ppm. Zwar schwankte er kräftig, pendelte sich jedoch langsam an der unteren Grenze ein. Da Kohlendioxid aber Sonnenlicht einfängt, ähnlich wie ein Treibhaus, kühlte die Erde in dieser Zeit bis unmittelbar vor der Vereisung der Antarktis sehr langsam von tropischen und subtropischen Temperaturen zwischen dem Äquator und den Polen auf etwas gemäßigtere Werte ab.

Vor 34 Millionen Jahren brachten dann natürliche Schwankungen der Bahn der Erde um die Sonne und der Achse, um die die Erde selbst sich dreht, der Antarktis für einige Jahrtausende noch ein wenig kühlere Sommer. In den Hochländern schmolz der Schnee nun auch im Sommer nicht mehr vollständig ab, jedes Jahr häufte sich ein wenig mehr Schnee dort an. Die weiße Pracht aber strahlte die Sonnenwärme weitgehend vollständig in den Weltraum zurück. Während die Schneedecke wuchs, verlor die Erde deutlich mehr der eingestrahlten Sonnenenergie als vorher und kühlte ab. Dadurch blieb im Sommer noch mehr Schnee liegen und es entstand eine sogenannte positive Rückkopplung. Nach vielen Jahrtausenden war die gesamte Antarktis unter einem dicken Eispanzer begraben.

Auch als die Erdbahn sich weitere Jahrtausende später regulierte und die Region wieder etwas wärmere Sommer erlebte, hielt diese positive Rückkopplung an. Die Temperaturen blieben im Keller, sodass die weißen Massen nicht mehr schmolzen und sich bis heute gehalten haben. Am Nordpol dagegen gab es damals wie heute keine größere Landmasse, deshalb konnte sich dort auch kein Eispanzer wie in der Antarktis bilden.

Die damals entstandenen Eismengen aber haben das Klima nicht nur in der Antarktis, sondern überall auf der Erde dramatisch verändert, fanden Agostino Merico vom GKSS-Forschungszentrum der Helmholtz-Gemeinschaft in Geesthacht und seine Kollegen Paul Wilson und Toby Tyrrell vom Nationalen Meeresinstitut im englischen Southampton heraus. Das Eis der Antarktis ist ja nichts anderes als gefrorenes Wasser, das einst aus den Weltmeeren verdunstet war. Wächst der Eispanzer über der Antarktis, fehlt den Ozeanen also Wasser, und der Meeresspiegel fällt. Bereits 300 000 Jahre nach Beginn der großen Vereisung lagen die Strände der Ozeane weltweit rund 70 Meter tiefer als zuvor. Dadurch aber kamen plötzlich riesige Mengen Kalk- und Silikatgestein an die Luft, die vorher in flachen Küstengewässern überflutet gewesen waren. Solche Gesteine verwittern relativ rasch, und der Regen schwemmt große Mengen des Kalziumkarbonats, aus dem Kalkfelsen bestehen, in die Flüsse und weiter ins Meer. 50 bis 300 Prozent mehr Kalziumkarbonat als vorher gelangten in dieser Periode ins Meer, hat Agostino Merico errechnet.

In den Tiefen der Ozeane aber gibt es eine sogenannte Kalzit-Kompensationstiefe, die nach dem englischen Fachbegriff mit »CCD« für »Calcite Compensation Depth« abgekürzt wird. Über dieser Wassertiefe kann sich Kalk in Form von Gestein oder auch als Kalkskelett von Korallen oder winzigen Plankton-Einzellern bilden. Unter dieser Grenze löst sich der Kalk wieder auf. Das ins Meer gespülte Kalziumkarbonat aber drückte die CCD unmittelbar nach der Vereisung rund 1 000 Meter weiter in die Tiefe.

Durch das Absinken des Meeresspiegels waren in dieser Zeit zwar viele Flachwassergebiete verschwunden, in denen sich vorher Kalkablagerungen bilden konnten. Doch durch das Sinken der CCD kamen erheblich größere Flächen Ozeanboden dazu, auf denen die herabrieselnden Kalkschalen abgestorbener Organismen liegen blieben, ohne aufgelöst zu werden. Solche Kalkschalen aber sind nichts anderes als Kohlendioxid, das die Lebewesen vorher aus der Luft geholt hatten. Weil die CCD dauerhaft in einer Tiefe von heute rund 4500 Metern blieb, deponierten die Organismen immer mehr Kohlendioxid aus der Luft als Kalk am Meeresgrund. Die Folgen blieben nicht aus: Vor 30 Millionen Jahren gab es in der Atmosphäre noch 500 ppm Kohlendioxid, vor 20 Millionen Jahren waren es nur noch 250 ppm. Und mit dem sinkenden Kohlendioxidgehalt wurde es immer kühler auf der Erde, bis das heutige Temperaturniveau erreicht war.

Als vor 20 Millionen Jahren der Ringstrom die Antarktis endgültig von tropischen Gewässern abriegelte, verstärkte er die Vereisung dort zwar noch. Verursacht aber hat er weder den Eiskeller des Globus noch die fallenden Temperaturen im Rest der Welt.

Das ewige Eis und die Geburt der Wale

Im Zentrum der Antarktis fallen die Temperaturen heute bis unter minus 80 Grad. Diese eiskalte und dadurch schwere Luft schießt von den Eismassen, die im Durchschnitt mehr als 2000 Meter über den Meeresspiegel aufragen, als stürzender Sturm hinunter zum Ozean. Im Winter gefriert in der eisigen Luft ein breiter Wassergürtel rund um die Antarktis zu Packeis, das im September mit rund 20 Millionen Quadratkilometern eine Fläche einnimmt, die zweimal so groß ist wie die USA. Da Packeis praktisch kein Salz enthält, konzentriert sich das im Meer gelöste Salz im extrem kalten Wasser unter dem Eis. Dadurch wird dieses Wasser sehr schwer, sinkt zum Grund und fließt den Abhang des Festlandsockels der Antarktis hinunter nach Norden. Dabei wirbelt es aber die Nährstoffe wieder auf, die von oben auf den Grund rieseln.

Als die Antarktis vereiste, schwammen daher bald reichlich Nährstoffe im Südpolarmeer, der Ozean wurde zum Schlaraffenland. Bald gab es Unmengen kleiner Lebewesen im Wasser. Die Urwale entwickelten damals riesige Mäuler, mit denen sie ihre Nahrung aus dieser dicken, kalten Suppe einfach herausfiltern konnten. Ewan Fordyce von der Otago-Universität in Dunedin auf der Südinsel Neuseelands hat Überreste dieser ersten »Bartenwale« in den Kalksteinen des Waitaki-Tales gefunden, das rund 100 Kilometer nördlich von Dunedin liegt. Heute hat der Blauwal einen 6 Meter langen Unterkiefer, hinter dem eine Kehle von der Größe eines Reisebusses sitzt, um die nahrhafte Suppe im Südpolarmeer auszulöffeln.

Natürlich kamen auch Fische auf den Geschmack und vermehrten sich stark im nährstoffreichen Wasser des Südpolarmeeres. Das rief wiederum andere Urwale auf den Plan, die verschiedene Strategien entwickelten, den Fischreichtum abzuschöpfen. Wie Zahnräder griffen die spitzen Zähne des Haizahndelfins ineinander und zerlegten Fische oder Pinguine problemlos in gut zu schluckende Streifen. Auch die Überreste dieses Meeresbewohners hat Ewan Fordyce in den Felsen Neuseelands gefunden. Winzige Mulden in den Schädelknochen der Delfine verraten ihm, dass dort Muskeln ansetzten, die sehr feinfühlig die Nase bewegen und so unterschiedliche Töne erzeugen konnten. Mithilfe der Echos dieser Töne finden Delfine noch heute im trüben Wasser leicht ihre Beute. Auch diese Echo-Ortung

Als die Antarktis vor 34 Millionen Jahren vereiste, wurden in den Meeren ihrer Küsten sehr viele Nährstoffe aufgewirbelt. Das Leben explodierte, und aus den Urwalen wie dem Basilosaurus entwickelten sich die modernen Wale.

entstand also durch den Klimawandel, der die Erde von einem Treibhaus zu einem Kühlhaus machte. Die Vereisung der Antarktis vor 34 Millionen Jahren hat demnach nicht nur das Klima der Welt verändert, sondern auch den Startschuss für die Evolution der heutigen Wale und Delfine abgefeuert.

Eisige Arktis

Während Wissenschaftler für die Geschichte der Vereisung der Antarktis schon seit einiger Zeit gute Zeugen haben, fehlen Daten über das Klima der Arktis in den letzten Jahrmillionen fast gänzlich. Normalerweise gewinnt man solche Klimadaten aus Sedimenten, die sich über Jahrmillionen am Meeresboden ablagern. Von einem Schiff aus bohren Forscher tief in den Untergrund hinein und können dann aus den einzelnen Schichten des Sedimentes die Klimaverhältnisse der jeweiligen Zeit ablesen. Finden sich zum Beispiel in einer 20 Millionen Jahre alten Schicht die Überreste von Meeresorganismen, die allenfalls 10 Grad warmes Wasser vertragen, kann man leicht auf die höchste Wassertemperatur in dieser Zeit schließen.

Der schwedische Eisbrecher Oden öffnete das Eis für Bohrungen im Grund des Nordpolarmeers, die im August 2004 die Klimageschichte der letzten 56 Millionen Jahre aufdeckten.

Dergleichen Bohrungen gibt es von verschiedenen Sedimenten der Weltmeere, sie fehlten aber lange aus dem eisbedeckten Nordpolarmeer. Dort liegt schließlich das ganze Jahr über eine dicke Eisschicht auf dem Meer, kein Forschungsschiff kann dort einfach Proben aus dem Untergrund holen. Obendrein bewegt sich das Eis auf dem Meer relativ schnell, daher sind Bohrungen von einer Eisscholle aus nahezu ausgeschlossen. Aus Sedimentproben von den Randgebieten der Arktis aber lässt sich nur schwer auf den Nordpol selbst schließen, weil die Verhältnisse sich schon nach wenigen Kilometern dramatisch ändern können. So liegt Island zwar auf dem gleichen Breitengrad wie der Süden Grönlands, hat aber ein viel milderes Klima als große Teile der Nachbarinsel, die von einem dicken Eispanzer im Griff gehalten werden.

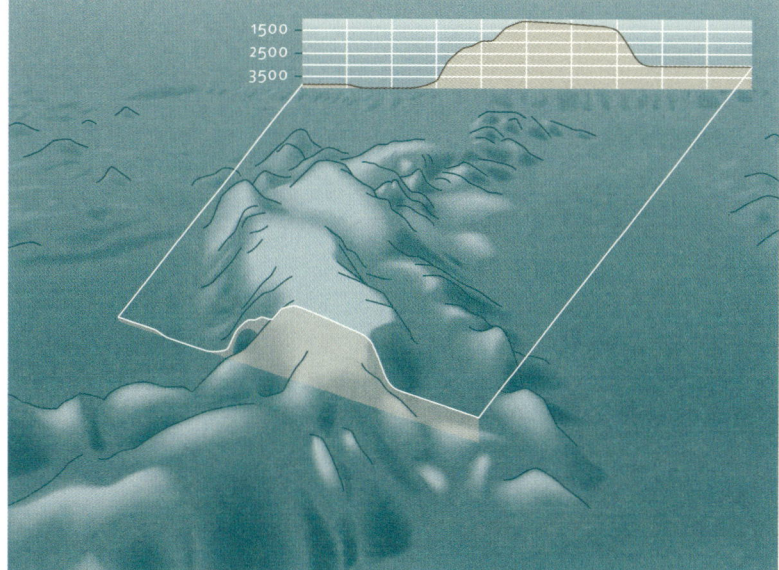

Um endlich Klimadaten aus dem Nordpolarmeer selbst zu gewinnen, startete im August 2004 eine spektakuläre Expedition. Der russische Atom-Eisbrecher *Sowjetski Sojus* und der schwedische Forschungseisbrecher *Oden* bahnten sich durch dickes Meer-Eis ihren Weg bis zu einem unter dem Meeresspiegel liegenden Gebirgsrücken, den Geologen Lomonosov-Rücken nennen und der nur 225 Kilometer vom Nordpol entfernt ist. Dort hielten die beiden Schiffe dem schwedischen Eisbrecher *Vidar Viking* das dickste Eis vom Rumpf. Dessen Bohrturm konnte dann sein Gestänge in die Tiefe schicken.

Nach 1 000 Metern Wasser war der Lomonosov-Rücken erreicht, rund 420 Meter fraßen die Bohrer sich dort in den Untergrund. Der so gewonnene Bohrkern lieferte den Forschern dann den lang ersehnten ersten Einblick in die Klimageschichte der letzten 56 Millionen Jahre im hohen Norden.

Ganz am Anfang war das Meer dort oben rund 18 Grad Celsius warm, wie die Überreste von Meeresorganismen in den Sedimenten beweisen. Genau wie in anderen Teilen der Welt stiegen die Temperaturen in der Nähe des Nordpols vor 55 Millionen Jahren kräftig an.

Mit 23 Grad Celsius lud das Wasser damals zum Schwimmen ein. Dann aber wurde es rasch kälter, vor 49 Millionen Jahren schwammen um den Nordpol sogenannte Azolla-Farne im Eismeer, die sich bei Temperaturen um 10 Grad Celsius wohlfühlen.

Die große Überraschung aber kam mit den kleinen Steinchen, die Rüdiger Stein und Jens Matthiessen vom AWI in 45 Millionen Jahre alten Sedimentschichten fanden. Diese Bröckchen mit einem Durchmesser von 2 oder 3 Zentimetern können kaum auf dem Wasser zum Nordpol geschwommen sein. Nur Eis oder Eisschollen kommen als Transportmittel für solche relativ schweren Partikel infrage. Zumindest zeitweise muss die Arktis damals also bereits vereist gewesen sein. Demnach vereiste sie sogar früher als die Antarktis.

Ellesmeres Krokodile und Grönlands Wälder

Normalerweise versuchen Klimaforscher, fehlende Daten mit Computermodellen zu ergänzen. Wie leicht das aber schiefgeht, beweisen die Krokodile auf der Ellesmere-Insel, die schon manchen Vertreter dieser Wissenschaftlerzunft das Fürchten gelehrt haben. Die riesige Insel liegt weit nördlich des Polarkreises im Kanadischen Archipel, keine 30 Kilometer vom Nordwesten Grönlands entfernt. Gletscher bedecken rund 40 Prozent der Fläche, und das eisige Klima lässt Krokodilen derzeit keine Chance: 4 oder 5 Grad Celsius brauchen die Reptilien mindestens zum Überleben. Vor 50 Millionen Jahren war es auf der Ellesmere-Insel zwar deutlich wärmer als heute. Für die damaligen Winter aber liefern Klimarechnungen immer noch krokodilfeindliche Minusgrade. »Und doch gibt es dort 50 Millionen Jahre alte Fossilien von Krokodilen«, berichtet Dieter Uhl vom Senckenberg Forschungsinstitut in Frankfurt am Main.

Die Ellesmere-Insel liegt im hohen Norden zwischen Grönland und Kanada.

Da Fossilien als versteinerte Zeitzeugen nur schwer zu widerlegen sind, muss der Fehler wohl bei den Temperaturberechnungen

Der Generaldirektor der Senckenberg Gesellschaft für Naturforschung Volker Mosbrugger erklärt den Einfluss der Vegetation auf das Klima an einem einleuchtenden Beispiel: »Vor 8 Millionen Jahren wuchsen 25 Prozent mehr Wälder als heute auf der Erde, und sie erhöhten die Durchschnittstemperatur um 0,9 Grad Celsius.« Ein Viertel mehr Wälder auf der Welt ließ die Temperatur demnach ähnlich stark steigen wie der Einfluss des Menschen, der in hundert Jahren 0,8 Grad Celsius zustande brachte. Verglichen mit heute hatte der Einfluss der Wälder damals die Klimabereiche so verschoben, dass Mitteleuropa ein ähnliches Klima hatte, wie es heute für Florida typisch ist.

Die Vegetation kann das Klima aber auch in anderer Richtung beeinflussen. Als vor 300 Millionen Jahren die ersten Wälder die Landflächen der Erde bedeckten, holten die Gewächse sehr viel Kohlendioxid aus der Luft. Teile dieser Wälder wurden unter Sand und Ton begraben und verwandelten sich im Laufe der Jahrmillionen in Steinkohle. Damit aber fehlte das dort gebundene Kohlendioxid als Treibhausgas in der Erdatmosphäre. Durch das Fehlen dieser Wärmerückgewinnung kühlte das Klima ab. »Die ersten Wälder verursachten so eine gewaltige Vereisung«, erläutert Volker Mosbrugger die Auswirkungen dieser Vegetationsänderung.

liegen. Der Senckenberg-Forscher Arne Micheels kennt auch die Ursache des Fehlers: »Klimamodelle berücksichtigen die Vegetation zu wenig.« Die Auswirkungen von Wäldern, Savannen und Wüsten auf das Klima sind nämlich enorm, lassen sich bisher mangels genauer Daten aber nur schwer in die Programme der Klimarechner einbauen.

Wie Vegetation das Klima grundsätzlich beeinflusst, ist dagegen klar. So absorbieren dunkle Wälder Sonnenstrahlung viel besser als Tundraböden. Als vor 14 Millionen Jahren Grönland ähnlich weit im Norden lag wie heute, wuchsen dort Wälder, wie sie für deutlich südlichere Gefilde des Nordens typisch sind. Sie saugten die Sonnenenergie so gut auf, dass sich die Temperatur in der Region um 6 Grad Celsius erhöhte, hat Arne Micheels ausgerechnet.

Eske Willerslev von der Universität Kopenhagen und Michael Hofreiter von der Universität im englischen York haben im ewigen Eis Grönlands sogar noch letzte Reste dieser Wälder gefunden. Die Forscher hatten mehrere 2 bis 3 Kilometer lange Bohrkerne aus dem Eispanzer Südgrönlands untersucht. In den untersten und damit ältesten Eisschichten fanden die Molekularbiologen Spuren des Erbmaterials DNA. »Diese Moleküle müssen seit Hunderttausenden von Jahren

dort eingefroren gewesen sein«, sagt Michael Hofreiter. Denn wäre die Landschaft zwischendurch aufgetaut, hätte sich das uralte Erbgut längst zersetzt.

So aber lässt sich mit molekularbiologischen Methoden herausfinden, zu welchen Organismen die gefundenen DNA-Reste gehören. Ein Teil der Bruchstücke stammt demnach aus dem Erbgut von Chloroplasten. Das sind winzige grüne Organe, die in Pflanzenzellen für die Energiegewinnung aus Sonnenlicht zuständig sind. Sie kommen in Blättern und verschiedenen anderen Pflanzengeweben vor, nicht aber in den Pollen. »Die im Grönland-Eis erhaltene Pflanzen-DNA ist wohl nicht mit Pollen aus weiterer Entfernung angeweht worden«, sagt Michael Hofreiter. Vielmehr stammt das Erbgut offenbar von Pflanzen, die direkt vor Ort gewachsen sind.

Wo heute kilometerdicke Eispanzer liegen, stand also einst ein lichter Wald aus Kiefern, Fichten, Erlen und Eiben. Zwischen den Bäumen wuchsen Stauden und Gräser, Korb- und Schmetterlingsblütler. Und auch die Tierwelt war recht abwechslungsreich. Sicher können die Forscher anhand der DNA-Reste nachweisen, dass Schmetterlinge über den Blüten flatterten. Wahrscheinlich brummten Fliegen durch die Luft und krabbelten die Verwandten heutiger Käfer und Spinnen über den Boden. »Vermutlich hat es auch Vögel gegeben«, sagt Michael Hofreiter. Von deren Erbgut haben die Forscher bisher allerdings keine Spuren gefunden. Größere Landsäugetiere dagegen haben die längst verschwundene Waldlandschaft vermutlich nicht bewohnt. »Die hätten wohl Schwierigkeiten gehabt, den Ozean zu überqueren und Grönland zu erreichen«, meint Michael Hofreiter. Robben und andere Meeressäuger aber könnten durchaus an den Küsten gelebt haben.

Allerdings weiß niemand genau, wann diese Schmetterlinge in den Wäldern Grönlands lebten. Denn die untersten Eisschichten sind so stark zusammengedrückt, dass sie sich kaum datieren lassen. Mit vier verschiedenen Methoden haben die Forscher das Alter ihrer Proben analysiert und sind dabei auf Werte von bis zu einer Million Jahre gekommen. Selbst die vorsichtigsten Schätzungen ergaben, dass der grönländische Wald mitsamt seinen Bewohnern vor mindestens 450 000 Jahren unter Eis begraben wurde und die Landschaft seither

Abb. links:
Vor Jahrmillionen
gab es im heutigen
Grönland ausgedehnte
Wälder, in denen
Schmetterlinge und
andere Insekten zu
Hause waren und
über deren Wipfeln
Vögel flatterten.

nicht mehr aufgetaut ist. Das aber würde bedeuten, dass Südgrönland sogar in der letzten Zwischeneiszeit (»Interglazial«) vor 130 000 bis 118 000 Jahren vereist geblieben ist – obwohl die Temperaturen damals dort etwa 5 Grad Celsius höher lagen als heute. Möglicherweise wird das Grönland-Eis daher auch dem derzeit laufenden Klimawandel besser trotzen können als befürchtet.

Der Norden friert ein

Wie aber kam das Eis überhaupt auf die Nordhalbkugel der Erde? Die Ursache findet sich paradoxerweise in den Tropen – ungefähr dort, wo heute der Staat Panama liegt. Ursprünglich gab es dort zwischen Nord- und Südamerika eine Meeresstraße, durch die der Passatwind die warmen Meeresströmungen nördlich des Äquators ungehindert nach Westen schob.

Vor knapp 4 Millionen Jahren bildete sich eine Landbrücke zwischen Nord- und Südamerika. Erst damit waren die Voraussetzungen für die Eiszeit gegeben.

Vor ungefähr 4,2 bis 2,4 Millionen Jahren aber entstand zwischen Nord- und Südamerika die Landbrücke, die seither die beiden Teile des Kontinents verbindet. Plötzlich konnte das warme Wasser der Karibik nicht mehr nach Westen fließen. Noch heute wird es von der Landbrücke nach Norden gelenkt und schießt später wie durch eine gigantische Düse zwischen Kuba und Florida in den Nordatlantik. Mit 1,5 Milliarden Kubikmetern Wasser in der Sekunde bewegt dieser 50 Kilometer breite und einige Hundert Meter tiefe »Golfstrom« hundertmal mehr Wasser als alle Süßwasserflüsse der Erde zusammen. Er schiebt die flüssigen Massen an der Küste Nordamerikas entlang und transportiert dabei mit ungefähr fünf Petawatt Wärmeleistung etwa die Energiemenge, die eine Milliarde Kernkraftwerke erzeugen.

In der Nähe von Kap Hatteras im US-amerikanischen Bundesstaat North Carolina löst sich der Golfstrom von der Küste und fließt über

den offenen Atlantik in Richtung Iberische
Halbinsel. Verschiedene Teilströme zwei-
gen nach Süden ab, trotzdem trägt der
Meeresgigant noch genug Wärme nach
Norden, um Europa kräftig zu heizen.
Seine warmen Fluten sorgen dafür,
dass die Klimazonen in der Alten Welt
um rund 1500 Kilometer weiter nördlich liegen als in der Neuen Welt. Ohne
diese Fernwärme würden in Frankfurt
ungefähr die gleichen Temperaturen herrschen wie im Süden Alaskas, das etliche Hundert Kilometer näher am Nordpol liegt.

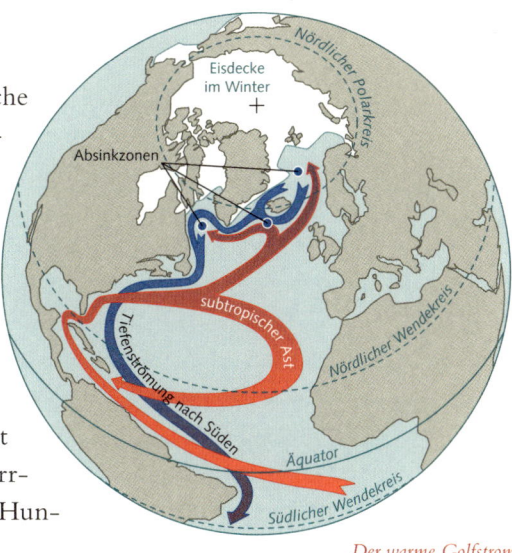

Der warme Golfstrom ist die »Fernwärme-heizung« Europas.

Aus dem warmen Wasser des Golfstroms aber verdunstet
auch erheblich mehr Flüssigkeit als aus anderen Meeren in ähnlich hohen Breiten. Dadurch bilden sich mehr Wolken, die zumindest in der
kalten Jahreszeit über Grönland, Nordamerika und Nordeuropa schon
vor wenigen Millionen Jahren kräftige Schneefälle brachten. Aus diesem Schnee bildeten sich später die ersten Gletscher. Erst als die Bewegungen der Erdplatten die mittelamerikanische Landbrücke entstehen
ließen, gab es im Norden also genug Feuchtigkeit, und die Gletscher
der Eiszeit entstanden.

Allein vermag der Golfstrom aber keine Eiszeit auszulösen. Nur eine
besondere Situation der Erdbahn lässt die Gletscher bis weit nach
Nordamerika und Europa hinein vorrücken. Die Erde kreist nämlich
nicht auf einer perfekten Bahn um die Sonne, sondern eiert eher um
das Zentralgestirn. Ungefähr alle 100 000 Jahre kommt der Globus daher für ein paar Jahrtausende in eine Position, in der die Sonnenwärme
in den hohen Breiten Nordamerikas und Nordeuropas knapp wird. Im
Norden des Bottnischen Meerbusens zwischen Schweden und Finnland fallen dann am 65. Breitengrad im Sommer nur noch 420 Watt
Sonnenenergie auf einen Quadratmeter Boden, erklärt der Klimaforscher Frank Sirocko von der Universität Mainz. Der Wert liegt zwar
nur um wenige Watt unter der sonst einfallenden Strahlung, der kleine
Unterschied löst aber eine gigantische Entwicklung aus.

Dadurch sinken nämlich die Temperaturen in diesen Regionen. Als der Golfstrom vor mehr als 2 Millionen Jahren die winterlichen Schneefälle im hohen Norden ankurbelte, schmolz bei einem solchen Strahlungsmangel der Schnee im Norden Kanadas auch im Sommer nicht mehr vollständig weg. Er reflektierte die Sonnenwärme in den Himmel zurück und ließ es so noch ein wenig kälter werden. Das ging so lange weiter, bis weite Teile Nordamerikas unter einer weißen Decke verschwunden waren. Nach und nach verdichteten sich die fragilen Schneeflocken zu massivem Eis. Vor ungefähr 118 000 Jahren entstanden in Nordamerika die ersten Gletscher der vorerst letzten Eiszeit. Damals war die Sonneneinstrahlung natürlich auch in Europa knapp. Da der alte Kontinent aber nicht so weit nach Norden reicht wie Nordamerika, begann die Eiszeit hierzulande einige Jahrtausende später.

Dass der Eisschrank im hohen Norden wieder auftaute, lag dagegen an einer Entwicklung im Südozean. Mit aufwendigen Computersimulationen haben Gregor Knorr von der Cardiff University in Wales und Gerrit Lohmann vom AWI in Bremerhaven die genauen Zusammenhänge aufgedeckt. Auf dem Höhepunkt der Eiszeit war die heutige Warmwasserströmung aus dem Indischen Ozean um das Kap der Guten Hoffnung herum in den Atlantik demnach völlig zum Erliegen gekommen. Das Meer-Eis um die Antarktis herum reichte sehr weit nach Norden. Auch der Kaltwasserstrom aus dem Pazifik um Kap Hoorn herum in den Atlantik war erheblich schwächer als heute. Als sich das Klima im Südpolarmeer um die Antarktis langsam erwärmte, verstärkten sich beide Strömungen allmählich wieder und flossen im Atlantik gemeinsam nach Norden weiter. Vorbei an den Tropen transportierte das Wasser aus dem Süden dann große Wärmemengen nach Norden, und dort begann das Eis auf dem Meer zu schmelzen.

Zunächst wich die Grenze des Eises kontinuierlich nach Norden zurück. Als aber das Eis auf der Labrador-See zwischen der Südspitze von Grönland und Kanada schmolz, wurde eine andere während der Eiszeit eingeschlafene Strömung wieder zum Leben erweckt. Sobald es in der Labrador-See offenes Wasser gab, kühlten die eisigen Luftmassen, die von den Gletschern Grönlands und dem Eismeer kamen, das salzhaltige Wasser kräftig ab. Dadurch wurde es schwerer, sank in die

Tiefe und floss am Meeresgrund nach Süden. Im Gegenzug entstand an der Meeresoberfläche ein Sog, der warmes Wasser aus tropischen Gefilden weit nach Norden führte. Diese warme Strömung beschleunigte das Schmelzen des Eises im Norden weiter und verursachte am Ende der letzten Eiszeit einen kräftigen Temperatursprung. ≋

Seit der Golfstrom den hohen Norden vereist, haben wärmeliebende Krokodile dort keine Chance mehr. Vor 50 Millionen Jahren war es dagegen auch nördlich des Polarkreises so warm, dass die Reptilien sich dort vermehren konnten.

Kalte Motoren:
Arktis und Antarktis beeinflussen
das Weltklima

Die Strömungen, die das Ende der letzten Eiszeit einleiteten, funktionieren am Anfang des 21. Jahrhunderts noch ganz ähnlich. Der Sog durch das in der Labrador-See in die Tiefe fließende Wasser ist dabei ein wichtiger Faktor, der den Golfstrom antreibt. Steigen die Temperaturen auf dem Globus weiter, könnten Änderungen dieser Meeresströmungen erneut abrupte Klimaänderungen auslösen.

*Abb. links:
Das Eis auf den
Polen bildet eine Art
Wegweiser für das
Klima in vielen weit
entfernten Regionen.*

Klimaforscher kennen aus der jüngeren Vergangenheit zumindest einen raschen Klima-Umschwung. Das Unheil begann mit einer Naturkatastrophe in Nordamerika. Erst knisterte die Eisbarriere auf dem Nordatlantik nur bedrohlich, doch plötzlich barst der gewaltige Damm aus massivem Gletschereis an einer Stelle. Aus dem dahinter liegenden Agassiz-See schoss ein riesiger Wasserstrom durch den frischen Bruch in den Ozean und riss rasch immer größere Lücken ins Eis.

Vermutlich hat niemand das gigantische Schauspiel im Norden des heutigen Kanada gesehen, weil dort 6 373 Jahre vor Beginn der christlichen Zeitrechnung kaum Menschen in der Eiswüste lebten. Die Auswirkungen des Dammbruchs aber schwappten bis zu den Steinzeitmenschen Europas hinüber. Denn durch das Wasser aus dem Agassiz-See wurde der Alten Welt praktisch schlagartig die Warmwasserheizung abgedreht, die Temperaturen im Westen Europas sanken um rund 5 Grad Celsius.

Im Nordwestatlantik stoppten genau in dieser Zeit plötzlich die Tiefenwasserströme, die das Klima in Europa stark beeinflussen. Sie entstehen, wenn weiter im Norden die eisigen Winde von den Gletschern Grönlands große Mengen von Salzwasser abkühlen. Das schwerere salzhaltige Wasser sinkt in die Tiefe und strömt an der Südspitze Grönlands vorbei nach Süden. Im Gegenzug fließt an der Oberfläche warmes Wasser aus dem Golf von Mexiko in den hohen Norden und wärmt dabei den Westen Europas um rund 5 Grad Celsius auf. Der Golfstrom lässt im Westen Schottlands noch Palmen wachsen, während der kanadische Ort Churchill an der Hudson Bay auf ähnlichem Breitengrad als Eisbärenparadies gilt.

Doch wenn die Tiefenwasserströme stocken, fällt auch diese Warmwasserheizung Europas aus. Und tatsächlich wurde es ab 6373 vor Christus dramatisch kälter, wie verschiedene Analysen beweisen. Klimamodelle zeigen, dass ein solcher Temperatursturz ausgelöst werden kann, wenn große Mengen Süßwasser in den Nordatlantik strömen. Denn dadurch verringert sich der Salzgehalt, und das Meerwasser wird leichter. Selbst wenn es kräftig abkühlt, sinkt dieses Wasser nicht mehr, und die Tiefenwasserströme stocken. Doch woher kamen damals die riesigen Süßwassermengen, die den Prozess erst auslösen können? Ein Hinweis findet sich in Sedimenten auf dem Meeresgrund.

Als die Tiefenströme ausgesetzt hatten, lagerten sich vor der Südspitze Grönlands in tausend Jahren 2 Meter Sand und anderes Material am Ozeanboden ab. Vorher waren es im gleichen Zeitraum nur rund 90 Zentimeter gewesen. Das lenkt den Verdacht auf den Agassiz-See, in dem sich damals im Norden Nordamerikas das Wasser der schmelzenden Gletscher sammelte, die während der Eiszeit die Region meh-

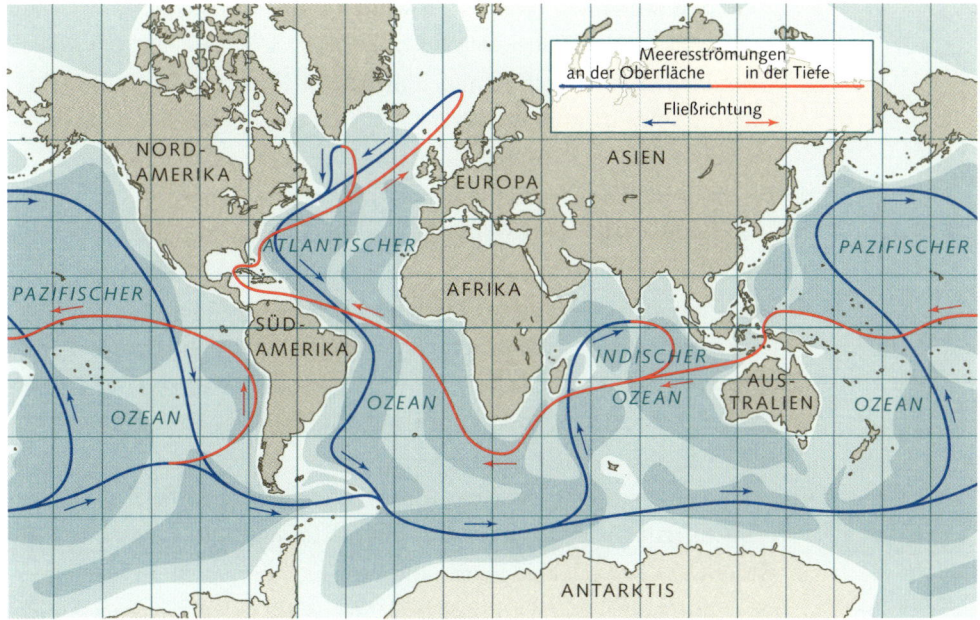

Legend (top right of map):
Meeresströmungen
an der Oberfläche   in der Tiefe
Fließrichtung

NORD-
AMERIKA

EUROPA

ASIEN

ATLANTISCHER

AFRIKA

PAZIFISCHER

PAZIFISCHER

SÜD-
AMERIKA

INDISCHER
OZEAN

AUS-
TRALIEN

OZEAN

OZEAN

OZEAN

ANTARKTIS

rere Tausend Meter hoch bedeckt hatten. Weil im Süden das Land an-
steigt und im Norden die letzten Eismassen den Weg in die heutige
Hudson Bay versperrten, staute dieses Wasser sich immer höher, bis der
Agassiz-See mit 440 000 Quadratkilometern eine Fläche größer als
Deutschland bedeckte. Dadurch aber wuchs der Druck der Wassermassen auf den Eisdamm im Norden, bis dieser schließlich barst. Die
über die Hudson Bay in den Nordatlantik schießenden Wassermassen
lieferten nicht nur das Süßwasser, das für die Abkühlung Europas verantwortlich war. Sie trugen auch die Sedimente mit sich, die sich dann
verstärkt am Meeresboden südlich von Grönland ablagerten.

Das gigantische Netz von Oberflächen- und Tiefenströmungen in den Weltmeeren wird vor allem aus den Polargebieten ange- trieben.

Veränderte Strömungen im Hausgarten

Mehr als 8 000 Jahre später schießen dann Flutwellen durch die Straßen
von New York, ungeahnt heftige Tornados und Hagelstürme verwüs-
ten ganze Landstriche, ein massiver Kälteeinbruch lässt Europa und

Teile Nordamerikas vereisen. In seinem Film *The Day After Tomorrow* beschreibt Roland Emmerich im Jahr 2004 zwar sehr überspitzt, in den Grundzügen aber richtig einen ähnlichen Klimasturz. Genau wie damals die Süßwassermassen aus dem Agassiz-See könnte der Klimawandel heute die Strömungen im Atlantik unterbrechen, die vor allem Europa mit Wärme versorgen.

Ein Jahr nach dem Film folgt der nächste Paukenschlag: Der US-Amerikaner Harry Bryden, Forscher am britischen Nationalen Meeresinstitut in Southampton, berichtet am 1. Dezember 2005 im Wissenschaftsmagazin *Nature*, die Strömungen im Nordatlantik hätten tatsächlich bereits um 30 Prozent abgenommen. Während der Klimawandel den Rest der Welt kräftig aufheizt, könnte Europa tatsächlich seine Warmwasserheizung verlieren.

Hinweise auf eine derartige Entwicklung hat auch Michael Klages vom Alfred-Wegener-Institut in Bremerhaven. Seit 1999 fahren die Wissenschaftler verschiedener deutscher und europäischer Forschungseinrichtungen unter Federführung des AWI jeden Sommer in die Framstraße zwischen Spitzbergen und Grönland zu einem »Hausgarten« genannten Dauerexperiment. Dort lassen sie unter anderem sogenannte »Lander« in die Tiefe. So nennen die Forscher ein mehr als mannshohes Stahlgerüst mit einem Durchmesser von zweieinhalb Metern, das mit diversen Messgeräten ausgerüstet in weniger als einer Stunde von der Meeresoberfläche bis in 2 500 Meter Tiefe sinkt. Dort unten messen die Sonden dann den Salzgehalt und die Geschwindigkeit der Wasserströmungen, die Temperatur und den Säuregrad des Wassers, Kameras schießen in vorher programmierten Abständen Blitzlichtbilder.

Nach einem Jahr kommen die Forscher zurück. Mit einem akustischen Signal aktivieren sie einen Mechanismus, der die schweren Stahlplatten löst, die den Lander

Zwischen Norwegen und Spitzbergen sowie Grönland bringt der Nordatlantikstrom an der Oberfläche des östlichen Atlantiks Wärme in hohe nördliche Breiten. Das von den eisigen Gletscherwinden Grönlands abgekühlte Wasser fließt dann im Westen als Tiefenwasser wieder nach Süden zurück.

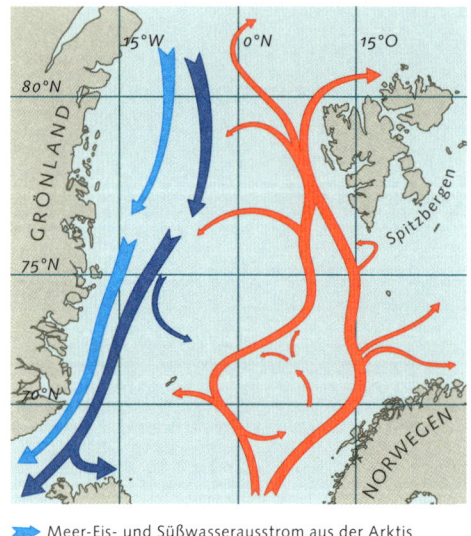

▶ Meer-Eis- und Süßwasserausstrom aus der Arktis
▶ Tiefenwasserausstrom und Overflow
▶ Atlantischer Einstrom

am Grund halten. Befreit von diesem Gewicht schwebt das in der Luft rund eine Tonne wiegende Gerät langsam wieder zur Oberfläche, wo die Forscher schon ungeduldig darauf warten.

Bei Nebel signalisiert ein Blinklicht an der Spitze die Position des Gerätes, in dem die Ergebnisse eines ganzen Forschungsjahres stecken – und das allein eine viertel bis eine halbe Million Euro wert ist. Die Forscher holen dann das gesamte Innenleben aus dem teuren Gerät, um die dort gespeicherten Daten auszuwerten. Danach wird der Lander gewartet und mit frischen Batterien und Instrumenten für neue Experimente bestückt wieder in die Tiefe gelassen.

Vor allem die Sauerstoffmessungen verblüfften die Forscher. Meldeten die Geräte im Jahr 2004 noch 84 Prozent Sauerstoffsättigung im Tiefenwasser, war dieser Wert 2007 auf 78 Prozent gesunken. Ursache für diese Abnahme könnte theoretisch eine Änderung der Lebensgemeinschaften in der Tiefe sein. Solche Veränderungen aber wären den Forschern bei anderen Experimenten vermutlich aufgefallen. Es könnte daher auch noch eine andere Ursache infrage kommen: Wenn das abgekühlte Salzwasser in die Tiefe sinkt, trägt es auch Sauerstoff in diese Wasserschichten. Nimmt dort unten also der Sauerstoffgehalt ab, könnte das ein Hinweis darauf sein, dass deutlich weniger Salzwasser absinkt und somit weniger Tiefenwasser gebildet wird.

Genau das aber befürchten Klimaforscher seit einiger Zeit. Denn die steigenden Temperaturen im Treibhaus Erde lassen mehr Wasser aus den Meeren verdunsten und erhöhen dadurch die Niederschläge. Mehr Regen oder Schnee in der Framstraße aber verdünnt das Salzwasser und macht es leichter. Außerdem lässt der Klimawandel auch in Sibirien mehr Niederschläge fallen, sodass die Flüsse mehr Süßwasser ins Nordpolarmeer tragen. Das alles könnte die Bildung von neuem Tiefenwasser bremsen und so nicht nur den Sauerstoffgehalt am Grund des Ozeans, sondern zugleich auch die weltweiten Meeresströmungen verändern. Hat der Film von Roland Emmerich recht und stimmen die Messungen von Harry Bryden, der schon 2005 von einer Abschwächung des Golfstroms berichtet hatte? AWI-Forscher Michael Klages rät erst einmal zur Vorsicht. Denn es könnten auch kurzfristige Schwankungen hinter der abnehmenden Sauerstoffkonzentration stecken.

Schwankende Strömungen

Genau solche Schwankungen haben Harry Bryden und etliche Kollegen dann bis zum Jahr 2007 tatsächlich beobachtet. Nach zwei Jahren nahm der Forscher seine Hiobsbotschaft »Der Golfstrom schwächt sich ab« also wieder zurück. Jochem Marotzke vom Max-Planck-Institut für Meteorologie in Hamburg erklärt dieses Hin und Her mit einem einzigen Satz: »Aus dem Nordatlantik gab es einfach zu wenig Daten über die Strömungen.«

Harry Bryden und seine Kollegen hatten 2004 auf dem 26. Breitengrad zwischen dem Süden Floridas und einem Punkt südlich der Kanarischen Inseln gemessen, wie viel Wasser in verschiedenen Tiefen durch den Atlantik strömt. Als sie diese Daten mit Messungen aus den Jahren 1957, 1981, 1992 und 1998 verglichen, befanden sie, dass der Nordatlantik im Jahr 2004 rund 30 Prozent weniger Wasser umwälzte als noch 1957. Fünf Messungen aber sind für derartig weitreichende Schlussfolgerungen eigentlich zu wenig, das wusste auch Harry Bryden. Weil mehr Daten jedoch nicht vorhanden waren, blieb ihm kaum etwas anderes übrig, als mit diesem wackligen Datensatz zu arbeiten.

Jochem Marotzke ist Direktor der Abteilung »Ozean im Erdsystem« am Hamburger Max-Planck-Institut für Meteorologie und einer der weltweit führenden Wissenschaftler, die über die Zusammenhänge von Meeresströmungen und Klima arbeiten.

Auch Jochem Marotzke kannte diese mangelnde Datenbasis, als er 1999 aus den USA kommend seine Forschungen über Ozeanströmungen am britischen Nationalen Meeresinstitut in Southampton fortsetzte. Klimamodelle und einzelne Daten aus der Klimageschichte vor etlichen Jahrtausenden hatten bis dahin zwar Hinweise darauf geliefert, dass der Klimawandel die Strömungsverhältnisse im Nordatlantik gravierend verändern könnte. Genau gemessen aber hatte die Strömungen niemand. Das sollte sich auf Jochem Marotzkes Initiative hin nun ändern.

Allerdings ist es gar nicht so einfach, quer durch den Atlantik die Strömungsverhältnisse zu bestimmen. Dazu müsste man alle paar Kilometer in verschiedenen Tiefen Messgeräte verankern – und bei einigen Tausend Kilometern Atlantikbreite könnte das niemand finanzieren. Jochem Marotzke aber möchte den Atlantik nur am Rand der Kontinente Afrika und Nordamerika vermessen und mit diesen Daten die gesamten Strömungsverhältnisse ausrechnen. »Das funktioniert genau-

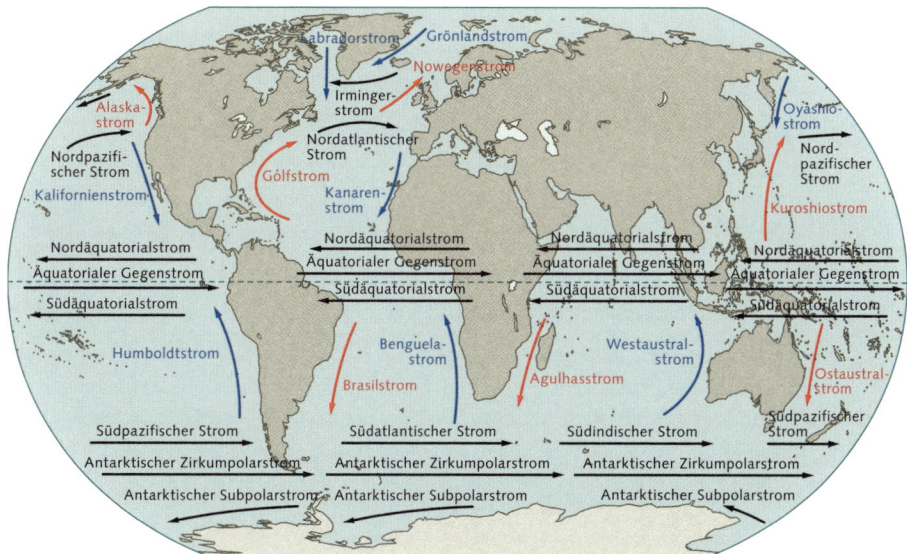

so gut wie in der Meteorologie«, erklärt der Forscher. Kennen die
Wetterfrösche nämlich die Druckverhältnisse in einem Tiefdruck- und
einem benachbarten Hochdruckgebiet, können sie auch ausrechnen,
wie stark der Wind in den dazwischen liegenden Regionen pfeift.

Solche Messungen sind durchaus finanzierbar: Jochem Marotzke
konnte beim britischen Staat 6 Millionen Euro für sein Vorhaben
lockermachen. Im April 2004 soll ein Schiff dann die ersten Messgeräte
ausbringen. Obwohl Jochem Marotzke ein Jahr vorher als Direktor der
Ozeanografie-Abteilung an das Max-Planck-Institut für Meteorologie nach Hamburg gewechselt ist, ist er mit an Bord. Diese Forschung
ist schließlich sein »Kind«, nur schweren Herzens hat er sie an seinen
schottischen Kollegen Stuart Cunningham in Southampton überge-
ben.

Genau das machen Stuart Cunningham und seine Kollegen nun in
der Realität auf dem 26. Breitengrad zwischen Florida und den Kanarischen Inseln. Die Forscher haben jeweils 24 Messinstrumente an kilo-
meterlangen Seilen aus einer Aramid genannten Substanz verankert,
die unter dem Handelsnamen »Kevlar« auch für kugelsichere Westen
Verwendung findet. Am unteren Ende des Seils hängen rund 1 500 Kilo-

*Gleichmäßig wehende
und zum Teil sehr
starke Winde treiben
viele Oberflächenströ-
mungen in den Welt-
meeren an.*

gramm schwere, ausrangierte Eisenbahnräder, die das Seilende zuverlässig am Grund des Atlantiks verankern. Am oberen Ende schwimmt eine Boje. Und dazwischen messen die 24 Instrumente in verschiedenen Tiefen jeweils die Temperatur und den Salzgehalt des Wassers. Aus diesen Daten können die Forscher die Dichte des Wassers berechnen, aus der wiederum ähnlich wie in der Meteorologie die Strömung ermittelt wird. Mit fünf Kevlarseilen vor der Küste Floridas und der Bahamas und zwei weiteren Seilen einige Hundert Kilometer vor der afrikanischen Küste und der Sahara lässt sich die gesamte Strömung quer durch den Atlantik ausrechnen.

Nach einem Jahr kehrt das Forschungsschiff zurück, ein Mechanismus löst das Seil von den Eisenbahnrädern, und die Instrumente schweben hoch zur Wasseroberfläche. Die Wissenschaftler holen dann die aufgezeichneten Daten aus den Messgeräten, bevor das Seil mit neuen Eisenbahnrädern versehen wieder in die Tiefe sinkt. »Insgesamt sollten wir die Strömung im Nordatlantik dreißig Jahre lang genau beobachten, um herauszufinden, ob der Klimawandel sie gravierend zu verändern droht«, erklärt Jochem Marotzke.

Schon das erste Messjahr 2004/05 aber bringt eine Riesenüberraschung. Zwar fließen wie vermutet auf Höhe der Sahara jede Sekunde durchschnittlich knapp 20 Milliarden Liter warmes Tropenwasser an der Oberfläche des Atlantiks nach Norden, und in der Tiefe strömt ungefähr die gleiche Menge wieder zurück. Als die komplizierten Auswertungen endlich fertig sind, steht aber auch fest, dass dieser Wert kräftig schwankt: An manchen Tagen fließen in der Sekunde »nur« 4 Milliarden Liter Wasser durch den 26. Breitengrad mit den Messgeräten, an anderen Tagen sind es fast 35 Milliarden Liter in der Sekunde. »Wir wissen noch nicht, welche Mechanismen diese riesigen Schwankungen auslösen«, sagt Jochem Marotzke.

Doch eines ist klar: Die 12 Milliarden Liter Wasser, die Harry Bryden bei der Messung im April 2004 ermittelt hat, können kaum als Beweis für eine Abschwächung der Strömungen im Nordatlantik dienen. Denn sechs Wochen später hätte der Amerikaner vielleicht 35 Milliarden Liter Wasser pro Sekunde gemessen und daraus auf eine Zunahme der Strömungen geschlossen. Die Warnung, der Klimawandel

Seit 2003 leitet der Schotte Stuart Cunningham vom britischen Nationalen Meeresinstitut in Southampton Messungen am Nordatlantikstrom und damit an der Warmwasserheizung Europas.

könnte die Warmwasserheizung Europas abdrehen, kam zu früh. Was mit den Strömungen im Nordatlantik passiert, werden erst die nächsten Jahre und Jahrzehnte zeigen. »Trotz dieser vorerst beruhigenden Nachricht muss aber weiterhin alles getan werden, um den Klimawandel zu bremsen«, betont Jochem Marotzke. Denn auch wenn er die Strömungen im Nordatlantik nicht beeinflussen sollte, ändert der Klimawandel viele andere Komponenten des Klimas, und zwar mit unabsehbaren Folgen.

Ringströme aus Eiswasser

Nicht nur das Eis Grönlands, auch die Antarktis steuert das Klima in weiten Regionen des Globus. Der Schnee auf den riesigen Eisflächen reflektiert dort fast jedes Quantum Energie, das von der ohnehin flach stehenden Sonne auf den Boden strahlt, in den Weltraum zurück. Im Zentrum des sechsten Kontinents sacken die Temperaturen bis unter minus 80 Grad Celsius ab.

Computergrafiken zeigen den antarktischen Ringstrom mit all seinen Schleifen.

Diese eiskalte Luft fließt von den Eispanzern meist als heulender Sturm hinunter zum Meer und kühlt das Wasser dort kräftig ab. Im Winter friert dadurch rund um die Antarktis ein Wassergürtel zu riesigen Packeisflächen. Das Salz aus diesen gefrorenen Massen konzentriert sich im extrem kalten Wasser direkt unter dem Eis. Das schwerere salzhaltige Wasser sinkt in die Tiefe und schießt als mächtiger, eiskalter Strom am Grund der Ozeane bis über den Äquator hinaus nach Norden.

Bis zum Februar schmilzt der Packeisgürtel im Antarktissommer auf ein Fünftel seiner größten Ausdehnung zusammen. Dieses Schmelzwasser bildet nun eine 150 bis 250 Meter dicke salzarme Schicht mit eisigen Temperaturen an der Oberfläche des Südpolarmeeres. Die heftigen Winde aus dem Inneren der Antarktis treiben diese relativ leichte Wasserschicht erst einmal nach Norden.

Kräftige Westwinde treiben das Wasser dann nach Osten und lassen jenen eiskalten Ringstrom entstehen, der, beeinflusst auch von der Drehung der Erde, im Uhrzeigersinn um die Antarktis kreist. Er isoliert die Antarktis heute vom wärmeren Wasser und macht den Kontinent so zur größten Kühlkammer der Erde. Am nördlichen Rand des Ringstroms sinkt ungefähr auf dem 50. Breitengrad Süd das eiskalte Antarktiswasser in die Tiefe. Weil hier das warme Wasser aus subtropischen Bereichen auf die kalte Strömung trifft, heißt dieser Bereich »Antarktische Konvergenz«. Für Geografen liegt hier die nördliche Grenze des Südpolarmeers.

Wenn die nördlichen Ausläufer des Ringstroms auf die Küsten Südamerikas treffen, werden sie abgelenkt. Als eiskalter Strom fließt dieses Antarktiswasser an der Pazifikküste von Chile und Peru nach Norden und kühlt die tropischen Küsten dieser Länder um 7 oder 8 Grad auf Temperaturen ab, die kaum einmal 30 Grad Celsius erreichen. Erst kurz vor dem Äquator biegt dieser Strom, der Humboldtstrom, auf den offenen Pazifik hinaus und bringt den Galapagos-Inseln ein relativ kühles Klima mitten in den Tropen. Die Antarktis beeinflusst somit auch das Klima am Äquator.

Genau wie vor Südamerika fließt an der Atlantikküste Afrikas das kalte Wasser aus den Regionen nördlich der Antarktischen Konver-

SALZIGE HOFFNUNG

Claus Böning vom Leibniz-Institut für Meereswissenschaften (IFM-GEOMAR) in Kiel hat einen dringenden Verdacht, wer die Tiefenwasserbildung zwischen Island und Grönland stabilisieren helfen könnte: Sein Blick richtet sich dabei weit nach Süden. Dort fließen an der Oberfläche gewaltige Meeresströme aus dem Indischen Ozean um die Südspitze Afrikas herum und treffen dort auf eine andere Strömung, die um die Südspitze Südamerikas aus dem Südpazifik in den Südatlantik kommt. Beide Wassermassen wälzen sich dann gemeinsam nach Norden. Durch den Klimawandel aber verdunstet mehr Wasser in den Meeren, beide Strömungen werden daher langsam salzreicher. Am Äquator biegen sie ab, fließen Richtung Karibik und füttern im Golf von Mexiko den Golfstrom. Mit der Zeit könnte dieser somit ebenfalls salzreicher werden. Das aber würde die Verdünnung im hohen Norden durch steigende Niederschläge zumindest teilweise wieder ausgleichen. Damit wäre auch die Gefahr verringert, dass die Klimaerwärmung Europa die Heizung abstellt.

genz weiter nach Norden – dies ist der Benguelastrom. Ähnlich wie in Südamerika kühlt auch in Afrika das kalte Wasser die Küste kräftig ab. Über dem kalten Meeresstrom kondensiert die Luftfeuchtigkeit zu Nebel und schlägt sich auf dem Wasser oder auf den ersten Kilometern landeinwärts nieder. Die weiter vom Meer entfernt liegenden Küstenstreifen bekommen so kaum noch Feuchtigkeit ab. Daher bildet sich an der Pazifikküste Südamerikas die Atacama-Wüste und an der Atlantikküste des südlichen Afrika die Namib-Wüste. Das Klima der Antarktis ist demnach sogar für die Wüstenbildung in Teilen von Afrika und Südamerika verantwortlich. ≈

Eisbären, die auf Eisschollen von den Meeresströmungen durch das Nordpolarmeer getragen werden, ahnen kaum, dass sich über ihren Köpfen in Zukunft ein ähnliches Ozonloch öffnen könnte, wie es in der Antarktis bereits in vielen Jahren im Frühling aufreißt.

Zwischen Licht und Finsternis: Wetter und Klima heute

W ährend die meisten Menschen Wetter und Klima vom Erdboden aus betrachten, interessiert sich Markus Rex vom Alfred-Wegener-Institut in Potsdam eher für die höheren Stockwerke der Atmosphäre. Dort oben in der Stratosphäre beobachtet der Forscher über dem hohen Norden einen dramatischen Wettlauf.

Einerseits verschwinden die für den Abbau der Ozonschicht verantwortlichen Fluorchlorkohlenwasserstoffe (FCKW) nach ihrem Verbot langsam aus der Luft. Das ist eine gute Nachricht. Denn diese Substanzen schädigen die Ozonschicht, die uns vor den schädlichen ultravioletten Strahlen der Sonne schützt. Die von den FCKW verursachte Delle in diesem Schutzschild beult nun allmählich wieder aus. Andererseits lässt der von der modernen Zivilisation verstärkte Treibhauseffekt paradoxerweise die Temperaturen in der Stratosphäre sinken und schädigt die Ozonschicht stärker als je zuvor. Fallen die Temperaturen

Abb. links:
Mit Flugzeugen und
Ballons messen
Wissenschaftler das
Wetter und die
Ozonschicht über den
Polen.

schneller, als die FCKW abnehmen, könnte sich im Norden ein ähnliches Ozonloch öffnen, wie es über der Antarktis beobachtet wird. Dort verschwinden im Südfrühjahr regelmäßig rund zwei Drittel des Ozons fast schlagartig. Während in der Antarktis aber nur viele Pinguine und sehr wenige, dick eingekleidete Wissenschaftler unter den UV-Strahlen leiden, könnte sich das Ozonloch im Norden über dem dicht bevölkerten Mitteleuropa öffnen.

Wettlauf in der Stratosphäre

Angesichts solcher Aussichten auf höhere Hautkrebs- und Sonnenbrandrisiken möchte AWI-Forscher Markus Rex die komplexen Vorgänge in der Stratosphäre ein wenig genauer anschauen, um den Ausgang des Wettlaufs besser einschätzen zu können. Für die Abkühlung der Stratosphäre lassen sich die Zusammenhänge dann auch relativ leicht erklären: Wenn Kohlendioxid und andere Treibhausgase die vom Erdboden aufsteigenden Wärmestrahlen abfangen, fehlt diese Wärme in den höheren Luftschichten. Je mehr Öl und Kohle also auf der Erde verheizt werden, umso mehr Kohlendioxid sammelt sich in den unteren Atmosphärenschichten an und umso kälter wird die Stratosphäre darüber. Obendrein erreichen die Treibhausgase auch die höheren Schichten der Atmosphäre. Dort oben aber kehren sich die Verhältnisse um, und zusätzliche Treibhausgase halten keine Wärme mehr auf der Erde, sondern strahlen sie sogar in den Weltraum ab.

Diese Abkühlung in der Stratosphäre ist bereits im Gang, entdeckte Barbara Naujokat vom Meteorologischen Institut der Freien Universität in Berlin, als sie die Temperaturentwicklung seit den 1960er-Jahren analysierte. Allerdings gibt es in der Höhe keine gleichmäßige Abkühlung. Vielmehr variieren die Verhältnisse ähnlich stark wie die Wintertemperaturen in Deutschland. Genau wie es hierzulande kalte und milde Winter gibt, findet Barbara Naujokat auch in der Stratosphäre über dem hohen Norden kalte und extrem kalte Jahre. Dabei fällt jedoch auf, dass die besonders kalten Stratosphärenwinter heute erheblich kälter sind als noch vor vierzig Jahren.

Exosphäre	— 1000 Kilometer
Thermosphäre	— 400 — 200
Mesosphäre	— 100 — 50
Stratosphäre	
Ozonschicht	— 15 — 10
Troposphäre	— 6 — 4 — 2 — 0

Solche extrem niedrigen Temperaturen bringen den Ozonabbau so richtig in Schwung. FCKW verrichten ihr Zerstörungswerk nämlich nach einem komplizierten Mechanismus, bei dem die Temperatur eine entscheidende Rolle spielt. In der Stratosphäre spaltet das ultraviolette Licht der Sonne zunächst einmal einzelne Chloratome aus den FCKW ab, die Chemiker als Chlorradikale bezeichnen. Diese zerstören Ozon sehr schnell, ohne selbst dabei verbraucht zu werden. Es kommt nur deshalb nicht zur Katastrophe eines völligen Ozonabbaus über unseren Köpfen, weil Chlorradikale auch mit den ebenfalls in der Stratosphäre vorkommenden Stickoxiden und bestimmten Wasserstoffverbindungen reagieren. Dabei entstehen Chlorwasserstoff und Chlornitrat. Das aber sind zwei recht stabile Verbindungen, die in den gemäßigten Breiten aggressive Chlorradikale sozusagen wegsperren. Daher wird zum Beispiel über Mitteleuropa oder Südostasien relativ wenig Ozon in der Stratosphäre abgebaut.

Ganz anders sieht die Situation über den hohen Breiten aus. Dort spielen bei extrem niedrigen Temperaturen im Winter Vorgänge eine Rolle, die von der Erdoberfläche ausgelöst werden. Bei biologischen Prozessen entsteht am Boden Lachgas, das in der Stratosphäre zu Salpetersäure oxidiert wird. Im Meer produzieren Mikroorganismen die Verbindung Carbonylsulfid, aus der sich in der Atmosphäre nach einiger Zeit Schwefelsäure bildet. Luftströmungen verteilen beide Substanzen bis in die Stratosphäre. Wenn dort in der Polarnacht die Tem-

Die Ozonschicht befindet sich in der Stratosphäre und damit so hoch über dem Meeresspiegel, dass Wissenschaftler sie nur noch mit Ballonsonden direkt untersuchen können.

Von der Sonne strömen pausenlos elektrisch geladene Teilchen in den Weltraum. In der Nähe der Erde lenkt das Magnetfeld des Planeten diesen Sonnenwind ab und leitet ihn zu den Polen. Dort bildet das Erdmagnetfeld eine Art Trichter, durch den der elektrisch geladene Teilchenstrom Richtung Erdoberfläche fließen kann. Unterwegs prallen diese Elektronen und Protonen aber leicht mit Atomen und Molekülen der Luft zusammen. Dabei entsteht Fluoreszenzlicht. Treffen die Teilchen rund 100 Kilometer über der Erde auf Sauerstoffatome, entsteht grünes Licht. Geschieht das Gleiche bereits in 200 Kilometern Höhe, ist die Fluoreszenz rot. Wird dagegen ein Stickstoffatom getroffen, fällt das Leuchten je nach Höhe violett oder blau aus. Da der Sonnenwind ungleichmäßig weht, treffen manchmal so viele geladene Teilchen auf die Atmosphäre, dass die Fluoreszenz von der Erde aus als leuchtende Streifen, Bänder und Wolken am Himmel zu sehen ist. Und da der Sonnenwind von den Magnetfeldern zu den Polen gelenkt wird, gibt es diese Polarlichter in den hohen Breiten viel häufiger als in den mittleren. Bei besonders starken Sonnenwinden aber sieht man auch in Mitteleuropa Polarlichter. Im Herbst 2003 tauchten die bunten Himmelsstreifen sogar über Griechenland und bis hinunter zu den Kanarischen Inseln auf.

peraturen unter minus 78 Grad Celsius fallen, bilden sich aus diesen Verbindungen winzige Flüssigkeitströpfchen oder Eiskristalle. Von der Erde aus kann man größere Ansammlungen dieser Teilchen sogar als Perlmutt-Wolken sehen. Wissenschaftler nennen diese Gebilde »polare Stratosphärenwolken« und kürzen sie nach dem englischen Begriff »Polar Stratospheric Clouds« mit PSC ab.

An der Oberfläche dieser PSC verwandeln sich die sonst sehr stabilen Verbindungen Chlorwasserstoff und Chlornitrat unter anderem in Chlormoleküle aus zwei Chloratomen. Im Laufe der Polarnacht sammeln sich riesige Mengen solcher Chlormoleküle in der Stratosphäre über den hohen Breiten an. Sobald dann die ersten Strahlen der wieder aufgehenden Sonne die Perlmutt-Wolken treffen, spalten sie jedes Chlormolekül in zwei Chlorradikale, die sofort mit Ozon reagieren. Dabei entsteht normaler Sauerstoff und ein Chloroxidradikal. Zwei dieser gerade entstandenen Chloroxidradikale lagern sich zusammen, Sonnenlicht spaltet diese neue Verbindung in ein Sauerstoffmolekül und zwei Chlorradikale. Und die lassen die Reaktion wieder von vorne beginnen.

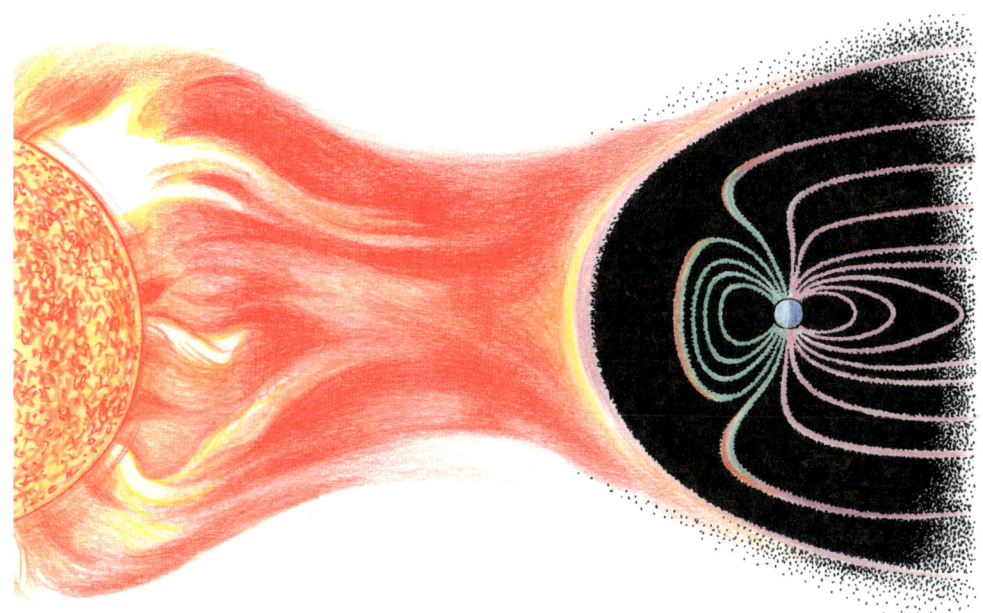

Für jedes Chlorradikal, das ein Ozonmolekül zerstört, bildet sich so ein neues Chlorradikal. Die entstehende Kettenreaktion kann nach einem kalten Polarwinter in der betroffenen Stratosphärenschicht das Ozon komplett zerstören. Da in den Luftschichten darüber und darunter noch geringe Mengen Ozon übrig bleiben, messen die Satelliten allerdings »nur« einen Ozonverlust von 60 oder 70 Prozent.

Nun fallen über dem hohen Norden die Temperaturen in der Stratosphäre normalerweise nicht so stark ab wie über der Antarktis. In Südpolnähe schneit bei diesen extremen Temperaturen praktisch die gesamte Salpetersäure aus, während sie über dem hohen Norden bisher meist in der Stratosphäre bleibt. Mit dem ersten Sonnenlicht bilden sich aus dieser Salpetersäure Stickoxide, die nach einiger Zeit die aggressiven Chlorradikale wegsperren. Weil im Süden die Salpetersäure fehlt, hat sich bisher auch nur dort ein Ozonloch gebildet, während im Norden mildere Temperaturen bislang allenfalls 30 Prozent der Ozonschicht zerstören konnten. Die aber fielen bisher kaum ins Gewicht, weil im Winter ohnehin relativ große Ozonmengen, die sich über den Äquatorregionen bilden, von Luftströmungen in die Stratosphäre des

Der Sonnenwind wird vom Magnetfeld der Erde so abgelenkt, dass seine elektrisch geladenen Teilchen normalerweise nur in der Umgebung der Pole in die Atmosphäre eindringen können. Dort erzeugen sie dann Polarlichter.

Die Konzentration von Ozon wird in sogenannten Dobson-Einheiten (englisch: »Dobson Units«, abgekürzt DU) gemessen. Dabei stellt man sich vor, man könnte das gesamte in der Atmosphäre extrem dünn verteilte Ozon zu einer Schicht reinen Ozons auf Höhe des Meeresspiegels zusammendrücken. Ein Millimeter einer reinen Ozonschicht entspricht dann bereits 100 DU. Im Durchschnitt ist die Ozonschicht der Erde gerade einmal 330 DU oder 3,3 Millimeter dick.

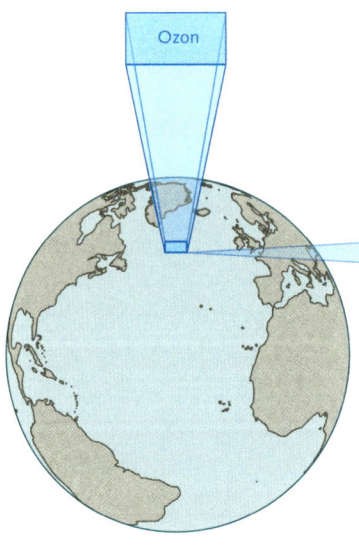

Die Ozonschicht ist in der Stratosphäre zwar etliche Kilometer hoch, aber so dünn verteilt, dass die gleiche Ozonmenge auf Meereshöhe eine gerade einmal 3,3 Millimeter dicke Schicht ergeben würde.

Nur 3,3 mm hoch würde das Ozon an der Säulenbasis (Meeresspiegel) reichen.

Die Ozonschicht nahm in einer Höhe von 10 bis 20 Kilometern über dem arktischen Kanada seit den 1970-er Jahren ab.

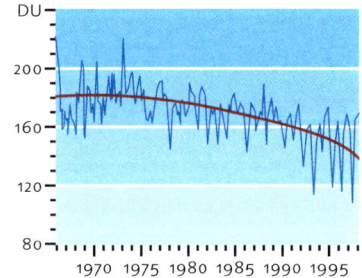

hohen Nordens getragen werden. Dort sammelt sich im Winter also Ozon an, und 30 Prozent Abbau schaffen dann eben »nur« die Verhältnisse, die bisher im Sommer als unschädlich empfunden wurden.

Je stärker durch den Treibhauseffekt aber die Stratosphäre auch im Norden abkühlt, umso eher kann auch dort die Salpetersäure ausschneien. Ohne den wichtigen Chlorradikal-Fänger könnte sich über der Nordhemisphäre ein ähnliches Ozonloch wie über der Antarktis auftun. Gegenspieler dieser Entwicklung ist das Verbot der FCKW im Abkommen von Montreal von 1987, in dessen Folge die zerstörerischen Chlorverbindungen langsam verschwinden.

Den Wettlauf zwischen Abkühlung und dem Verschwinden der FCKW beobachtet AWI-Wissenschaftler Markus Rex gemeinsam mit Kollegen aus ganz Europa, Kanada, Russland und Japan. An 35 Stationen wie der Deutschen Koldewey-Station auf Spitzbergen warten jeweils einige Wissenschaftler auf den Befehl aus dem Computer, eine Ozonsonde zu starten. Diese hängt an einem Heliumballon mit rund 2 Metern Durchmesser, der ein Messgerät für Windgeschwindigkeit, Temperatur, Luftdruck und Ozonkonzentration bis in die Stratosphäre tragen kann.

Die erste Sonde untersucht eine bestimmte Luftmasse. Aus den so gewonnenen Daten und verschiedenen Werten von Wetterstationen und Satelliten berechnet ein Computerprogramm dann, wohin diese Masse driftet. Sobald sie in die Nähe einer weiteren der 35 Stationen kommt, alarmiert der Rechner die dortigen Forscher und teilt ihnen mit, wann sie eine weitere Sonde starten sollen. Die nimmt die gleiche Luftmasse dann erneut unter die Lupe. Bis zu zehn Tage lang beobachten die Wissenschaftler so von verschiedenen Stationen aus ein bestimmtes Luftmassenpaket, das in dieser Zeit den Nordpol zweimal umrundet.

Jeder Start einer Sonde kostet rund 1000 Euro, fünfhundert bis tausend dieser Geräte schicken die Forscher in jedem Winter in die Luft. Die teure Untersuchung zeigt seit etwa 2005 erste Zusammenhänge zwischen Klimaveränderungen und Ozonverlust: »Sinkt die Temperatur in der arktischen Stratosphäre nur um ein Grad Celsius, verringert sich die Ozonmenge über der Arktis um 15 Dobson-Einheiten«, erklärt

Markus Rex. Das sind fast 5 Prozent des gesamten vorhandenen Ozons. Da in den besonders kalten Stratosphärenwintern seit den 1960er-Jahren die Temperaturen bereits um einige Grad gefallen sind, könnte sich so auch über der Nordhemisphäre ein Ozonloch öffnen. Aufgrund der heftigen Luftströmungen dort oben könnte es sogar bis hinunter nach Griechenland reichen.

Kühlung für den Südpol

Im tiefen Süden des Planeten tut sich ein riesiges Ozonloch bereits in jedem Frühjahr auf. Dieser massive Ozonmangel aber beeinflusst auch das Klima der Antarktis.

Je kälter die Luft über den Eisflächen wird, umso schwerer wird sie. Die Antarktis aber ist der höchste Kontinent der Erde und liegt im Durchschnitt gut 2 500 Meter über dem Meeresspiegel. Der höchste Gipfel liegt sogar 4 896 Meter über dem Südpolarmeer. Von diesen Hochflächen fließt die kalte Luft nach unten und wird dabei von der Schwerkraft weiter beschleunigt. Auf dem langen Weg bis zum Meer nehmen die Winde ganz schön Fahrt auf. So maßen französische Meteorologen an der Station Dumont d'Urville im Juli 1972 einen Super-Orkan mit einer Windgeschwindigkeit von satten 327 Kilometern in der Stunde.

In manchen Jahren überdeckt das hier grün dargestellte Ozonloch im Frühjahr den größten Teil der Antarktis und kann sogar den Süden Südamerikas beeinflussen. In Patagonien leben allerdings nur wenige Menschen, die von der dann stärkeren ultravioletten Strahlung beeinflusst werden.

Diese Winde aber stürmen keineswegs immer geradeaus, sondern werden von der Drehung der Erde abgelenkt. An den Küsten der Antarktis blasen sie daher im Uhrzeigersinn um den Kontinent herum. Dieser gigantische Windwirbel hindert die Luftmassen aus wärmeren Regionen weitgehend daran, Richtung Pol vorzudringen. Das Ozon wiederum absorbiert Sonnenlicht und wärmt dabei die Luft auf. Bildet sich nun ein Ozonloch, wird weniger Energie absorbiert, die Luft kühlt sich weiter aus. Je kälter die Luft aber ist, umso schneller sinkt sie ab, umso stärker blasen die Winde, die Warmluft so noch besser von der Antarktis fernhalten können. Während die meisten Regionen der

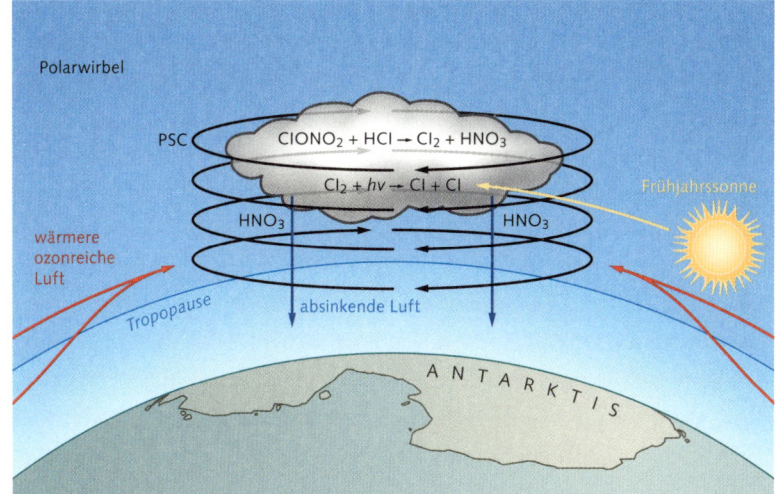

Polarwirbel

PSC $CIONO_2 + HCl \rightarrow Cl_2 + HNO_3$

$Cl_2 + hv \rightarrow Cl + Cl$ Frühjahrssonne

HNO_3 HNO_3

wärmere
ozonreiche
Luft

Tropopause   absinkende Luft

A N T A R K T I S

Durch eine Kette relativ komplizierter chemischer Reaktionen wird im Frühjahr in der Stratosphäre hoch über der Antarktis die Ozonschicht weitgehend abgebaut.

Erde sich in den letzten Jahrzehnten aufheizten, kühlte sich die Antarktis durch diesen Effekt leicht ab. Allerdings erreicht diese Starkwindzone die Antarktische Halbinsel normalerweise nicht, die wie ein ausgestreckter Zeigefinger vom antarktischen Kontinent in Richtung Südamerika deutet. Ungeschützt ist diese gebirgige Landzunge daher den warmen Winden ausgeliefert. Während zwischen 1950 und 2010 die Temperaturen weltweit im Durchschnitt um 0,6 Grad Celsius stiegen, kletterten sie auf der Antarktischen Halbinsel im gleichen Zeitraum um mehr als 2,5 Grad nach oben. Der Hitzeschutz des Ozonlochs reicht dort nicht bis zur Erdoberfläche.

Kalt und kälter

Die gleichen Vorgänge, die schon seit 34 Millionen Jahren wirken, sorgen im Zentrum der Antarktis noch immer für das wohl extremste Wetter auf dem Planeten. Auf dem Eis liegt meist Schnee. Diese weiße Fläche aber strahlt fast die gesamte von der Sonne auftreffende Energie wieder in den Weltraum zurück. Obendrein ist das Meer vom Inneren des riesigen antarktischen Kontinents viel weiter entfernt als zum Beispiel vom Inneren Grönlands. Während das mit Temperaturen knapp unter 0 Grad Celsius relativ warme Meerwasser die harschen Temperaturen im Inneren Grönlands ein wenig abmildert, gilt dies nicht für den Südpol, der von jeder Küste viel weiter entfernt liegt.

Aus den eisigen Fluten rund um die Antarktis verdunstet sehr wenig Wasser. Daher bleibt die Luftfeuchtigkeit in der Region relativ niedrig, und im Zentrum des Kontinents ist es extrem trocken. Jeder Quadratmeter dieser größten Wüste der Welt bekommt im Jahr durchschnittlich nur 40 Liter Niederschlag ab. In Mitteleuropa regnet und schneit es 15- bis 20-mal mehr. Auch diese antarktische Trockenheit trägt ihren Teil zu den Kälterekorden der Eiswelt im tiefen Süden bei. Normalerweise absorbiert die Luftfeuchtigkeit nämlich einen Teil der Sonnenenergie, die vom Boden in den Himmel reflektiert wird. Die niedrige Luftfeuchtigkeit über der Kältewüste aber kann diese Energie nicht zurückhalten, die Wärme geht verloren.

Daneben gibt es noch ein paar andere Mechanismen, die das Thermometer weiter sinken lassen. So schneidet der breite Packeisgürtel das Innere der Landmassen von der wenigen Wärme ab, die Wasser in der Nähe des Gefrierpunktes immer noch abgibt. Und dann ist die Ant-

POLARKREIS

Wer in Norwegen mit der Eisenbahn oder mit dem Auto von Trondheim nach Norden fährt, kommt nach einiger Zeit an einem Denkmal mit einer stilisierten Erdkugel vorbei, in dessen Sockel auf Norwegisch das Wort »Polarkreis« gemeißelt ist. Gemeint ist damit ein imaginärer Kreis, der sich 2602 Kilometer vom jeweiligen Pol entfernt um die Erde schlingt. Auf diesem Kreis geht exakt am Mittsommertag die Sonne einen Tag lang nicht unter, zur Wintersonnenwende bleibt sie dort den ganzen Tag unter dem Horizont. Am Polarkreis beginnt somit die Zone, in der die Sonne im Sommer eine Zeit lang rund um die Uhr scheint und im Winter eine Zeit lang gar nicht aufgeht. Je weiter man sich den Polen nähert, umso länger dauern dieser Polartag und die Polarnacht. An den Polen selbst sind beide jeweils ein halbes Jahr lang.

Auf der Nordhalbkugel liegen die nördlichen Teile Skandinaviens sowie der äußerste Norden von Russland, Kanada und Alaska nördlich des Polarkreises. Die Antarktis dagegen liegt abgesehen von der Nordspitze der Antarktischen Halbinsel nahezu komplett innerhalb des südlichen Polarkreises. Auch diese Lage eines großen Kontinents innerhalb des Polarkreises lässt die Temperaturen in der Antarktis tiefer als in der Arktis fallen, die überwiegend von Meer und Meer-Eis bedeckt ist.

arktis auch noch höher als jeder andere Kontinent. Die russische Forschungsstation Wostok liegt zum Beispiel auf dem Eis in einer Höhe von 3 488 Metern über dem Meeresspiegel. Da die Temperatur aber mit 1 000 Höhenmetern um rund 7 Grad Celsius abnimmt, lässt allein diese Höhenlage die Temperaturen um rund 24 Grad Celsius tiefer rutschen.

Da wundert es nicht, dass die russischen Meteorologen an der Station Wostok am 21. Juli 1983 mit minus 89,2 Grad Celsius die niedrigste Temperatur ablasen, die ein Thermometer bisher in der Natur registriert hat. Angeblich sollen es 1997 sogar minus 91,5 Grad gewesen sein, allerdings wurde dieser Wert nie offiziell bestätigt. Der Wert von 1983 dagegen ist international anerkannt. Damals war zehn Tage lang die minimale Luftströmung völlig unterbrochen, die ein klein wenig Wärme vom Südpolarmeer in Richtung Pol trägt. Die kalte Polarluft kreiste daher um den Pol und kühlte in der Polarnacht immer weiter aus. Weil in der trockenen Luft dann auch noch die Wolken weitgehend fehlten, kam es zu einem Rekordminimum.

Vielleicht wird dieser Wert eines Tages noch unterboten, wenn das Ozonloch für weitere Abkühlung sorgt. Sicher dürfte dagegen sein, dass die Antarktis durch das Zusammenspiel extremer Faktoren eine Art Abonnement auf den Minustemperatur-Rekord hat. Den zweiten Platz belegt der Norden Sibiriens. Der liegt zwar viel niedriger, ist aber im Winter noch weiter von der Wärmequelle des offenen Wassers entfernt als jeder Ort der Antarktis. Das 750 Meter hoch gelegene Oimjakon weit im Osten Russlands meldet für den 26. Januar 1926 dann auch mit minus 72,1 Grad Celsius die tiefste Temperatur, die je an einem von Menschen bewohnten Ort gemessen wurde. Als eine britische Expedition auf dem Scheitel der Eiskappe Grönlands in 2 345 Metern über dem Meeresspiegel überwinterte, maßen die Forscher am 9. Januar 1954 mit 65,9 Minusgraden den niedrigsten Wert für die Arktis. An der Sonderstellung der Antarktis als Kältepol der Erde kann der hohe Norden demnach nicht rütteln.

Der nördliche Polarkreis trennt die nördlich von ihm liegenden Regionen, in denen an mindestens einem Tag im Jahr die Sonne überhaupt nicht aufgeht, von den südlicher liegenden Gebieten, die eine solche Polarnacht nicht kennen.

Selbst die Blizzards oder Schneestürme sind im tiefen Süden anders als im Rest der Welt. Die peitschenden Schneekristalle kommen in dieser Kältewüste nämlich meist nicht vom Himmel, sondern werden vom Boden aufgewirbelt. So dicht fliegt dann der Schnee, dass ein Mensch selbst in einem Meter Entfernung keinen Gegenstand mehr erkennen kann.

Die warme Jahreszeit

Irgendwann geht aber auch in der Antarktis der kälteste Winter vorbei. Am Südpol selbst bleibt die Sonne zwar von März bis September immer unter dem Horizont, allenfalls Zwielicht und das Funkeln der Sterne bringen ein wenig Helligkeit in die Polarnacht. Wenn die Sonne dann aber wieder über den Horizont klettert, bleibt sie gleich für einen ganzen Polartag lang am Himmel. Und der dauert am Südpol immerhin ein halbes Jahr lang. Langsam beginnt das Thermometer zu steigen.

Im Hochsommer des Jahres 2002 wollten die Meteorologen der russischen Wostok-Station ihren Augen nicht trauen. Eine Hitzewelle hatte den Temperaturrekord gebrochen, am 11. Januar 2002 blieb das Thermometer erst bei 12,2 Grad Celsius stehen. Minusgrade, versteht sich. So mild ist es in Wostok sonst nicht: Im Durchschnitt messen die Wetterfrösche dort im Sommer minus 30 und im Winter minus 65 Grad Celsius. Im Juli 1987 kletterte die Temperatur einen ganzen Monat lang nicht ein einziges Mal über minus 72,2 Grad Celsius. Und da die Luft auch noch extrem trocken ist, dürfte die Wostok-Station einer der extremsten Orte auf der Welt sein, an dem Menschen leben. Die zwischen 1961 und 1990 gemessene Durchschnittstemperatur von minus 55,1 Grad Celsius spricht eine deutliche Sprache.

Je näher die Küste liegt, umso weniger extrem sind die Bedingungen. So liegen die Temperaturen in der US-amerikanischen McMurdo-Station an der Küste der Antarktis im hochwinterlichen August mit durchschnittlich minus 28 Grad höher als die Sommertemperaturen der Wostok-Station auf dem Inlandeis. Der Sommer bringt den Amerikanern dann durchschnittliche Januartemperaturen von minus 3 Grad Celsius, an einigen Tagen gibt es sogar leichtes Tauwetter.

Die höchste Temperatur, die in der Antarktis je gemessen wurde, waren am 5. Januar 1974 für mitteleuropäische Verhältnisse frühlingshafte 14,6 Plusgrade an der neuseeländischen Vanda-Station. Diese stand bis 1995 am Ufer des Vanda-Sees in einem der wenigen Gebiete der Antarktis, die nicht von Eis bedeckt sind. Als 1995 der Seespiegel anstieg, gaben die Neuseeländer die Station auf und ersetzten sie durch eine Schutzhütte. Gleichzeitig wurde damit auch das einzige Freibad der Antarktis geschlossen, in dem obendrein eine einzigartige Auszeichnung erworben werden konnte. Wer nackt bis über den Kopf in den See eintauchte und dieses Ereignis von einem der »Vandalen« genannten Stationsmitglieder auf einem Foto festhalten ließ, erhielt einen Ärmelaufnäher des »Royal Lake Vanda Swim Club«. Schüchterne Polartaucher durften ihre Blößen sogar mit einem Feigenblatt bedecken. Das musste allerdings echt und grün und in keiner Weise konserviert sein. 🐟

Walrosse leben auf Treibeisschollen der Arktis und tauchen bis zu 180 Meter tief nach Nahrung.

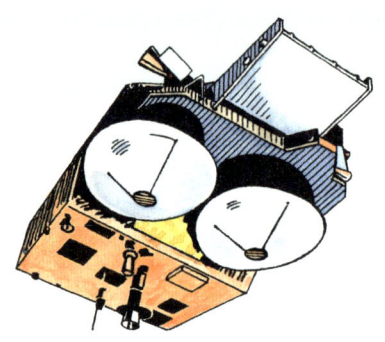

6

Glitzerwelt:
Eis dominiert die Polregionen

G enau wie Badespaß ist auch offenes Gelände ohne dicken Eispanzer eine Seltenheit in der Antarktis. Gerade einmal 280 000 Quadratkilometer und damit 2,4 Prozent des Kontinents sind eisfrei. Das entspricht zwar immerhin beinahe der Fläche Italiens. Insgesamt aber ist die Fläche der Antarktis mit 13,2 Millionen Quadratkilometern rund ein Viertel größer als Europa. Übertragen auf die Alte Welt würde sich die Eiskuppel zwar auch nur vom Ural bis nach Portugal und vom Nordkap bis zum griechischen Peloponnes spannen. Weil die Antarktis aber eine recht kompakte Landmasse ist, während in Europa einige Randmeere wie die Nord- und Ostsee die Landmassen unterbrechen, ist die Fläche der Antarktis doch größer.

Abb. links:
Erst seit moderne
Satelliten auch die
Polarregionen über-
fliegen, erhalten
die Wissenschaftler
zuverlässige Daten
zur Eisdecke auf
den Polarmeeren.

Nicht viel anders präsentiert sich Grönland, von dessen gut 2 Millionen Quadratkilometern gerade einmal 18,9 Prozent und damit etwas mehr als die Landesfläche Deutschlands nicht vom ewigen Eis bedeckt sind. Da auch die Ozeane der Polregionen in weiten Bereichen zumindest im Winter unter Meer-Eis verschwinden, kann man mit Fug und Recht von »eisigen Welten« sprechen, aus denen nur einige Felsgipfel, Trockentäler und wenige offene Wasserflächen herausstechen. Nach einem Wort der Eskimos oder Inuit heißen isoliert im ewigen Eis liegende Felsmassen »Nunatak«. Die oft mehr als 1 000 Quadratkilometer großen Wasserflächen im Meer-Eis werden mit dem russischen Begriff »Polynja« bezeichnet. Doch der übergroße Rest der Polarregionen ist das Reich von Eis und Schnee.

CryoSat – Ein Satellit schaut auf das Eis

Welche Eismengen aber lagern dort? Diese Frage können Wissenschaftler auch nach einigen Jahrzehnten moderner Polarforschung längst nicht genau beantworten. Um die Eismassen zu berechnen, brauchen sie neben Satellitendaten zur Fläche schließlich auch Angaben über die Dicke der weißen Panzer. Und die lässt sich nicht leicht bestimmen, weiß Eisdicken-Spezialist Christian Haas von der University of Alberta in Kanada. Mussten die Forscher 1991 im Nordpolarmeer nördlich von Spitzbergen noch durchschnittlich 2,50 Meter tief bohren, bis sie auf Wasser unter den Eisschollen stießen, waren es 2004 nur noch 2 Meter. Trotz scheinbar eindeutiger Zahlen wie dieser aber geht Christian Haas keineswegs sicher davon aus, dass in wenigen Jahrzehnten die Freibadsaison am Nordpol eröffnet wird.

Veränderte Windverhältnisse könnten die schrumpfende Eisdecke nur vortäuschen, argwöhnt der Forscher. Driftet dadurch zum Beispiel mehr Eis in Richtung Kanada, würde vor Spitzbergen das Meer-Eis dünner, während sich die Schollen vor der Nordküste Amerikas höher als bisher türmen. Um derartige Effekte genau zu analysieren, müsste man im gesamten Nordpolarmeer die Eisdicke messen. Viele Regionen des Eismeers lassen sich jedoch so schlecht erreichen, dass dazu bisher niemand in der Lage war.

Herkömmliche Satelliten zur Erdbeobachtung wie ENVISAT aber erspähen aus ihren Umlaufbahnen die entscheidenden Gebiete nörd-

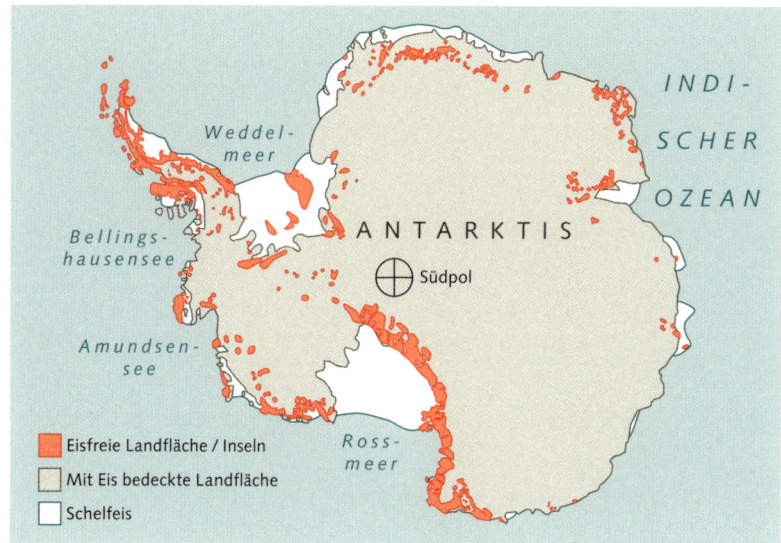

lich des 82. Breitengrades gar nicht. Obendrein erfassen die Radarau-gen dieser Umweltsatelliten zwar die Ausdehnung einer Eisfläche her-vorragend, nicht aber deren Dicke. Diese Lücke schließt seit April 2010 ein neuer Satellit der europäischen Weltraumorganisation ESA, den die Ingenieure von EADS Astrium in Friedrichshafen am Bodensee gebaut haben. CryoSat späht aus 720 Kilometern Höhe gleich mit zwei Radar-antennen im Stereoblick in bisher unerreichter Genauigkeit auf die Erde. Der Satellit kann den Abstand zum Eis auf wenige Zentimeter genau bestimmen. Gleichzeitig strahlen Stationen auf der Erde andau-ernd Signale in Richtung CryoSat, deren Laufzeit die Höhe des Satelli-ten über dem Meeresspiegel verrät. Ziehen die Forscher nun die Ent-fernung zwischen Eisoberfläche und CryoSat von der Entfernung zwischen Meeresspiegel und CryoSat ab, wissen sie, wie hoch das Eis aus dem Meer ragt.

Dieser Freibord genannte Teil des Eises sagt allerdings noch wenig über die gesamte Dicke des gefrorenen Panzers aus. Bei jedem Eisberg liegt schließlich der größte Teil unter Wasser. Wie viel Prozent einer Eisdecke über den Meeresspiegel aufragen, hängt stark vom Eis, aber auch vom Salzgehalt des Wassers ab, in dem es schwimmt. Enthält das

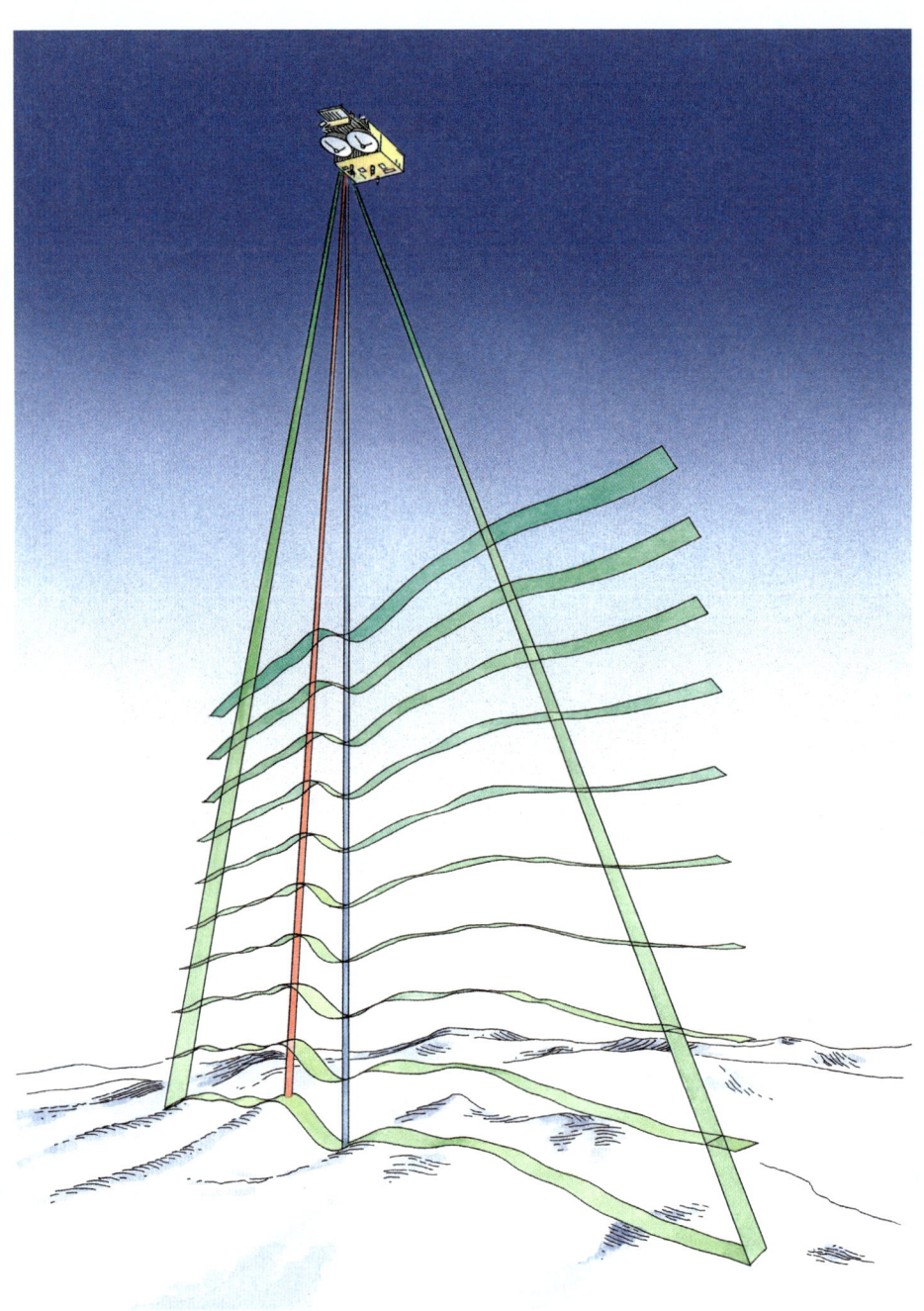

Eis selbst zum Beispiel viele Luftbläschen oder liegt eine dicke, aber relativ leichte Schneeschicht darauf, ist die Dichte geringer, und die Scholle ragt höher aus dem Wasser.

Da der rund 650 Kilogramm schwere CryoSat nur diesen Freibord messen kann, müssen die Forscher die Satellitendaten vor Ort noch eichen, um so die gesamte Dicke des Eises bestimmen zu können. Das machen sie aber nur an ausgewählten Stellen, deren Ergebnisse anschließend auf das gesamte Eismeer übertragen werden können. So will man mit relativ wenigen Messungen auf dem Ozean und den CryoSat-Daten am Ende der auf mindestens drei Jahre angelegten Satellitenmission einen genauen Überblick über die Dicke des Eises im gesamten Polarmeer erlangen.

Am einfachsten funktioniert bei diesen Eichmessungen nach wie vor eine Methode, die wohl jeder Laie sofort vorschlagen würde: Man bohrt ein Loch in die Eisscholle und misst die Tiefe des Eises mit einem Metermaß. Dabei kann auch gleich die Höhe der Schneedecke und des Freibords gemessen werden. Damit weiß der Forscher ganz genau, dass ein bestimmter vom CryoSat-Stereo-Radar ermittelter Wert zum Beispiel einer Eisdicke von 382 Zentimetern entspricht. Anhand solcher Paare aus tatsächlichen Eisdicken und Satellitendaten aus Regionen mit unterschiedlichem Salzgehalt im Wasser und Luftblasengehalt im Eis ermitteln die Forscher dann, wie sich die Satellitendaten für die verschiedenen Regionen des Polarmeeres am besten in Eisdicken umrechnen lassen.

Direkt mit dem Metermaß messen können die Forscher aber nur an Orten, die sie sicher erreichen. Als Christian Haas Anfang der 1990er-Jahre noch am Alfred-Wegener-Institut in Bremerhaven forschte, hat er sich daher von Geophysikern eine andere Erkundungsmethode abgeschaut. Dieses Verfahren wird an Land schon lange eingesetzt, um Grundwasser ohne aufwendiges Graben zu erkunden. Die Forscher messen dazu einfach, wie gut im Untergrund Strom fließt.

Da Meer-Eis praktisch kein Salz enthält, leitet es kaum Strom, während salziges Meerwasser das hervorragend tut. Mit einem »elektromagnetischen Induktionsverfahren« lässt sich daher die Eisdecke ähnlich gut wie mit einem Eisbohrer messen. Nur geht das erheblich schneller.

Abb. links:
Mit Radarwellen und Stereo-Radarantennen misst der Satellit CryoSat der europäischen Weltraumorganisation ESA die Dicke von Eisschichten in den Polargebieten und gibt so Aufschluss darüber, ob das Eis dort schmilzt oder sogar zunimmt.

Einziger Nachteil der Methode: Das Messgerät ist mehr als 3 Meter lang und recht empfindlich. Christian Haas hat es daher in ein Kajak verpackt und schleppt es so relativ problemlos über Eis und Schmelzwassertümpel, die im Polarsommer auf dem Eis schwappen. Mit dieser Methode bestimmt der Forscher seither immer wieder die Eisdicke nördlich von Spitzbergen – und stellt erhebliche Schwankungen fest. War das Eis 1991 und 1996 im Durchschnitt noch 250 Zentimeter dick, fand Christian Haas 1998 nur noch 220 Zentimeter Eis und 2001 sogar nur noch 195 Zentimeter. 2004 waren es dann wieder 200 Zentimeter.

Dieses Schrumpfen der Eisdicke passt im Prinzip zu einer anderen Beobachtung: Wohl als Folge des Klimawandels hat sich die Luft über der Arktis in den letzten drei Jahrzehnten des 20. Jahrhunderts um durchschnittlich 1,4 Grad Celsius erwärmt. Besonders stark ist dieser Trend nördlich von Sibirien. Eine Woche früher als bisher beginnt dort die Eisschmelze auf dem Meer und lässt zwar nicht die gesamte weiße Decke, aber doch immerhin die obersten 10 bis 50 Zentimeter auftauen.

Gleichzeitig strömt vom Nordatlantik immer mehr relativ warmes Wasser in Richtung Nordpol. Dieser Wärmestrom aber liefert einfach nicht genug Energie, um die Abnahme der Eisdicke zu erklären. Eher schon könnte der fallende Luftdruck in hohen Breiten für die Abnah-

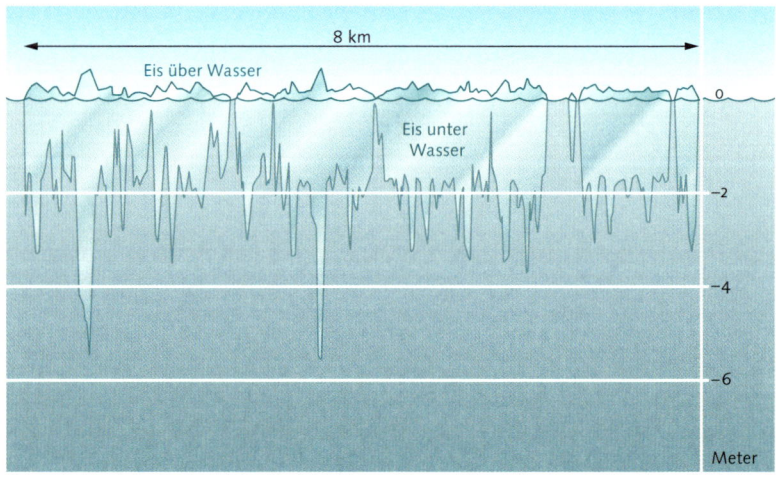

Das Eis auf dem Meer ragt nicht nur unterschiedlich hoch aus dem Wasser, sondern taucht auch bis in sehr unterschiedliche Tiefen unter den Meeresspiegel. Seine Menge lässt sich nur mit sehr aufwendigen Verfahren bestimmen.

me der Eisdicke in bestimmten Regionen verantwortlich sein. Denn je niedriger der Luftdruck ist, umso stärker blasen die Winde und treiben das Eis schlicht woandershin.

September 1980

Ob diese Theorie stimmt, überprüft Christian Haas seit 2004 auch im Norden der kanadischen Ellesmere-Insel, die weit nördlich von Grönland ins Nordpolarmeer ragt. Inzwischen schleppt er das Messgerät auch nicht mehr persönlich übers Eis, sondern hängt es einfach an einen Helikopter. Dieser hat eine deutlich höhere Reichweite als der Wissenschaftler allein mit seiner Muskelkraft, und so vergrößert sich das Untersuchungsgebiet enorm. Die Eisdicken im Norden der Ellesmere-Insel scheinen die Verdriftungstheorie von Christian Haas zu bestätigen: 4 Meter dick war der gefrorene Panzer dort im Mai 2004. So dickes Meer-Eis hatte der Forscher bis dahin nirgends sonst im hohen Norden gefunden.

September 2007

Aber noch ist die Ellesmere-Insel nur ein weiterer Punkt auf der weiterhin äußerst lückenhaften Eisdickenkarte von Christian Haas. Erst CryoSat füllt die weißen Flecken und klärt, ob und wohin veränderte Winde das Eis im Norden treiben.

Seit der Klimawandel die Temperaturen vor allem in hohen Breiten steigen lässt und die Winde ändert, schmilzt das Eis auf dem Nordpolarmeer im Sommer immer stärker ab.

Graue Arktis

Hervorragend ergänzt CryoSat die Messungen anderer Satelliten, die vor allem die Fläche des Meer-Eises untersuchen. Und da gab es am 28. August 2007 einen absoluten Negativrekord: Die Eisdecke über dem Nordpolarmeer war auf 2,99 Millionen Quadratkilometer geschrumpft. Das ist zwar immer noch mehr als die Landesflächen von Spanien, Frankreich, Großbritannien, Schweden, Deutschland, Polen, Ungarn und Italien zusammen. Zwischen 1960 und 1980 aber lag im Sommer mit jeweils rund 6 Millionen Quadratkilometern ungefähr doppelt so viel Meeresfläche im hohen Norden unter dem Eis. »Der Trend geht in den letzten Jahren nach unten«, erklärt auch Wolfgang Dierking, der am AWI in Bremerhaven die Fernerkundungsgruppe leitet.

In den Wintermonaten Februar und März bedeckt das Meer-Eis in dieser Region dagegen normalerweise rund 15 Millionen Quadratkilometer. Die warmen Meeresströmungen aus dem Süden erreichen dieses Eis normalerweise nicht, weil sehr viele Flüsse Süßwasser ins Nordpolarmeer tragen und das Meer-Eis folglich auf einer im Winter ungefähr minus 1,8 Grad Celsius kalten Wasserschicht schwimmt, die entsprechend wenig Salz enthält und daher relativ leicht ist. Die warmen Meeresströmungen aus dem Süden sind dagegen ähnlich salzig wie der Nordatlantik und damit relativ schwer. Sobald das warme Atlantikwasser auf das salzarme Wasser im hohen Norden trifft, taucht es ab, erklärt AWI-Forscher Rüdiger Gerdes. Da das Meer-Eis meist nur 4 Meter, an einigen Stellen auch über 10 Meter tief unter die Wasseroberfläche taucht, die warme Strömung aber in 200 Metern Tiefe fließt, erreicht das wärmere Wasser das Eis von unten kaum.

Wenn die Eisdecke über dem Nordpolarmeer sich am Ende eines Winters über rund 15 Millionen Quadratkilometer und damit mehr als die dreifache Fläche der Europäischen Union ausdehnte, in den Zeiten vor dem Klimawandel bis September dann aber wieder auf gut die Hälfte schrumpfte, kann nur das Wetter über dem Eis für das Schmelzen verantwortlich sein. Seit den 1970er-Jahren beobachten Satelliten die Eisdecke der Arktis und messen in jedem Jahrzehnt weniger Eis. Obendrein scheint die große Schmelze sich seit der Mitte der 1990er-Jahre auch noch zu beschleunigen. Im Vierteljahrhundert zwischen 1979 und 2004 schrumpfte das Sommereis über dem Nordpolarmeer jedenfalls in jedem Jahrzehnt um 7,7 Prozent. Ähnliche Werte hatten Klimaforscher erwartet, weil der Klimawandel die Lufttemperaturen besonders über der Arktis kräftig in die Höhe treibt.

Genau wie über Mitteleuropa ist aber auch über dem Nordpolarmeer das Wetter recht wechselhaft. Blasen dann wie 2007 kräftige Südwinde warme Luft vom Pazifik direkt auf das Eis, schmilzt die weiße Decke stärker als in Jahren mit nur schwachen Südwinden. Tatsächlich waren 2007 am Ende des Sommers 80 Prozent der winterlichen arktischen Meer-Eisfläche verschwunden.

Eines irritiert die Forscher allerdings: Schreibt man den beobachteten Trend aus der Zeit bis zum Ende des 20. Jahrhunderts fort, sollte erst im Jahr 2039 eine ähnlich geringe Eisbedeckung auftreten, wie sie bereits 2007 beobachtet worden ist. Da auch 2008 bis 2010 im Sommer jeweils sehr geringe Eisflächen gemessen wurden, schmilzt das Meer-Eis also schneller als bisher erwartet. Ob die Klimaerwärmung dem Nordpolarmeer nun schon in wenigen Jahren oder erst in etlichen Jahrzehnten eisfreie Sommer bescheren wird, wissen die Forscher nicht. In einem aber ist sich Wolfgang Dierking sicher: »Wenn nicht bald Maßnahmen gegen die von Menschen verursachten globalen Temperaturerhöhungen ergriffen werden, müssen wir uns ernsthaft Gedanken machen, welche Konsequenzen das Verschwinden des sommerlichen Meer-Eises nicht nur für die Bewohner der Arktis hat.«

Beispielsweise reflektiert Eis Sonnenstrahlen viel stärker als Meerwasser. Fehlt das Eis, heizt die Sonne das Meer und damit auch das Weltklima viel stärker auf. Das Eis beeinflusst aber auch die Meeresströmungen stark: Friert Meerwasser, scheidet es Salz aus, das sich direkt unter der sich neu bildenden Eisdecke konzentriert. Dieses Wasser sinkt aufgrund des höheren Gewichts ab und strömt in tieferen Schichten nach Süden, während an der Oberfläche des Nordatlantiks wärmeres Wasser nach Norden fließt. Bildet sich weniger Meer-Eis, würde das die Meeresströmungen und damit das Weltklima zusätzlich verändern.

Erstarrter Ozean

Ähnliche Prozesse sind auch am Werk, wenn das Meer-Eis rund um die Antarktis auftaut. Ein Fünftel des Eises auf dem Südpolarmeer aber dürfte in der zweiten Hälfte des 20. Jahrhunderts schon geschmolzen sein, befürchtet Mark Curran von der Australian Antarctic Division auf der Insel Tasmanien. Weil Satellitenbilder aber allenfalls für die letzten dreißig Jahre ein umfassendes Bild vom Rand des sechsten Kontinents vermitteln und für die Zeit davor nur vereinzelte Berichte von Forschern und Walfängern Hinweise auf das Meer-Eis geben, wenden die Forscher einen Trick an, um fehlende Daten zu ermitteln.

Winzige Pflanzen produzieren an der Eiskante große Mengen einer flüchtigen Substanz, die Chemiker als Dimethylsulfoxid bezeichnen. Der Sauerstoff der Luft macht daraus Methan-Sulfonsäure (MSA), die sich relativ rasch im Eis der Antarktis ablagert. Je mehr MSA die Wissenschaftler in der obersten Schicht der Gletscher finden, umso näher muss die Eiskante gelegen haben, als sich diese Eisschicht bildete. In den tieferen Schichten des Eises findet sich dagegen die MSA, die in früheren Jahren abgelagert wurde. Bestimmen die Wissenschaftler nun den MSA-Gehalt in verschiedenen Eisschichten, erhalten sie nach einiger Rechnerei eine Art Chronik. Dieses Tagebuch zeigt, wie weit die Eiskante in der Vergangenheit vom Fundort entfernt war. Zwischen 1840 und 1950 schwankte ihre Lage nach diesen Daten zwar von Jahr zu Jahr, im Durchschnitt hielt sie aber eine bestimmte Entfernung ein. Erst danach rückte die Eiskante immer näher an das Festland heran.

Wenn die Forscher den Schwund in der zweiten Hälfte des 20. Jahrhunderts hochrechnen, kommen sie auf einen Verlust von etwa 20 Prozent. Da im Winter das Packeis rund um die Antarktis heute mit 20 Millionen Quadratkilometern eine Fläche von der doppelten Größe der USA bedeckt, ist damit allein in dieser Zeit eine gewaltige offene Wasserfläche auf dem Globus zusätzlich entstanden, die Sonnenenergie auffängt und so das Erdklima weiter aufheizt.

Bestimmen die Forscher in den Sedimenten des Meeresbodens die Zahl winziger Kieselalgen und Strahlentierchen, erhalten sie auch Hinweise auf die Eisverhältnisse der letzten Jahrtausende. Da durch das Meer-Eis weniger Licht dringt, leben unter dem Eis erheblich weniger Kieselalgen, die ihren Energiebedarf ja mit dem Sonnenlicht stillen. Andere Winzlinge leben nur in Wasser mit einer Temperatur von ungefähr minus einem Grad Celsius. Das ist typisch für eine Eisdecke, die auch im Sommer nicht schmilzt. Nachdem sie eine ganze Reihe solcher Daten ausgewertet hatten, konnten Forscher auch die Eisdecke auf dem Höhepunkt der letzten Eiszeit vor ungefähr 20 000 Jahren bestimmen. Im Winter

Strahlentierchen haben ein wunderschönes Außenskelett, das allerdings nur unter dem Mikroskop zu bewundern ist. Durch die Löcher dieser Hülle aus Siliziumdioxid nehmen die Einzeller Nährstoffe aus dem Wasser auf.

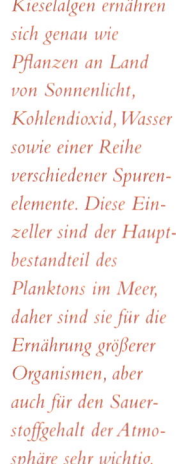

war sie mit 39 Millionen Quadratkilometern ungefähr doppelt so groß wie heute und erreichte damit
beinahe die Fläche Asiens, das mit 44,6 Millionen
Quadratkilometern ein Drittel der Landmassen der
Erde stellt.

Diese bedeutend größere Eisfläche aber beeinflusste
die Meeresströmungen erheblich: So war der gesamte
Ringstrom um die Antarktis nach Norden gewandert, ein
wesentlich größerer Teil des eisigen Wassers traf auf die Küste Südamerikas und wurde dort nach Norden abgelenkt. Während an der
Pazifikküste somit mehr Kaltwasser entlangfloss, schwächte sich der
Kaltwasserstrom durch die Drake-Passage zwischen Südamerika und
der Antarktischen Halbinsel deutlich ab. Gleichzeitig nahm auch der
Warmwasserstrom ab, der aus dem Indischen Ozean um die Südspitze
Afrikas herum in den Südatlantik fließt. Wenn im Zuge des Klimawandels also das Meer-Eis um die Antarktis weiter abschmilzt, könnten sich diese Strömungen verstärken.

Kieselalgen ernähren sich genau wie Pflanzen an Land von Sonnenlicht, Kohlendioxid, Wasser sowie einer Reihe verschiedener Spuren-elemente. Diese Ein-zeller sind der Haupt-bestandteil des Planktons im Meer, daher sind sie für die Ernährung größerer Organismen, aber auch für den Sauer-stoffgehalt der Atmo-sphäre sehr wichtig.

Die abgebrochene Karriere der Eisberge

Die Sommersonne aber schmilzt heute genau wie auf dem Höhepunkt
der letzten Eiszeit den größten Teil des Meer-Eises um die Antarktis
weg. Anfang März sind oft nur noch 20 Prozent der winterlichen Eisdecke übrig. Dann können die Eisbrecher der modernen Polarforscher
an vielen Stellen bis unmittelbar an das Eis des antarktischen Kontinents heranfahren. Dort knirscht und ächzt es zum Beispiel in der 30
oder 40 Meter über das Meer aufragenden Wand des Ross-Schelfeises
bisweilen ziemlich laut. Wenn der fast pausenlos heulende Sturm aus
dem Inneren der Antarktis für eine Weile aussetzt und die Wissenschaftler der neuseeländischen Scott Base im Freien unterwegs sind,
hören sie diese unheimlichen Geräusche. Mal sind sie ganz leise, dann
werden sie lauter. Plötzlich ein gewaltiges Krachen, ein Teil der Eis-
wand neigt sich langsam auf das Meer zu, bricht rasch ganz ab und
donnert in die Fluten. Meterhohe Wellen peitschen an die Küste, aus

dem brodelnden Wasser taucht eine weiße Masse wieder auf. Die Forscher haben die Geburt eines Eisberges beobachtet, der mit der Strömung langsam auf das Meer hinaustreibt. Ewig ist das Eis der Antarktis also nicht.

Diese Eisberge aber gewähren den Mikroorganismen, Seevögeln und Fischen der Region eine lebensnotwendige Unterstützung. »Normale Nährstoffe wie Nitrat, Phosphat und Silikat gibt es im Südozean reichlich«, erklärt Rainer Gersonde vom AWI in Bremerhaven. Was fehlt, sind Spurenelemente wie Eisen, Mangan, Kupfer und Zink. Doch zum Glück gibt es ja Eisberge. Im Weddellmeer in der Nähe der Antarktischen Halbinsel haben US-amerikanische Wissenschaftler im Jahr 2007 zwei Exemplare dieser schwimmenden Riesen genauer untersucht. Eins der gefrorenen Gebirge war über dem Wasser 2 000 Meter lang und 500 Meter breit, das andere erreichte mit 21 Kilometern Länge und 5 Kilometern Breite noch erheblich größere Dimensionen.

Als die Forscher mit verschiedenen Geräten in einem ferngesteuerten U-Boot das Meer untersuchten, entdeckten sie in unmittelbarer Nähe des Eises sehr viele Mikroorganismen. Entfernte sich das U-Boot langsam vom Eisberg, meldeten die Geräte immer weniger Plankton, bis die Konzentration rund 3 700 Meter vom Eis entfernt auf die im Südozean üblichen Werte abgesunken war. Im selben Umkreis um den Eisberg fanden die Wissenschaftler auch überdurchschnittlich viele der Krill genannten Kleinkrebse, die sich von Plankton ernähren. Krill wiederum ist das Grundnahrungsmittel vieler Fische, Wale, Robben und Pinguine im Südozean.

Mit einer raffinierten Methode kamen die US-Forscher schließlich auch der Quelle des um die Eisberge wimmelnden Lebens auf die Spur: Je näher am Eis es schwappte, umso mehr Radium-224 enthielt das Wasser. Dieses natürliche radioaktive Isotop aber entsteht beim Zerfall des kurzlebigen Thorium-228, das wiederum kaum im Meer, sehr wohl aber an Land vorkommt. Offensichtlich schleppt so ein Eisberg also Material vom Land ins Meer. Und da in diesem Material auch reichlich lebensnotwendige Spurenelemente wie Eisen und Mangan vorkommen, blüht in der Umgebung des Eisbergs das Leben regelrecht auf.

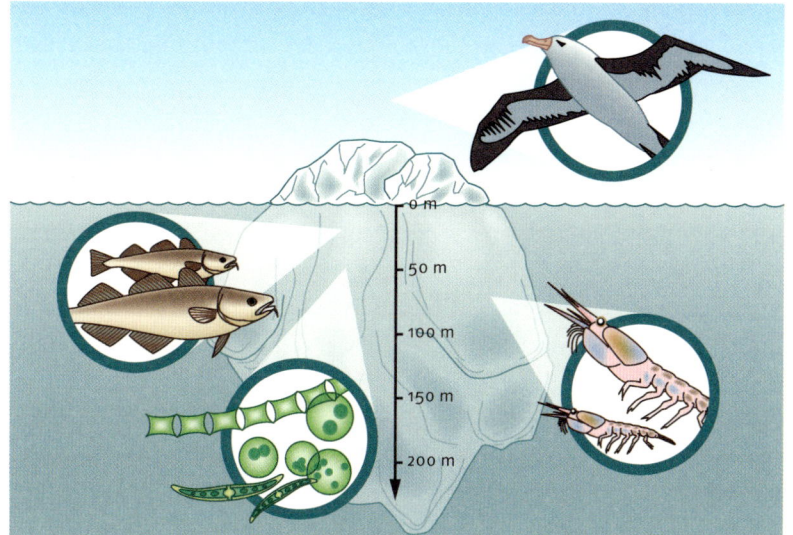

Die im Weddellmeer schwimmenden Eisberge kommen meist von den Gletschern der Antarktischen Halbinsel. Fließt dort das Eis zum Meer, reißt es beim Schrammen über den Fels des Festlandes immer wieder Material vom Untergrund ab und trägt es mit sich. Tatsächlich fanden die US-Forscher im kleineren der beiden Eisberge auch den Staub vulkanischen Gesteins, das von der Antarktischen Halbinsel stammen dürfte. Als die Wissenschaftler den Gesteinsstaub aus dem gefrorenen Riesen in normales Wasser gaben, das sie weit vom nächsten Eisberg entfernt aus dem Südozean geholt hatten, wuchs Plankton darin hervorragend. Ohne diesen natürlichen Dünger dagegen vermehrte es sich nicht.

Da im Weddellmeer sehr viele Eisberge schwimmen, schätzen die US-Forscher, dass ungefähr zwei Fünftel der Region von Eisbergen gedüngt werden. Doch die glitzernden Giganten spielen auch in anderen Bereichen des Südozeans eine wichtige Rolle als Nährstofflieferanten, wie die AWI-Forscher Rainer Gersonde und Victor Smetacek im südlichsten Teil des Atlantiks gezeigt haben. In den Sedimenten im Meeresgrund fanden sie jede Menge Staub, der nur von Eisbergen dorthin getragen worden sein kann.

Allerdings stammt der eisenhaltige Gesteinsstaub in den schwimmenden Riesen keineswegs nur aus Gletscherabrieb. Oft blasen auch kräftige Winde aus den Halbwüsten und Wüsten Patagoniens und Australiens Staub bis zum Eis der Antarktis. Der reichert sich dort über viele Jahrtausende an. Bricht dann ein Eisberg ab, trägt er diesen über lange Zeiträume gesammelten Staub weit auf den Südozean hinaus und liefert den Organismen so die lebenswichtigen Spurenelemente. Wie wichtig dieser Staub für die Meeresbewohner ist, haben die AWI-Forscher erfahren, als sie Sedimente aus der Eiszeit untersuchten. In diesen kalten Phasen waren auch die Niederschläge geringer, und die kräftigen Winde konnten so viel mehr Staub als heute vom Festland auf die Ozeane hinausblasen. In deren Fluten lebten damals deutlich mehr Organismen als heute, weil diese mehr Spurenelemente im Wasser fanden.

Kolosse im Meer

Manchmal machen Eisberge auch Schlagzeilen, selbst wenn sie nicht gerade Schiffen wie der *Titanic* in die Quere kommen. Im Januar 2010 trieb zum Beispiel der Eiskoloss B17B langsam aus dem Südpolarmeer Richtung Australien. Nicht so sehr seine gigantische Größe als vielmehr der Kurs des Eisriesen verblüffte Klaus Grosfeld vom AWI in Bremerhaven. »Die meisten riesigen Tafeleisberge bleiben in der Nähe der Küste der Antarktis«, führt der Eisforscher aus. B17B dagegen hatte damals schon mehr als die Hälfte der Strecke nach Australien zurückgelegt. Kaum 1 700 Kilometer vor der Küste des Fünften Kontinents schwamm nun eine 19 Kilometer lange und 7 Kilometer breite Eisplatte, die immerhin ein Drittel der Stadtfläche von Köln hatte.

Seinen langen Weg in Richtung Australien begann B17B im Jahr 2000 als Teil des Ross-Schelfeises an der Küste der Antarktis. Dort fließt der Eispanzer vom Südpol kommend in eine riesige Bucht und schwimmt als viele Hundert Meter dicke Eisplatte von der Größe Frankreichs auf dem Meer. Da es auf drei Seiten mit den Gletschern der Antarktis verbunden ist und dort festen Halt findet, ist das Ross-

Schelfeis sehr stabil. Sobald es aber aus der Bucht herauswächst, gibt es keine seitlichen Stützen mehr. »Dann können riesige Tafeleisberge abbrechen«, erklärt Klaus Grosfeld. Das passiert allerdings nur alle dreißig bis fünfzig Jahre einmal.

Mit 400 Quadratkilometern hatte die B17 genannte Platte, die im Jahr 2000 vom Ross-Schelfeis abbrach, recht genau die Fläche der Stadt Köln. Auf große Reise Richtung Norden aber gehen diese Trümmer normalerweise nicht. Denn eine kräftige Strömung, die gegen den Uhrzeigersinn rund um die Antarktis fließt, hält sie in der Nähe der Küste. Im rund minus ein Grad Celsius kalten Wasser hätte B17 ein langes Leben vor sich gehabt, wenn die Scholle nicht so riesig gewesen wäre. »300 bis 500 Meter sind solche Eisplatten oft dick«, berichtet Klaus Grosfeld. Da aber nur ein Zehntel eines Eisbergs aus dem Wasser ragt, hatte B17 auch einen enormen Tiefgang und saß immer wieder am Meeresboden auf. Die Strömung drückt die Eisplatte dann weiter, der Grund hält sie zurück. So entstehen Spannungen, die schon vorhandene Risse und Spalten im Eis verstärken. Irgendwann zerbrechen Tafeleisberge daher. Aus B17 entstanden mehrere Eisberge, von denen einer B17B genannt wurde.

Auch B17B aber stieß immer wieder an Untiefen. Eine davon hat den Kurs des Eisbergs wohl so abgelenkt, dass er aus dem Küsten-Ringstrom heraustrieb. 2009 begann der ungewöhnliche Weg der riesigen Eisplatte. Weit draußen vor der Küste der Antarktis fließt dann ein weiterer kalter Strom rund um den Kontinent, diesmal allerdings im Uhrzeigersinn. Als B17B auf diesen Ringstrom traf, kehrte das Eis also praktisch in die entgegengesetzte Richtung um. Dort ist das Wasser mit 3 bis 8 Grad Celsius zwar immer noch lausig kalt, seine Temperatur liegt aber deutlich über dem Schmelzpunkt von Eis.

Über dem Wasserspiegel ändert sich dadurch zunächst wenig, bei Lufttemperaturen knapp über 0 Grad taut Eis nur sehr langsam. Unter der Wasserlinie aber schmilzt das Eis vor allem an bereits vorhandenen Rissen viel schneller. Bald dringt Wasser immer weiter in die Risse und trägt die Wärme tiefer ins Eis, das nun immer schneller schmilzt. »Eisberge zerfallen dann rasch in kleinere Bruchstücke«, erklärt Klaus Grosfeld. B17B zog daher bald einen 1 000 Kilometer langen Schweif kleinerer Eisberge hinter sich her. Da die kleinen Eisberge aber oft immer noch die Größe eines Frachtschiffes haben, war diese Situation für den Schiffsverkehr besonders gefährlich: Einen großen Eisberg kann man relativ leicht mit Satelliten im Auge behalten, einen 1 000 Kilometer langen Eisschweif dagegen kaum. Doch wenn im Südsommer das Wasser langsam wärmer wird, schmilzt das Eis und zerbricht zunehmend schneller. Bis zum Jahr 2011 hatten die Satelliten diese Bruchstücke dann aus dem Blick verloren, das Eis von B17B war wieder zu Wasser geschmolzen.

Schmelzendes Schelfeis

Abb. rechts: Schelfeis schwimmt auf dem Meer und kann 100 Meter über den Wasserspiegel aufragen. Menschen wirken auf seiner Oberfläche dann wie Ameisen, die über einen Hügel laufen.

Im Zuge des Klimawandels scheinen Tafeleisberge wie B17 häufiger als früher vom Schelfeis abzubrechen. Normalerweise bricht jedoch vorn nicht mehr Eis ab, als die Gletscher vom Land her nachschieben. Anders aber ist die Situation vor der Antarktischen Halbinsel seit dem Ende des 20. Jahrhunderts. Die höheren Temperaturen lassen dort den Schnee auf dem Schelfeis schmelzen. Das Wasser dringt in Risse im Eis ein, friert fest und dehnt sich dabei aus. So werden die Risse mit der Zeit erweitert, und in den kräftigen Westwinden der Gegend brechen Eisberge entlang dieser Schwachstellen leichter ab, erklärt der Glaziologe Hans Oerter vom AWI in Bremerhaven.

Dann aber kommen auch die Gletscher in Bewegung, die auf dem Festland liegen. Womöglich könnten sogar Teile der Eiskappe der westlichen Antarktis instabil werden, abbrechen und die Wasserspiegel der Weltmeere in kurzer Zeit um einige Meter ansteigen lassen. Das folgern Hernán De Angelis und Pedro Skvarca vom argentinischen Antarktis-Institut in Buenos Aires daraus, wie die Gletscher der Antarktischen Halbinsel auf das Abbrechen des Larsen-B-Schelfeises im Jahr 1995 reagierten. Dieses mehrere Hundert Meter dicke, auf dem Meer schwimmende Schelfeis wirkte auf die mit ihm verbundenen Eisfelder an Land wie ein Widerlager. Als dieser Widerstand nach dem Abbrechen des Larsen-B-Schelfeises verschwand, verdoppelten einige der dahinter liegenden Gletscher in nur ein oder zwei Jahren die

Geschwindigkeit, mit der sie aufs Meer zufließen. Das ermittelten Forscher aus Satellitenaufnahmen. Wenn aber mehr Eis ins Meer fließt, dünnt die Eiskappe aus.

Obendrein zehrt noch ein zweiter Mechanismus am Schelfeis: Im Kontakt mit dem Meerwasser schmelzen die schwimmenden Eismassen des Schelfeises langsam von unten her. Da die Gletscher kontinuierlich neues Eis aus der Antarktis auf das Meer hinaus nachschieben, halten sich das Abschmelzen von unten und die Neubildung von Schelfeis bei konstanten Wassertemperaturen bisher die Waage. Mit der Klimaerwärmung aber werden auch die Temperaturen des Meerwassers unter dem Schelfeis steigen, befürchten viele Klimaforscher. Demnach könnte das Schelfeis in Zukunft schneller schmelzen.

Auch der aufgrund der Klimaerwärmung steigende Meeresspiegel macht den Gletschern der West-Antarktis zu schaffen. Denn er hebt die ins Meer mündenden Eismassen langsam an. Irgendwann könnte auch dadurch der Widerstand wegfallen, sodass die Gletscher schneller fließen. Zwar dürfte es Jahrtausende dauern, bis die West-Antarktis eisfrei wäre. Wenn das gesamte Eis dieser Region schmölze, könnte das jedoch einen Anstieg des Meeresspiegels um 7 Meter bedeuten. Dadurch bekämen in ferner Zukunft Küstenstädte wie Hamburg, Amsterdam, London, Venedig, New York oder Shanghai erhebliche Probleme. Flache Inseln wie die Malediven würden völlig von der Landkarte verschwinden. Wann und in welchem Ausmaß das Schmelzen der West-Antarktis aber beginnen könnte, weiß derzeit niemand.

Als die Gletscher der Eiszeit bis in den Norden Mitteleuropas vordrangen, streiften über die Kältesteppen Sibiriens Säbelzahntiger. Ihre Beute waren die ebenfalls reichlich vorkommenden Pflanzenfresser.

Allerdings gibt es ein Beispiel dafür, dass derartige Schmelzprozesse relativ schnell einsetzen können. Auf dem Höhepunkt der letzten Eiszeit vor rund 20 000 Jahren türmte sich das Eis rund 3 Kilometer hoch über Skandinavien, Spitzbergen und der russischen Insel Nowaja Semlja. Sibirien war damals dagegen weitgehend eisfrei, weil einfach zu wenig Schnee fiel, aus dem sich Gletscher hätten bilden können. Dort tummelten sich in dieser Zeit Mammuts, Wollnashörner und Säbelzahntiger in einer üppigen Steppenvegetation. In Europa dagegen endete der gigantische Gletscher in der

Gegend der heutigen Millionenstädte Berlin und Hamburg. Wo heute Nord- und Ostsee sowie die Barentssee im Norden des europäischen Teils von Russland an die Küsten schwappen, flossen damals die Eismassen direkt auf dem heutigen Meeresgrund. Ganz ähnlich wie damals Nordeuropa sieht die West-Antarktis noch heute aus. Dort bedeckt das Eis größere Inseln und Festland mit einem flachen Meer dazwischen.

Ein solcher Eispanzer kann durchaus mehr als 1 000 Meter unter dem Meeresspiegel noch auf Grund fließen. Fällt der Ozeanboden weiter ab, schwimmt das Eis jedoch auf und ragt als bis zu 150 Meter hohes Schelfeis ein Stück weit ins Meer hinaus. Genau wie noch in der Mitte des 20. Jahrhunderts vor der West-Antarktis hielten sich auch im Schelfeis der europäischen Eiskappe auf dem Höhepunkt der Eiszeit Schmelzen und Eisnachschub über lange Zeit die Waage.

Mit einem dicken Pelz gut gegen die eisigen Winde isoliert, weideten Wollnashörner in der Eiszeit die Steppen Sibiriens ab. Noch vor 12 000 Jahren lebten diese großen Säugetiere im Norden der heutigen Schweiz, vor 8 000 Jahren gab es sie noch in der Ukraine.

ÜBERGESCHWAPPT

Weil sie von unten angeschmolzen werden, haben Eismassen wie der Pine-Island-Gletscher in der Antarktis und der Jakobshavns Isbrae auf Grönland seit einigen Jahren ihr Tempo erheblich beschleunigt und transportieren viel mehr Eis als früher in die Weltmeere. Diese Gletscher fließen vom Festland aufs Meer und reichen dort bis in Tiefen von mehr als 1 000 Metern, bevor das Eis sich vom Grund löst. Genau wie Gletscher an Land schürfen auch diese Eismassen den Untergrund ab und lagern das Geröll an der Seite oder vor dem Eis als mächtige Seiten- und Endmoränen ab. Zieht sich der Gletscher ein wenig zurück, bleiben Endmoränen stehen und bilden eine Barriere gegen wärmeres Wasser. In der Amundsensee vor der Antarktis konzentrieren sich die wärmsten Wassermassen zum Beispiel in einer Tiefe von rund 600 Metern. Steigen die Temperaturen, reichen auch die wärmeren Wasserschichten höher und schwappen so unter Umständen über die Endmoräne, vermutet Robert Bindschadler von der amerikanischen Weltraumbehörde NASA. Hinter dieser Barriere sackt das warme Wasser wieder in die Tiefe, erreicht den auf dem Grund liegenden Gletscher und beginnt dort das Eis zu schmelzen. Dadurch löst sich der Gletscher an dieser Stelle vom Grund. Gleichzeitig sinkt der Widerstand gegen das vom Land drückende Eis, und der Gletscher fließt schneller ins Meer.

10 Meter Eisdicke verliert der Pine-Island-Gletscher in der Antarktis durch dieses Abschmelzen jedes Jahr, beim Jakobshavns Isbrae auf Grönland sind es sogar 15 Meter. Solche Prozesse könnten durch weitere Temperaturerhöhungen auch etliche andere Gletscher erfassen und so den Anstieg des Meeresspiegels weiter beschleunigen, befürchtet NASA-Forscher Robert Bindschadler.

Ähnlich wie heute die Gletscher Grönlands dürfte auch die Eiskappe über dem Norden Europas am Ende der letzten Eiszeit riesige Eisberge verloren haben. Damit wurde sie instabil und zerbrach schließlich ganz.

Dann aber wurde es wieder wärmer, der riesige Eispanzer zwischen den heutigen Britischen Inseln, Spitzbergen, dem Eismeer nördlich des Ural und der Norddeutschen Tiefebene schrumpfte. Vor 14 000 Jahren beschleunigte sich dieser Rückgang massiv. Das schmelzende Eis ließ den Meeresspiegel so weit ansteigen, dass sich in der Barentssee immer mehr Eismassen vom Meeresgrund lösten, aufschwammen und schließlich als gigantische Tafeleisberge abbrachen. Beschleunigt wurde dieser Vorgang, weil die dünner werdende Eisdecke weniger schwer auf dem Untergrund lastete, sich so die Reibung verringerte und die Gletscher schneller meerwärts floss.

Es dauerte keine zweitausend Jahre, und die riesige Eisdecke war in einzelne Stücke zerfallen. Nur noch Skandinavien, Spitzbergen und die Insel Nowaja Semlja waren weitgehend von Gletschern bedeckt, die Barentssee dagegen war an den meisten Stellen schon wieder ein Meer. In den kommenden Jahrtausenden zogen sich schließlich auch auf den Landmassen die Gletscher in die höheren Regionen zurück.

Vor der Antarktis jedoch gibt es heute wie damals erheblich mehr Schelfeis als in der Eiszeit vor Europa. Mit einer halben Million Quadratkilometern bedeckt zum Beispiel allein das Ross-Schelfeis eine Fläche, die größer ist als Deutschland und die Schweiz zusammen. Diese schwimmende Eisfläche aber bremst den Gletscherstrom in Richtung Ozean, sie stützt das Eis der Antarktis ab und hält die Gletscher dort stabil. Letztendlich hängt die Stabilität des Eispanzers über der West-Antarktis davon ab, wie stark der Klimawandel dieses Schelfeis ablutschen wird.

They never come back: Das Grönland-Eis

Auch Grönland könnte sich als Sorgenkind des Klimawandels entpuppen. Weil die Temperaturen in den hohen Breiten besonders schnell steigen, könnten dort vor allem die Ränder des Eispanzers schneller als bisher abschmelzen. Dann fließt mehr Eis aus dem Inneren nach, und der Panzer wird dünner. Heute ist das Grönland-Eis stellenweise mehr als 3 000 Meter dick. In dieser Höhe aber liegen die Temperaturen viel niedriger als im Tal. Für die Zugspitze nennt der Deutsche Wetterdienst zum Beispiel eine Jahresdurchschnittstemperatur, die knapp 15 Grad Celsius niedriger ist als im fast 2 900 Meter tiefer liegenden Frankfurt am Main. Schmilzt das Eis Grönlands vollständig ab, würde nicht nur der Meeresspiegel um 7 Meter steigen, sondern auch die Oberfläche Grönlands bis zu 3 000 Meter unter dem heutigen Niveau liegen. Das würde die Temperaturen entsprechend in die Höhe treiben.

Selbst wenn sich das Weltklima also wieder auf niedrigere Temperaturen einpendelt, kommt das einmal geschmolzene Grönland-Eis deshalb nicht so schnell zurück. Der Klimawandel hätte einen Prozess ausgelöst, der zumindest mittelfristig nicht mehr rückgängig zu machen wäre. Schon bei einer Erwärmung um ein bis zwei Grad Celsius im Weltdurchschnitt könnte das Schmelzen des Grönland-Eises beginnen, vermuten die Forscher, und ob oder wie ein einmal angestoßenes Abschmelzen gestoppt werden könnte, wissen sie nicht. Das Weltklima scheint in diesem Bereich einer kritischen Grenze gefährlich nahe zu sein. Unter anderem damit diese Grenze nicht überschritten wird, schlägt der Weltklimarat IPCC vor, sofort sehr entschiedene Gegenmaßnahmen zum Klimawandel zu ergreifen.

Nach der vorletzten Eiszeit, vor rund 130 000 Jahren, lagen die Temperaturen höher als heute. Sie pendelten um ein Niveau, wie es die IPCC-Forscher für das Jahr 2100 vorhersagen, falls die Welt rasch und kräftig gegen den Klimawandel vorgeht. Nördlich des 60. Breitengrades, auf dem zum Beispiel Norwegens Hauptstadt Oslo liegt, war es damals im Sommer durchschnittlich 2,4 Grad Celsius wärmer als heute. Über Grönland lagen die Temperaturen sogar rund 3 Grad höher als heute.

In einer wärmeren Zukunft könnte das Eis Grönlands also ähnlich wie vor 130 000 Jahren reagieren. Damals aber hat es sich viel weiter zurückgezogen, als es das bis heute getan hat, berechnet der AWI-Forscher Philippe Huybrechts in Bremerhaven. Auf Grönland blieb vermutlich nur ungefähr halb so viel Eis übrig, wie sich dort heute befindet. Das Schmelzwasser könnte den Meeresspiegel damals angehoben haben. Zumindest wissen die Forscher sicher, dass der Wasserspiegel zwischen 2,20 und 3,40 Meter höher als heute lag.

Übrig blieben im Großen und Ganzen nur zwei mächtige Eisschilde: ein kleinerer im Süden und ein erheblich größerer weit im Norden der Insel. Da beide Gletschermassen ähnlich hoch wie heute über dem Meeresspiegel aufragten, fielen die Flanken des Eises erheblich steiler als heute ab, ergänzt Eis-Spezialist Heinz Miller vom AWI. Als die Klimabedingungen Jahrtausende später wieder auf »kälter« drehten und die jüngste Eiszeit begann, konnte sich die Eisdecke Grönlands von diesen hohen Kappen ausgehend wieder erholen. Damit der heutige Eispanzer Grönlands langfristig eine Chance hat, müsste also rasch und entschieden gegen den Klimawandel angegangen werden.

Das große Schmelzen könnte nämlich bereits begonnen haben. Mit Mikrowellen-Sensoren auf Satelliten sieht AWI-Forscher Wolfgang Dierking einen deutlichen Trend: Um die Eiskappe Grönlands liegt schon lange ein Ring, in dem das Eis schmilzt. Diese Schmelzzone aber wird seit 1978 breiter. Ein »Scatterometer« genanntes Satelliteninstrument wiederum beobachtet die Dauer der Schmelzsaison und zeigt, dass selbst im Norden Grönlands die Schmelztage seit dem Jahr 2000 zugenommen haben.

Schräge Seen

Völlig anders ist dagegen die Situation über der Ost-Antarktis. Dort liegen über weiten Teilen die Temperaturen heute das ganze Jahr so tief, dass ein Schmelzen auch bei kräftig steigender Quecksilbersäule kaum zu befürchten ist. Gleichzeitig verdunstet durch das wärmere Wetter mehr Wasser aus den Meeren, das über den Eismassen der Welt meist als Schnee wieder zu Boden rieselt und so die Gletscher womöglich sogar wachsen lässt.

Und doch haben Forscher ausgerechnet in dieser kältesten Region der Erde flüssiges Wasser gefunden. Natürlich würde sich ein See inmitten der heulenden Winde auf dem antarktischen Hochplateau bei Durchschnittstemperaturen um minus 50 Grad Celsius praktisch schlagartig in eine gigantische Schlittschuhbahn verwandeln. Doch tief unter der Eisdecke muss ein riesiger See mit flüssigem Wasser liegen. Das behaupteten bereits 1974 russische Wissenschaftler, die genau an diesem Kältepol der Erde 1957 die Forschungsstation Wostok gebaut hatten. Anders ließen sich die Radarechos aus der Tiefe jedenfalls nicht erklären, mit denen die Russen das Eis »durchleuchtet« hatten. 1996 wurde durch eine Kombination verschiedener Messmethoden die Existenz des Wostok-Sees dann endgültig bewiesen.

Der Wostok-See unter der gleichnamigen russischen Station ist zwar riesig, wirkt aber winzig gegen den weit mehr als 3 Kilometer dicken Eispanzer über dem Gewässer.

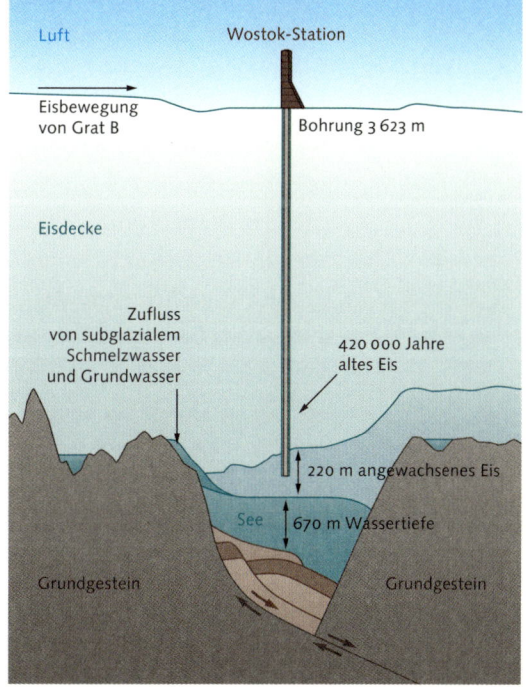

»Eine mächtige Eisschicht und recht wenig Schneefall an der Oberfläche lassen einen solchen See entstehen«, erklärt der Glaziologe Heinz Miller vom AWI in Bremerhaven die Entstehung des verblüffenden Gewässers. Eine halbe Million Jahre benötigt eine der selten fallenden Schneeflocken, um sich in Eis zu verwandeln und langsam bis zum unteren Rand des rund 4 000 Meter dicken Eispanzers zu sinken. Auf dem langen Weg in die Tiefe kühlen von oben die extrem frostigen Temperaturen das Eis, während die Wärme aus dem Erdinneren von unten heizt. Je tiefer die Wissenschaftler bohren, umso wärmer wird das Eis. In rund 4 000 Metern Tiefe zeigt das Thermometer schließlich minus 3 Grad Celsius. Weil dort unten auch noch das gewaltige Gewicht des Eises mit rund dem 360-Fachen des Luftdrucks an der Erdoberfläche auf den tiefer liegenden Schichten lastet, schmilzt das Eis – bei eben diesen minus 3 Grad, wie sich in Tabellen in einschlägigen Physiklehrbüchern nachlesen lässt. Das flüssige Wasser aber sammelt sich in Mulden und Vertiefungen. So entstehen tief unter dem Eis Gewässer, die auf den ersten Blick einem See ähneln.

Mehr als hundert derartiger Seen haben Forscher inzwischen mithilfe von Radarwellen unter dem Eis der zentralen Antarktis gefunden. Der Wostok-See unter der gleichnamigen russischen Forschungsstation ist mit rund 270 Kilometern Länge und knapp 50 Kilometern Breite das größte dieser Gewässer. Knapp 1 000 Meter sind es an der tiefsten Stelle bis zum Grund. Insgesamt soll das 18-fache Volumen des Bodensees an die eisigen Ufer des Wostok-Sees schwappen.

Für Menschen wäre das ein gespenstischer Ort: Bereits die massive Decke aus Eis direkt über dem Wasser würde sicherlich beklemmende Gefühle auslösen. Noch viel unheimlicher aber wirkt die Wasseroberfläche selbst: Sie ist schräg und fällt von Süd nach Nord um rund 300 Meter ab. Diese völlig ungewohnte Schräglage eines stehenden Gewässers sorgt für ein weiteres Phänomen. Da die Oberfläche des Eises über dem See relativ eben und nicht abschüssig ist, liegen über dem Nordufer des Sees 300 Meter mehr Eis als über dem Süden. Daher lässt der höhere Druck im Norden das Eis schmelzen, während das Wasser bei geringerem Druck im Süden wieder an der kalten Eisdecke über dem See festfriert. Dieser Prozess sorgt für einen laufenden langsamen Austausch des Wassers im See, der rund 40 000 Jahre dauert, haben AWI-Wissenschaftler ausgerechnet.

Heinz Miller ist überzeugt davon, dass in der ewigen Dunkelheit des Wostok-Sees Leben existiert. »Chemische Verbindungen, die lebenden Organismen Energie liefern, finden sich auch in der Tiefe«, meint der AWI-Forscher. Das Leben selbst könnte einst in den Sedimenten eingeschlossen worden sein, als sich darüber Eis bildete. Oder es ist langsam in einer halben Million Jahre von der Oberfläche bis zum flüssigen Wasser durch das Eis gesunken.

Bis zum Jahr 2010 war es aber noch nicht gelungen, das mögliche Leben in der Tiefe zu untersuchen. Russische Wissenschaftler haben zwar eine Bohrung bis 130 Meter über der See-Oberfläche gemacht. Dort aber haben sie auf weitere Arbeit erst einmal verzichtet, um keine Organismen von oben in den See einzuschleppen. Das wäre nämlich nicht nur eine Umweltkatastrophe für ein Gewässer, das von den Aktivitäten der Menschheit bisher völlig unberührt geblieben ist. Es würde auch die Forschung gefährden, weil man nur schwer unterscheiden könnte, ob gefundenes Leben wirklich aus der Tiefe stammt oder von oben eingeschleppt wurde. ⚏

Im Eis des hohen Nordens finden Forscher häufig die Überreste von Mammuts, die bis vor einigen Jahrtausenden dort lebten.

Tiefkühlkost:
Permafrost dominiert ein
Viertel der Welt

Beim Stichwort »gefrorener Untergrund« denken wohl die meisten Menschen an die Antarktis und vielleicht noch an Grönland. Doch das Reich der Kälte ist viel größer. Für ein Viertel der gesamten Landfläche der Erde verwenden Wissenschaftler den Begriff »Permafrost«. Vor allem zwischen Sibirien und dem Norden des amerikanischen Doppelkontinents bleibt der Boden das ganze Jahr über gefroren, im Sommer tauen allenfalls die obersten 2 oder 3 Meter auf. Dauerfrostboden gibt es aber auch in großen Höhen von Gebirgen wie dem Himalaya und den Alpen, die weit außerhalb der Polargebiete liegen. Selbst unter Inseln im Südpolarmeer wurde bereits Permafrost entdeckt. So unglaublich es klingen mag: Im gefrorenen Boden existiert Leben. Wer diesem seine Geheimnisse entlocken möchte, hat jedoch ein hartes Stück Arbeit vor sich.

Abb. links:
Ein wenig karg sieht die Landschaft in weiten Teilen Sibiriens zwar aus. Auf den ersten Blick aber lässt sich kaum vermuten, dass darunter oft mehrere Hundert Meter tief gefrorener Boden liegt.

Gefrorenes Geschichtsbuch

Tagsüber Eis- und Bodenproben nehmen oder Mammutstoßzähne schleppen, strapaziöse Knochenarbeit im ständigen Kampf mit dem Schlamm und den riesigen Mückenschwärmen und abends dann die Rückkehr in das primitive Zeltcamp im sibirischen Nirgendwo. An die Annehmlichkeiten des normalen Alltags ist nicht zu denken, regelmäßiges Waschen fällt aus, und das Essen besteht aus Getreidebrei, rohem Fisch und Konserven. Wenn Hans-Wolfgang Hubberten von seinen Expeditionen zum Dauerfrostboden im russischen Lena-Delta erzählt, möchte man nicht unbedingt mit ihm tauschen. Doch für ihn gehört das entlegene Gebiet, in dem der riesige Fluss Lena im äußersten Norden Sibiriens in das Eismeer mündet, zu den spannendsten Regionen der Erde. Dort könne man Zehntausende von Jahren zurück in die Klima- und Landschaftsgeschichte blicken. »Und für die künftige Klimaentwicklung werden die arktischen Tundren eine entscheidende Rolle spielen«, glaubt der Mineraloge, der die Forschungsstelle Potsdam des Alfred-Wegener-Instituts leitet. Gemeinsam mit russischen Kollegen verbringen Hans-Wolfgang Hubberten und einige AWI-Kollegen seit 1998 immer wieder einmal den kurzen arktischen Sommer im Lena-Delta.

Dort steht eine Baracke, in der sich auf den 175 Quadratmetern eines geräumigen Einfamilienhauses zwei Laborräume, ein Schlafraum und eine Küche befinden. Im Jahr 2005 wurde dann noch ein Schlafraum errichtet, in dem weitere fünf Forscher leben können und der so gut isoliert ist, dass die Arbeit auch im bitterkalten Winter weitergehen kann. Im Sommer dagegen reichen die Kojen oft nicht aus, und etliche Forscher weichen in Zelte aus, die vor der Baracke aufgestellt werden. Die Wissenschaftler erreichen diese Samoylov-Station nach einem Linienflug von Moskau, Sankt Petersburg oder Jakutsk in die Eismeer-Stadt Tiksi. Von dort geht es dann 45 Minuten mit dem Hubschrauber oder, wenn es die Eisverhältnisse im Sommer zulassen, in einem halben Tag mit dem Schiff weiter zur Station.

Dort untersuchen die Forscher den Permafrost: den Boden, der im Sommer nur an der Oberfläche auftaut, in der Tiefe aber ständig gefro-

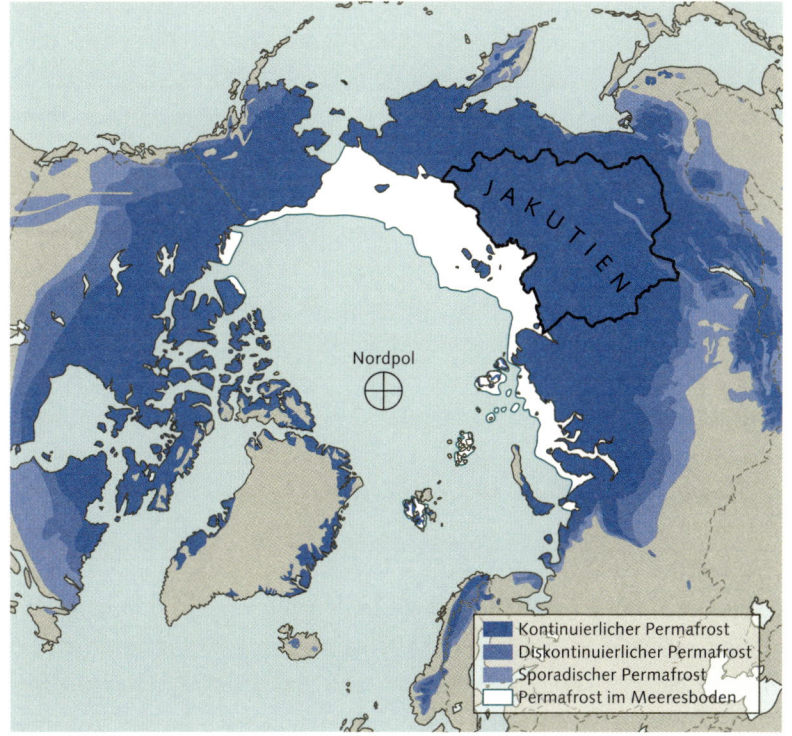

Unter einem Viertel der Landregionen der Erde bleibt der Boden bis in mindestens einige Meter und manchmal sogar weit über 1 000 Meter Tiefe das ganze Jahr gefroren.

ren bleibt. In Sibirien reichen die eisigen Schichten oft besonders tief. Unter der ostsibirischen Stadt Jakutsk zum Beispiel liegen 200 Meter gefrorenes Erdreich. Erst in noch größeren Tiefen schafft es die Wärme aus dem Erdinneren, den Eisboden aufzutauen. In manchen Gegenden Sibiriens gibt es sogar 1 600 Meter tiefen Permafrost, in Skandinavien dagegen ist der Boden oft gerade einmal 20 Meter tief gefroren. Auf der Südhalbkugel wiederum gibt es viel weniger Permafrostböden, weil dort in den höheren Breiten meist riesige Eispanzer die Landoberfläche bedecken. Unter dieser guten Isolationsschicht hält die Erdwärme den Boden auf Temperaturen über dem Gefrierpunkt. Auch in vielen Gebirgen der Nordhalbkugel, deren Hochlagen nicht von Gletschern bedeckt sind, gibt es dauerhaft gefrorenen Boden. Solange die durchschnittliche Jahrestemperatur unter minus einem Grad Celsius bleibt, hält sich der Dauerfrost im Untergrund oder bildet sich sogar neu.

Permafrostböden ergeben äußerst interessante Archive. Längst aus-gestorbene Tierarten sind im Eis zum Teil mit Fell und Fleisch erhalten geblieben. In Nordostsibirien füttern Hirten ihre Hunde mitunter mit Mammutfleisch aus der letzten Eiszeit. Bei einer einzigen Expedition haben die Forscher des AWI mehr als eine Tonne Knochen von Mam-muts und Pferden, Wollnashörnern und anderen Eiszeittieren zusam-mengetragen. Gerade im Lena-Delta finden sich deren Überreste be-sonders leicht. Denn an den Küsten fallen bis zu 40 Meter hohe Klippen steil in die Laptew-See. Dort haben die Wellen alte Bodenschichten und auch die darin eingeschlossenen Überreste der Eiszeittiere freige-legt.

Trockenfisch und Dauerfrostböden

Einige Hundert Kilometer südlich vom Lena-Delta und von der For-schungsstation Samoylov haben Guido Große von der University of Alaska in Fairbanks und Lutz Schirrmeister vom AWI in Potsdam ein anderes Sibirien auf Dauerfrostboden erlebt: Lärchen- und Birken-wälder, unendliche Weite. Einsame, kalte Flüsse und riesige Seen, Lachse vom Lagerfeuer und Beeren zum Nachtisch. Seit seiner ersten Forschungsreise im Jahr 2001 ist der Geologe Guido Große schon mehrfach in dieses Bilderbuch-Sibirien in der weit im Osten gelege-nen, zu Russland gehörenden Republik Jakutien zurückgekehrt.

Dabei hat er auch Unerwartetes gelernt. So weiß er jetzt, dass ver-gorene Stutenmilch durchaus genießbar ist – solange man beim Trin-ken nicht durch die Nase einatmet. Und beim Trockenfisch-Essen wird er in Zukunft immer am Rücken anfangen. Denn im Bauch des Flossentieres könnte sich noch nicht völlig getrocknetes Gedärm ver-bergen, das beim Weg durch die Speiseröhre reichlich unangenehme Gefühle auslöst.

»Eigentlich wollten wir in Jakutsk hauptsächlich im Archiv arbei-ten«, erinnert sich Lutz Schirrmeister an die ersten Expeditionen. Denn in der Hauptstadt Jakutiens befindet sich das Institut für Permafrost-forschung, in dessen Schränken massenweise unveröffentlichte Informationen schlummern. Also verbringen die Besucher aus Potsdam Stunde um Stunde vor Karten und russischen Expeditionsberichten. »Heute war nicht viel los«, notiert Guido Große dann in seinen Reisenotizen. Doch es gibt aufregendere Tage, etwa wenn Expeditionen entlang der Lena anstehen.

TAIGA

In einem riesigen Gürtel quer durch Nordamerika und Eurasien von Lappland bis nach Ostsibirien und von Alaska bis nach Labrador sind die Sommer kurz, und die kalten Winter bringen oft länger als ein halbes Jahr Eis und Schnee. Für viele Laubbäume ist das Klima in dieser »borealen Zone« zu harsch. Endlose Nadelwälder mit Fichten, Tannen, Kiefern und Lärchen prägen das Bild. In Nordamerika und Ostasien gibt es relativ viele verschiedene Baumarten, in Europa und Sibirien dagegen ist die Auswahl der pflanzlichen Überlebenskünstler eher gering. In Nordeuropa ist zum Beispiel ein dunkler Fichtenwald typisch für diese Zone, im öst-

lichen Sibirien ein reiner Lärchenwald, der im Winter die Nadeln abwirft. Diese eher eintönigen Wälder mit nur wenigen anderen Baumarten wachsen dann auf riesigen Flächen: Die sibirische Taiga gilt als das größte zusammenhängende Waldgebiet der Erde.

Neben Wäldern prägen auch Moore die Landschaft. Das größte Moorgebiet der Welt liegt in der westsibirischen Niederung, die sich vom Ural aus 1800 Kilometer nach Osten erstreckt. In diesem riesigen Mosaik aus Moorseen und federnden Torfböden lagern immerhin 40 Prozent der gesamten Torfvorräte der Erde.

Das Abenteuer beginnt schon mit der Vorbereitung. Denn Einkäufe erledigt man in Jakutsk entweder auf dem orientalisch anmutenden Markt oder in Gemischtwarenläden mit sehr speziellen Sortimenten: »Schokolade, Nudeln, Videokassetten, Tampons, Wodka«, beschreibt Guido Große das Angebot. »Wurst, Käse, Pullover, Fischerstiefel, Wodka.« Oder: »Kunststoff-Enten-Imitate, Reusen, Karabiner, halbautomatische Maschinenpistolen, ungewöhnlicherweise kein Wodka.«

Bestens ausgerüstet macht sich das Team dann daran, ein Stück der 4400 Kilometer langen Lena zu erkunden. Die gewaltigen Wasserlandschaften eines der größten Flüsse der Erde gleiten vorbei. Zwischendurch aber heißt es arbeiten. Das Schiff hält an verschiedenen Punkten, an denen der Fluss sogenannte Eiskomplexe angeschnitten hat. Das sind Permafrostböden, die mehr Eis als Sediment enthalten. Riesige Frostrisse reichen im Winter tief in die Erde. Jedes Frühjahr sammelt sich darin Schmelzwasser, das im eisigen Untergrund gleich wieder gefriert – nur um im nächsten Winter wieder aufzureißen und Platz für neues Schmelzwasser zu schaffen. Über Jahrtausende entstanden so bis zu 8 Meter breite und 40 Meter lange Eiskeile. Das jüngste Eis findet sich im Inneren eines solchen Keils, die ältesten Schichten liegen außen. In manchen dieser Frostrisse finden die Forscher 50 000 Jahre altes Eis.

In diesem gefrorenen Geschichtsbuch zu lesen, ist allerdings mühselig: »Um zu unserem Eiskomplex zu gelangen, müssen wir wieder einmal das Uferkliff bis ganz nach oben kraxeln«, notiert Guido Große. »Im Gepäck Probenbehälter, Spaten, Beile, Hämmer, Tüten, eine Kettensäge, Fotoapparate.« Manchmal versteht der Forscher selbst kaum, warum er immer wieder »im stinkenden, schwarzen, eiskalten und unglaublich haftenden Schlamm« steht und »beharrlich Pröbchen für Pröbchen aus den noch gefrorenen Bodenschichten vergangener Zeiten hackt«. Die Erkenntnis, dass es sich gelohnt hat, kommt irgendwann später.

Wie gigantisch die Eiskeile im sibirischen Dauerfrostboden sind, erkennt man oft erst, wenn ein Mensch auf ihnen steht. Mehr als 40 Meter lang und ein paar Jahrtausende alt kann so ein Eiskeil sein.

AWI-Wissenschaftler haben eine Methode entwickelt, mit der sie aus Eiskeilen die Temperaturen vergangener Zeiten rekonstruieren können. Sie bestimmen zwei unterschiedlich schwere Varianten von Sauerstoff: Sauerstoff-16- und Sauerstoff-18-Atome. Diese beiden Isotope finden sich auch in den Wassermolekülen des geschmolzenen Schnees, aus dem sich später die Eiskeile bilden. Das Verhältnis der beiden Varianten ist vom Klima bedingt: Je kälter es wird, umso weniger der schwereren Sauerstoff-18-Atome enthalten Schnee und Eis. Denn bei niedrigen Temperaturen können diese schweren Teilchen kaum verdunsten, und die leichteren Sauerstoff-16-Atome reichern sich im Niederschlag an. Eiskeile sind aber nicht die einzigen Klimazeugen, die im Permafrostboden überdauert haben. Wie in einem Tiefkühlarchiv lagern dort jahrtausendealte Pollen, Pflanzenreste und Tierknochen. Und jedes dieser Überbleibsel liefert den Forschern ein weiteres Puzzleteilchen für ihr Bild von der Klimageschichte Sibiriens.

Manchmal müssen sie dabei althergebrachte Vorstellungen revidieren. Früher haben Experten beispielsweise angenommen, Sibirien sei während der letzten Eiszeit komplett vergletschert gewesen. Das aber kann nicht stimmen: Im Permafrostboden finden sich unzählige

Die von der dunklen Linie eingegrenzte Republik Jakutien ist mit mehr als 3 Millionen Quadratkilometern fast so groß wie die Europäische Union, bildet aber keinen eigenen Staat, sondern ist ein Teil Russlands.

Knochen von Tieren, die in einer solchen Eiswelt nicht hätten überleben können. Riesige Herden von Mammuts und Wollnashörnern,
Pferden und Bisons schufen damals Afrika-Flair in der Arktis, sogar
Löwen hat es gegeben. Nach und nach rekonstruieren die Forscher aus
diesen Puzzleteilen Klima und Landschaft der letzten Eiszeit. »Während damals die Gletscher vor Berlin lagen, herrschte im Lena-Delta
im Sommer schon ein ähnliches Klima wie heute«, schließt Hans-
Wolfgang Hubberten aus den Analysen. Es schneite einfach zu wenig,
als dass sich eine Eisschicht aufbauen konnte. Das Bild von einem weitgehend vergletscherten Eiszeit-Sibirien ist damit überholt.

VERWANDTE AUS DER EISZEIT

Die nächsten lebenden Verwandten der einst in Sibirien lebenden Mammuts trotten heute durch Länder
wie Indien und Thailand, haben Michael Hofreiter von
der Universität im englischen York und Svante Pääbo
vom Max-Planck-Institut für evolutionäre Anthropo-
logie in Leipzig herausgefunden. Die Forscher haben
aus einer kleinen Probe von etwa 200 Milligramm
Mammutknochen das Erbgut DNA isoliert. Zwar hatte
der Zahn der Zeit die DNA bereits recht weit zersetzt,
anhand verschiedener Tricks aber konnten die Wissenschaftler die Reihenfolge der Bausteine in einem Teil
des Erbgutes doch noch ermitteln. Die so entschlüssel-
te Sequenz verglichen sie dann mit der Reihenfolge der
Bausteine im Erbgut der heutigen Elefanten.

Demnach hat sich die Linie der Afrikanischen Elefanten vor etwa 6 Millionen Jahren von der Linie der
Mammuts getrennt. Nur 440 000 Jahre später spalte-
ten sich auch die Asiatischen Elefanten von den Mammuts ab. Viele Jahrtausende lebten Mammuts und
Elefanten dann nebeneinander. Die meisten Mammuts
verschwanden erst am Ende der letzten Eiszeit vor
etwa 10 000 Jahren. Ein kleiner Mammutbestand auf
der Wrangel-Insel in Ostsibirien ist sogar erst um das
Jahr 1700 vor Christus ausgestorben.

Das weitgehend eisfreie eiszeitliche Sibirien aber wirft neue Rätsel
auf. Denn in Meeressedimenten haben Wissenschaftler Hinweise darauf gefunden, dass in der Vergangenheit mehrfach große Mengen
Süßwasser in die nordsibirische Laptew-See geflossen sein müssen.
Woher aber stammte dieses Wasser, wenn nicht vom schmelzenden
sibirischen Eispanzer? Die Potsdamer Forscher vermuten, dass nicht
die gesamte Landschaft, sondern nur der Gebirgszug entlang der Lena
vergletschert war. Das dortige Eis könnte ins Lena-Tal hinabgeflossen

sein und den Fluss zeitweise gestaut haben. Irgendwann haben die Fluten den Eisdamm dann wieder durchbrochen und sind Richtung Meer geströmt. Ein Indiz für einen solchen großen Aufstau ist der Flusssand, den die Forscher 50 Meter über dem heutigen Niveau der Lena gefunden haben.

Die Wissenschaftler interessieren sich aber nicht nur für die Vergangenheit der sibirischen Taiga. »Wenn wir die Entwicklung der letzten Jahrtausende besser verstehen, können wir auch die Klimamodelle für die Zukunft verfeinern«, erläutert Lutz Schirrmeister. Dabei müssen die Forscher nicht nur ein mögliches Auftauen des Permafrosts infolge steigender Temperaturen berücksichtigen. Auch zunächst unscheinbare Geländemulden können großflächige Schmelzprozesse auslösen. Denn in diesen Vertiefungen sammelt sich Wasser. Und sobald einer dieser Seen tiefer als 2 Meter wird, friert er im Winter nicht mehr komplett durch. Er wärmt den darunterliegenden Boden, der daraufhin weiter auftaut. Dadurch sammelt sich noch mehr Wasser – ein sich selbst verstärkender Prozess, den man »Thermokarst« nennt. »Oft genügt schon eine Fahrzeugspur, um diesen Mechanismus in Gang zu setzen«, so Lutz Schirrmeister.

Wissenschaftliche Expeditionen beginnen in Jakutien meist auf dem orientalisch anmutenden Markt von Jakutsk. Dort erhält man mit ein wenig Glück die für das Gelingen des Unternehmens notwendigen Utensilien wie Nudeln, Schokolade, Wurst und Wodka.

So manches landwirtschaftliche Bewässerungsprojekt in Sibirien ist schon am Thermokarst gescheitert. Denn der schmelzende Permafrostboden sackt und verwandelt das geplante Kartoffelfeld in eine nicht zu bearbeitende Buckelpiste. Ein guter Boden nützt einem sibirischen Bauern also überhaupt nichts, sobald sich darauf Wasser staut. Auch die Infrastruktur der auftauenden Regionen leidet unter dem Absacken des Bodens. Viele Bahnstrecken sind deformiert, die Rollbahnen von Flughäfen sind in einem miserablen Zustand, Öl- und Gasleitungen brechen. Und lange Risse durchziehen die Fassaden von Gebäuden. Die Natur der Taiga ist rau. »Aber die Menschen, die hier leben, versuchen es, ringen dem Ganzen mal mehr und mal weniger ab«, notiert Guido Große.

Ein Lager für Kohlenstoff

Permafrostforscher haben nicht nur die bereits sichtbaren Auswirkungen des Klimawandels auf den Permafrost im Blick. Sie vermuten auch, dass die Eisböden der Nordhalbkugel die globale Klimaentwicklung beeinflussen werden. Denn die Pflanzen in den kalten Moorlandschaften dieser Regionen haben seit der letzten Eiszeit gewaltige Mengen Torf gebildet. In Nordsibirien zum Beispiel sind die Torfschichten mancherorts mehrere Hundert Meter dick. Dieses Material aber enthält gewaltige Mengen Kohlenstoff. Wissenschaftler schätzen, dass in den Permafrostböden der Arktis 455 Milliarden Tonnen dieses Elements lagern. Nach Angaben des UN-Weltklimarates IPCC ist das ein Viertel der gesamten Kohlenstoffvorräte in den Böden der Welt.

Gebildet haben sich diese riesigen Kohlenstoffspeicher, weil die Pflanzen in den kalten Regionen schneller Biomasse aufbauen, als die Bakterien gleichzeitig zersetzen können. Die Gewächse nehmen Kohlendioxid aus der Luft auf und bauen den darin enthaltenen Kohlenstoff in ihre Blätter, Stängel und Wurzeln ein. Sterben sie dann später ab, bleiben sie weitgehend als Torf erhalten und zersetzen sich kaum. Die Pflanzen transportieren somit Kohlenstoff aus der Atmosphäre in den Boden.

Jenseits des Polarkreises haben Bäume oft keine Chance. Zwar geht die Sonne im kurzen Sommer dieser Regionen nie unter, dafür aber ist der Winter sehr lang, kalt und dunkel. Der Boden taut selbst im Sommer nur an der Oberfläche auf, in tiefer gelegenen Schichten bleibt er ständig gefroren. Daher können Regen und Tauwasser schlecht versickern, sodass viele Stellen sumpfig bleiben.

Pflanzen haben dort höchstens vier Monate Zeit zum Wachsen, Blühen und Samenbilden. Nur Spezialisten können dieses Rennen gegen die Zeit gewinnen. Kilometer um Kilometer erstreckt sich daher eine baumlose Tundra, auf der vor allem Flechten, Moose, Gräser und verkümmerte Zwergsträucher wachsen.

Das weltweit größte Gebiet mit einer derartigen Vegetationsform liegt im nördlichen Sibirien und bringt es mit rund 3 Millionen Quadratkilometern immerhin auf eine größere Fläche als das Land Argentinien. Ein paar Farbtupfer gibt es an steilen, steinigen Südhängen, die sich im Sommer relativ stark erwärmen. Dort finden sich die »Blumengärten« der Tundra, in denen zum Beispiel die rosafarbenen Blüten des Gegenblättrigen Steinbrechs oder der Lappland-Alpenrose leuchten.

Doch obwohl die Zersetzungsprozesse langsam ablaufen, bauen Bakterien einen Teil des Torfes in der auftauenden Schicht auch wieder ab. Wenn Sauerstoff zur Verfügung steht, wird dabei wieder Kohlendioxid frei. In sehr nassen Böden dagegen gibt es kaum Sauerstoff, und es entsteht Methan. Beide Verbindungen beeinflussen das Klima, Methan ist als Treibhausgas sogar mehr als 20-mal so wirksam wie Kohlendioxid. Wissenschaftler interessieren sich brennend dafür, welche Mengen der beiden Gase schon heute aus den Permafrostböden der Arktis strömen – und ob diese Treibhausgasquellen künftig stärker sprudeln werden.

Schläfer im ewigen Eis

AWI-Forscher Hans-Wolfgang Hubberten und Torsten Sachs vom unmittelbar benachbarten Deutschen GeoForschungsZentrum (GFZ) in Potsdam stapfen schon seit einigen Sommern durch das 230 Kilometer breite Mündungsdelta der Lena. Die Landschaft ähnelt dort einem Mosaik von Reisfeldern irgendwo in Südostasien: Kleine Dämme rahmen eckige Flächen ein, auf denen Wasser steht. Allerdings konstruieren nicht Reisbauern, sondern eisige Winter und milde Sommer diese Vielecke. Außer der ähnlichen Form gibt es noch eine Gemeinsamkeit zwischen den arktischen Polygonen und den Reisfeldern: Aus beiden blubbert das Treibhausgas Methan in die Atmosphäre und treibt dort die Temperaturen in die Höhe.

In der Umgebung der Forschungsstation Samoylov bauen die Forscher auf verschiedenen Flächen Plexiglaskästen auf, die jeweils einen halben Meter lang und breit und unten offen sind. Strömt Methan aus dem Boden unter der Kammer, fangen die Kästen das Gas auf. Torsten Sachs muss jetzt nur noch alle 45 Sekunden messen, wie viel Methan in der Kammer ist. Aus diesen Daten kann er leicht ausrechnen, welche Mengen des Gases an einem Sommertag aus seiner Messfläche in die Luft an der Eismeerküste Sibiriens strömen.

Wie viel Methan die Permafrostgebiete der Welt insgesamt in die Luft blasen, kann der Forscher aus den Verhältnissen auf diesem viertel Quadratmeter allerdings nicht ableiten. Denn der Dauerfrostboden hat verschiedene Gesichter. Auf 80 Prozent der Permafrostböden Sibiriens wächst Nadelwald, andernorts gedeiht nur das karge Gras der Tundra. Dadurch aber unterscheiden sich auch die Methan-Mengen, die aus dem Boden in die Luft gelangen. Taut die Sommersonne die Oberfläche auf, staut sich dort das Schmelzwasser. Denn schon in einem halben Meter Tiefe verhindert der Permafrost jeden Abfluss. So bildet sich ein kleiner Sumpf, in dem das Wasser bis zur Oberfläche steht, Sauerstoff aber Mangelware ist. Unter diesen Bedingungen atmen die Mikroorganismen in den wässrigen Flächen Methan aus. Torsten Sachs misst dann etliche Milligramm des Gases, die pro Tag aus einem Quadratmeter strömen.

Schon ein paar Meter weiter aber kommt auf den kleinen Wällen rings um die Sumpfflächen praktisch gar kein Methan aus dem Boden. Von dort fließt nämlich das Schmelzwasser ab, und im trockenen Untergrund gibt es viel Sauerstoff, mit dessen Hilfe Mikroorganismen Methan in das erheblich schwächere Treibhausgas Kohlendioxid umwandeln. Doch auch die Sümpfe liefern sehr unterschiedliche Methan-Mengen an die Luft. Aus Wasserflächen ohne Gewächse kommt kaum

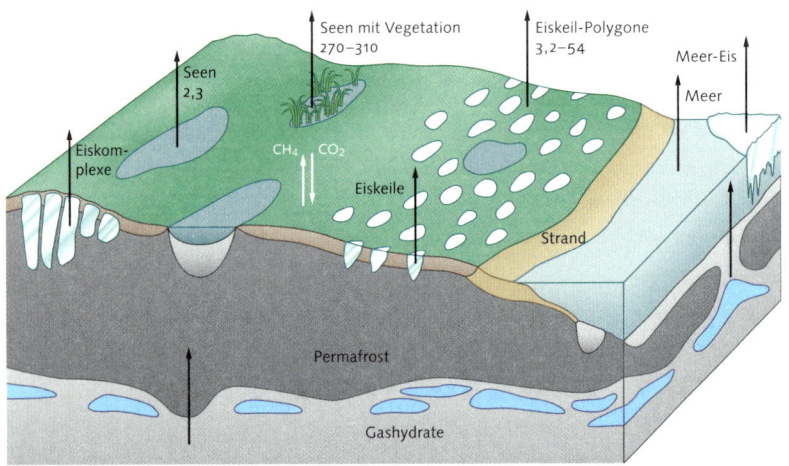

Methan. Ragen dagegen Seggen aus dem Wasser, transportieren diese Sauergräser Luft zu ihren Wurzeln. Im Gegenzug strömt Luft aus dem Boden, die sehr viel Methan aus der »Bakterienverdauung« enthält. »Die Seggen leiten das Methan wie ein Kamin nach oben«, erklärt Torsten Sachs diesen Effekt.

Selbst wenn sich im Herbst schon wieder eine Eisschicht über die Tundra gelegt hat, stellen die Bakterien die Methan-Produktion noch nicht ein. Denn unter dem Eisdeckel finden sie zunächst noch genügend ungefrorenes Wasser. Und davon hängt die Methan-Produktion offenbar entscheidend ab, schließen die AWI-Mitarbeiter aus ihren Messungen. Das im Herbst gebildete Treibhausgas sammelt sich unter dem Eis und steigt im nächsten Frühjahr in die Luft.

Auch die Luftbewegung steuert die Methan-Emissionen: Weht ein kräftiger Wind, saugt er das Klimagas regelrecht aus dem Boden. Noch einmal anders können die Verhältnisse auf dünnen Dauerfrostböden wie in Skandinavien sein. Dort bilden sich im eisigen Untergrund im Sommer Spalten und Risse, durch die das Schmelzwasser in die Tiefe sickert. Diese Böden trocknen ab und enthalten in der Nähe der Oberfläche reichlich Sauerstoff aus der Luft. In der Tiefe produzieren zwar Bakterien immer noch reichlich Methan. Das aber nutzen andere Mikroorganismen in den oberen Bodenschichten. Sie verwandeln es in Kohlendioxid, sodass kaum noch Methan aus den Böden kommt. »Das Gleiche gilt auch für Permafrost, auf dem Wald wächst«, hat Hans-Wolfgang Hubberten von russischen Kollegen erfahren, die in der sibirischen Taiga den Klimawandel und die Kohlenstoff-Bilanz beobachten.

Im Permafrost sind aber auch Bakterien eingefroren, die viele Tausend Jahre lang eine Art permanenten Winterschlaf halten. Weil ihre Lebensprozesse, wenn auch extrem verlangsamt, weitergehen, produzieren diese »Schläfer« ebenfalls winzige Mengen Methan. Im Laufe der Jahrtausende aber sammelt sich das Klimagas im Permafrostboden und kann schlagartig frei werden, wenn der Boden aufgrund des Klimawandels zum ersten Mal auftaut. »Wie viel Methan diese Schläfer angesammelt haben und welche Mengen davon der Klimawandel freisetzen könnte, weiß heute noch niemand«, führt Hans-Wolfgang Hubberten aus.

Mit einiger Sorge denkt der AWI-Forscher auch an die Küste Sibiriens und die flachen Wasserbereiche davor. Dort hatte sich in der letzten Eiszeit ein bis zu 450 Meter tiefer Permafrostboden gebildet. Am Ende der Eiszeit stieg der Meeresspiegel und überflutete diese Bereiche. Das kalte Wasser des Nordpolarmeers kann diesen Boden bisher nicht auftauen. Das könnte sich aber ändern, wenn der Klimawandel der Arktis kräftig einheizt. Dann könnte der Permafrost unter dem Meeresspiegel Löcher bekommen. Unter dieser eisigen Schicht aber könnten größere Mengen sogenannter Methanhydrate lagern, die durch diese Löcher dann schlagartig große Methan-Mengen freisetzen könnten.

Messen kann man diese Vorgänge im Prinzip nur vom Flugzeug aus, von wo aus sich eine relativ große Fläche beobachten lässt. Für diesen Zweck haben das GFZ und das Institut für Umweltphysik der Universität Bremen gemeinsam einen »Methane Airborne Mapper« oder kurz »MAMap« entwickelt. Aus 1 000 Metern Höhe misst dieses gut 120 Kilogramm schwere Spektrometer-Gerät bei einem Tempo von 200 km/h kontinuierlich die Methan-Konzentration über einer 35 Meter langen und 25 Meter breiten Fläche. Die ersten großen Flugmissionen sollen 2011 stattfinden – und die Geheimnisse der großen Unbekannten »Methan aus Permafrostböden« langsam aufzuklären helfen.

Der Kühlschrank taut auf

Im Zusammenhang mit den Methan-Ausgasungen untersuchen die Forscher vor allem die Frage, wie viel Permafrostboden im Zuge des Klimawandels auftaut. Dazu gibt es bereits einige Zahlen: In Russland ist die im Sommer schmelzende Schicht zwischen 1956 und 1990 um durchschnittlich 20 Prozent weiter in die Tiefe vorgerückt. Im Lena-Becken waren es sogar 32 Zentimeter. Und auch in anderen Regionen, vor allem an der südlichen Permafrostgrenze und an der arktischen Küste, ist der Dauerfrostboden auf dem Rückzug. So wanderte zwischen den Jahren 1960 und 2010 die Südgrenze des Permafrostbodens in Kanada im Bereich der Hudson Bay um 130 Kilometer nach Norden.

In Zukunft könnte das Reich des Frostes noch stärker schrumpfen. So gut wie alle Klimamodelle rechnen damit, dass die Temperaturen in der Arktis weiter ansteigen werden. Der Arktis-Klima-Report aus dem Jahr 2004 geht zum Beispiel davon aus, dass sich die südliche Grenze des Permafrostes in den nächsten hundert Jahren um mehrere Hundert Kilometer nach Norden verschieben wird.

Was derartige Entwicklungen allerdings genau für die künftigen Methan-Emissionen bedeuten, ist noch unklar. Denn diese hängen stark von den Niederschlägen und der Feuchtigkeit ab. In feuchten Böden finden die Methan-Produzenten ideale Bedingungen. Auf trockenen Flächen etablieren sich dagegen jene sauerstoffliebenden Bakterien, die Methan in das schwächere Treibhausgas Kohlendioxid umwandeln. Wie stark der auftauende Permafrostboden den Klimawandel weiter in Schwung bringt, hängt entscheidend davon ab, wie die Niederschläge sich verändern werden.

Als künftige Methan-Quelle kommt aber nicht nur der auftauende Oberboden infrage. Immer wieder bohren die AWI-Forscher bei ihren Untersuchungen Kammern im dauernd gefrorenen Untergrund an, aus denen stundenlang Methan blubbert. Noch wissen sie nicht, wann sich dieses Gas gebildet hat oder welche Mengen in der Tiefe lagern. Klar ist aber, dass es bei weiter steigenden Temperaturen dort nicht bleiben wird. An wärmeren Küsten der Tundra wird zum Beispiel

mehr Material abgetragen – und damit öffnen sich auch mehr unterirdische Hohlräume.

Noch haben Wissenschaftler längst nicht alle nötigen Mosaiksteine
zusammengetragen, um ein vollständiges Bild vom Einfluss der Tundraböden auf das Treibhaus Erde zu gewinnen. Gute Nachrichten für
das Klima der Zukunft sind aus den Permafrostregionen leider kaum
zu erwarten.

Den Forschern aus Potsdam und anderen Wissenschaftszentren wird
es daher auch künftig nicht an Arbeit mangeln. In den entlegenen
Regionen Sibiriens haben sie nicht viel Konkurrenz. »Wir profitieren
sehr davon, dass beim AWI in Potsdam viele ostdeutsche Wissenschaftler arbeiten«, erklärt Hans-Wolfgang Hubberten. Sprachkennt-
nisse und Kontakte aus DDR-Zeiten hätten viele Türen zu den russischen Kollegen und Behörden geöffnet, die amerikanischen und
japanischen Forschern verschlossen blieben. Moderne Polarforschung
ist eben eine internationale Angelegenheit. Das gilt natürlich auch auf
der Südhalbkugel. ⮧

*Selbst in den entle-
genen Regionen der
nördlichen Polargebie-
te treffen moderne
Forscher manchmal
auf dort ansässige
Menschen, die zum
Beispiel eine Rentier-
herde hüten. In der
Antarktis bleiben die
Wissenschaftler dage-
gen weitgehend unter
sich – außer ihnen
leben keine Menschen
dauerhaft dort.*

8

Die Eis-Profis:
Pflanzen und Tiere in den
Polargebieten

W enn Doris Abele und ihre Kollegen aus ihrem Labor treten, sind sie in wenigen Schritten am Meer. Doch wer nun mit leisen Neidgefühlen an ein Urlaubsparadies für Sonnenanbeter denkt, liegt falsch. Vor ihrer Tür erwartet die Biologen des Alfred-Wegener-Instituts für Polar- und Meeresforschung nicht das, was man sich als Mitteleuropäer gemeinhin unter einer Strandidylle vorstellt. Dazu ist es einfach zu kalt. Am Ufer glitzern bizarre Skulpturen, die das Wasser aus Eisblöcken geformt hat, und der scharfe Wind peitscht einem oft genug die Schneeflocken ins Gesicht – kleine Nadelstiche, vor denen man sich am liebsten noch tiefer in der Kapuze der Polarjacke vergraben würde. Die Natur ist schroff auf King George Island, das vor der Küste der Antarktischen Halbinsel liegt. Auf den ersten Blick ist dies kein Platz zum Leben. Doch inmitten von Schnee, Felsen und Einsamkeit leuchtet eine Handvoll roter Gebäude: die argentinische Forschungsstation Jubany.

Abb. links: Die kargen Landschaften von Arktis und Antarktis sehen auf den ersten Blick lebensfeindlich aus. Doch zahlreiche Spezialisten unter den Pflanzen und Tieren finden dort trotzdem ein Auskommen.

Im Januar 1994 haben das AWI und das argentinische Polarforschungsinstitut IAA hier einen gemeinsamen Stützpunkt eingerichtet. Während der kurzen Polarsommer bietet das Dallmann-Labor seither einen Arbeitsplatz auf Zeit. Deutsche, argentinische und niederländische Forscher nutzen die Container voller Aquarien und moderner Laborausrüstung, um die Kältespezialisten unter den Tieren und Pflanzen zu untersuchen. Und auch die anderen Forschungsstationen, die zahlreiche Nationen mittlerweile im ewigen Eis errichtet haben, sind ein Dorado für wissbegierige Biologen. Welche Arten können den extremen Bedingungen der Antarktis trotzen? Wie gelingt ihnen dieses Kunststück? Und welchen Platz nehmen sie im großen Kreislauf von Fressen und Gefressenwerden ein? Es sind faszinierende Fragen und überraschende Antworten, die meist gleich die nächsten Rätsel aufwerfen. Hier bleibt für Generationen von Polarforschern noch genug zu tun.

Karges Land und reiches Wasser

Wer sich dabei auf reine Landlebewesen spezialisieren will, hat allerdings nicht viel Auswahl. Pflanzen finden sich selbst in den wenigen eisfreien Oasen der Antarktis so gut wie keine. Vor einem derart kalten und sturmgepeitschten Lebensraum, der kaum flüssiges Süßwasser bietet und monatelang in völliger Finsternis versinkt, müssen die meisten Gewächse kapitulieren. Nur zwei Arten von Blütenpflanzen haben es geschafft, sich an die harschen Bedingungen des Eiskontinents anzupassen: Ein Gras namens Antarktis-Schmiele *(Deschampsia antarctica)* und die Antarktische Perlwurz *(Colobanthus quitensis),* die zu den Nelkengewächsen gehört. Ansonsten gibt es nur primitivere Gewächse wie Algen, Pilze und Moose. Besonders erfolgreiche Antarktisbewohner entstehen offenbar, wenn zwei genügsame Organismen ihre Talente zusammenwerfen.

»Flechten« nennen Biologen Lebensgemeinschaften, die aus einer Alge und einem Pilz bestehen. Diese Überlebenskünstler kommen nicht nur mit weniger Licht und Wasser aus als die meisten Pflanzen, sie vertragen auch beißende Kälte. Viele andere Gewächse scheitern im Eisschrank-Ambiente der Polargebiete unter anderem an der Energieversorgung. Denn die Fotosynthese, der Prozess, mit dem sie aus Sonnenlicht und Kohlendioxid Energie gewinnen, kommt bei allzu niedrigen Temperaturen zum Erliegen. Die beiden antarktischen Blütenpflanzen halten ihn immerhin noch bei Temperaturen um den Gefrierpunkt aufrecht. Doch Flechten stellen diese Leistung bei Weitem in den Schatten. Neuseeländische Forscher haben bei einem Exemplar noch bei minus 20 Grad Celsius Fotosynthese-Aktivitäten gemessen. Dieses Talent öffnet den kleinen Doppellebewesen den Weg ins Innere des Eiskontinents: Nur 400 Kilometer vom Südpol entfernt haben Wissenschaftler bereits Flechten entdeckt.

Wo Pflanzen wachsen, sind normalerweise auch Tiere nicht weit. Und tatsächlich haben sich ein paar unentwegte Vertreter der Landfauna auch diesen Lebensraum erschlossen. Um die zu entdecken, muss man allerdings ziemlich genau hinschauen. Denn es sind keineswegs die charismatischen Stars der Tierwelt, sondern ziemlich kleine und unscheinbare Zeitgenossen: ein paar Milben und Mücken, Springschwänze und Bärtierchen, dazu verschiedene Einzeller – das ist dann

Die Antarktische Perlwurz Colobanthus quitensis, *die zu den Nelkengewächsen gehört, ist eine der beiden Samenpflanzen der Antarktis. Dort scheint sie ihr Verbreitungsgebiet zu vergrößern, was mit dem Klimawandel zusammenhängen könnte.*

ARCHE NOAH IM FROST

Nicht alle botanischen Schätze der Arktis sind aus eigener Kraft dorthin gekommen. Im Februar 2008 eröffnete auf der norwegischen Inselgruppe Spitzbergen die weltgrößte Samenbank für Nutzpflanzen. »Svalbard Global Seed Vault« (Globaler Saatguttresor Svalbard) nennt sich das Projekt, das die norwegische Regierung gemeinsam mit dem Welttreuhandfonds für Kulturpflanzenvielfalt und anderen Partnerorganisationen betreibt. Ziel ist, möglichst viele Varianten der wichtigsten Nutzpflanzen zu erhalten. Denn veränderte Anbaumethoden oder schlichtes Desinteresse lassen weltweit immer mehr Sorten verschwinden, die man später vielleicht noch gut gebrauchen könnte. Als eine Art Back-up können deshalb alle Länder der Erde Saatgut von Reis, Bohnen, Kartoffeln und anderen Kulturpflanzen in der Samenbank einlagern lassen. Dazu stehen auf minus 19 Grad gekühlte Kammern zur Verfügung, die 120 Meter tief im Dauerfrostboden liegen. Zwei Jahre nach der Eröffnung schlummerten dort schon rund eine halbe Million eingefrorene Saatgutproben.

auch schon alles. Aus Sicht eines Vogels oder Säugetieres kommt da nicht viel an potenzieller Nahrung zusammen. Und doch gibt es in der Antarktis ein Heer von Seevögeln, Pinguinkolonien mit Tausenden von Mitgliedern und massige Robben, die an den Stränden liegen, träge ins Schneetreiben blinzeln und keineswegs so aussehen, als müssten sie Hunger leiden.

Es ist das Meer, das sie alle am Leben hält. Denn so karg das Futterangebot an Land sein mag: Unter Wasser ist der Tisch umso üppiger gedeckt. Die kalten Fluten sind reich an Sauerstoff und Nährstoffen – ein Schlaraffenland für Ozeanbewohner. Vor den Küsten der Antarktis wimmelt es geradezu von Leben. Stellenweise verschwindet der Meeresboden unter einem Heer von wirbellosen Tieren, deren Vielfalt fast an ein tropisches Korallenriff erinnert. Da wachsen Schwämme, die bis zu 2 Meter hoch werden können und die verschiedensten Formen und Farben annehmen. Dicke Polster von fein verästelten Moostierchen bedecken den Untergrund, dazwischen ragen elegante Seefedern, pilzförmige Kolonien von Seescheiden und fächerartige Hornkorallen empor. All diese sesshaften Meeresbewohner schaffen einen abwechslungsreichen Lebensraum für viele andere Arten. Sie bieten Behausungen, Nahrung und zahllose Verstecke, in denen man sich vor seinen Feinden verbergen oder selbst einem

Bärtierchen gehören zu den Überlebenskünstlern der Tierwelt. Sie besiedeln nicht nur extreme Lebensräume wie die Polargebiete, sondern haben sogar schon ihre Weltraumtauglichkeit unter Beweis gestellt. In einem speziellen Ruhezustand mit extrem reduzierten Stoffwechselvorgängen können sie Temperaturen unter minus 243 °C überstehen.

DIE GLOBALISIERUNG DER WÜRMER

Als Wissenschaftler des internationalen Meeresforschungsprojekts »Census of Marine Life« die Tierwelt der Polargebiete genauer unter die Lupe nahmen, staunten sie nicht schlecht. Obwohl mehr als 11 000 Kilometer zwischen den eisigen Regionen im Süden und im Norden des Planeten liegen, fanden sie dort teilweise die gleichen Arten. Mindestens 235 Spezies haben sowohl die Arktis als auch die Antarktis für sich er-

obert. Dazu gehören Fernreisende wie Wale oder Seevögel, die auf ihren Wanderungen beide Regionen besuchen. So pendeln Küstenseeschwalben jedes Jahr hin und her. Doch auch unter den kleinen und wenig mobilen Meeresbewohnern fanden sich Arten, die beide Enden der Welt besiedeln, Krebse, Würmer oder Flügelschnecken zum Beispiel. Wie es dazu kommt, weiß bisher niemand so genau.

ahnungslosen Opfer auflauern kann. Seegurken und Borstenwürmer, Flohkrebse, Seesterne und Fische nehmen diese attraktiven Angebote dann auch gern an.

Eine ähnlich faszinierende Unterwasserwelt verbirgt sich auch in den eisigen Fluten auf der entgegengesetzten Seite der Erde. Die Gewässer um Spitzbergen zum Beispiel sind ein Polarparadies, in dem es von Leben wimmelt. Tiere und Pflanzen profitieren dort vom warmen Golfstrom, der im Sommer das Packeis schmilzt. Unmittelbar an der Eiskante mischt sich das Schmelzwasser mit dem Salzwasser des Eismeeres. Das dabei entstehende Brackwasser schafft Strömungen, die vom Grund des flachen Ozeans Nährstoffe aufschwemmen. Damit ist das Ozeanrestaurant geöffnet: Zahllose Tiere und Pflanzen finden hier ein Auskommen.

Seit Jahren tauchen AWI-Wissenschaftler mit ungebrochener Begeisterung in den Kongsfjord hinab, der vor Spitzbergen auf dem 79. Breitengrad Nord liegt. Dort unten fühlen sie sich wie in einem verwunschenen Märchenwald. Bis zu 4 Meter lange Braunalgen wiegen sich elegant in der Strömung, im »Unterholz« zwischen diesen eindrucksvollen Gewächsen fühlen sich kleinere Rot- und Grünalgen wohl, lappenförmige oder fein verästelte Gebilde. Entsprechend groß ist auch die Palette von Tieren, die in diesen wässrigen Oasen zu Hause sind. Da schlängeln sich bläuliche Borstenwürmer durch das Pflanzengewirr, Seeigel knabbern an abgebrochenen Ästen, und an die großen Braunalgen klammert sich ein Schwarm winziger Gespensterkrebse, die mit ihren Scheren Beute aus dem Wasser fischen.

Algen mit Sonnenbrand

Hoch über den Wellen des Kongsfjords lauert allerdings eine Gefahr, die dem Unterwasserparadies künftig massiv zu schaffen machen könnte. Das Ozonloch steigert nämlich nicht nur für Menschen, sondern auch für Pflanzen das Sonnenbrandrisiko. Normalerweise fängt die

Seegurken gehören zum Stamm der Stachelhäuter und sind damit Verwandte der Seesterne und Seeigel. Es gibt rund 1 200 Arten dieser walzenförmigen Tiere, die weltweit am Boden der Ozeane leben. Vor allem in der Tiefsee stellen sie oft einen großen Teil der Fauna.

GEFÄHRLICHE STRAHLUNG

Der für Menschen sichtbare Bereich der Sonnenstrahlung reicht vom roten Licht mit etwa 780 Nanometern (milliardstel Meter) Wellenlänge bis zu violettem Licht, das etwa 380 Nanometer hat. Unterhalb dieser Wellenlängen schließt sich ein Bereich an, den Wissenschaftler als ultraviolettes (UV) Licht bezeichnen. Diese Strahlung ist fürs menschliche Auge unsichtbar und kann ziemlich gefährlich werden.

Auf der Erdoberfläche kommen vor allem zwei Bereiche der UV-Strahlung an. Die UV-A-Strahlung hat mit 380 bis 315 Nanometern etwas größere Wellenlängen, lässt die menschliche Haut altern und kann Hautkrebs auslösen. UV-B-Strahlung mit Wellenlängen von 315 bis 280 Nanometern führt zu Sonnenbrand, hilft andererseits aber, in der Haut das lebenswichtige Vitamin D zu bilden.

Ozonschicht, die sich in mehr als 10 Kilometern Höhe um die Erde zieht, den größten Teil der aggressiven UV-Strahlung der Sonne ab. Doch gerade in den Polargebieten ist der natürliche Schutzschild ausgedünnt, sodass mehr dieser kurzwelligen Strahlen den Erdboden erreichen. AWI-Biologen um Christian Wiencke möchten gern wissen, wie sich das auf die üppigen Unterwasserwälder des Kongsfjords auswirkt. Also lässt sich Forschungstaucherin Heike Lippert immer wieder vorsichtig von der Eiskante ins kalte Wasser gleiten, um etwaigen UV-Schäden auf die Spur zu kommen.

Dabei scheinen die Algenwälder in Sachen Sonnenbrand eigentlich in einer recht sicheren Lage zu sein. Schließlich verhindert Wasser das Eindringen von ultraviolettem Licht ziemlich effektiv. In 5 Metern Tiefe zeigen die Messgeräte der Forscher nur noch ein Prozent der UV-B-Strahlung, die auf die Oberfläche des Kongsfjords trifft. Auch diese geringe Menge kann in den Zellen allerdings noch Schaden anrichten. Empfindlich gegen UV-Strahlen ist zum Beispiel der Fotosynthese-Apparat, mit dessen Hilfe Pflanzen das Sonnenlicht in nutzbare Energie umwandeln. Zu viel kurzwelliges Licht kann die Farbstoffe zerstören, die Pflanzen für diesen komplizierten Prozess brauchen.

Doch die Algen haben im Laufe ihrer Evolution ein paar effektive Sonnenschutztricks entwickelt. Manche Rotalgen zum Beispiel bilden unter UV-Licht weniger rote Lichtsammel-Eiweiße, sodass sie weniger Strahlung aufnehmen. Wenn sie diesen Schutzmechanismus angeschal-

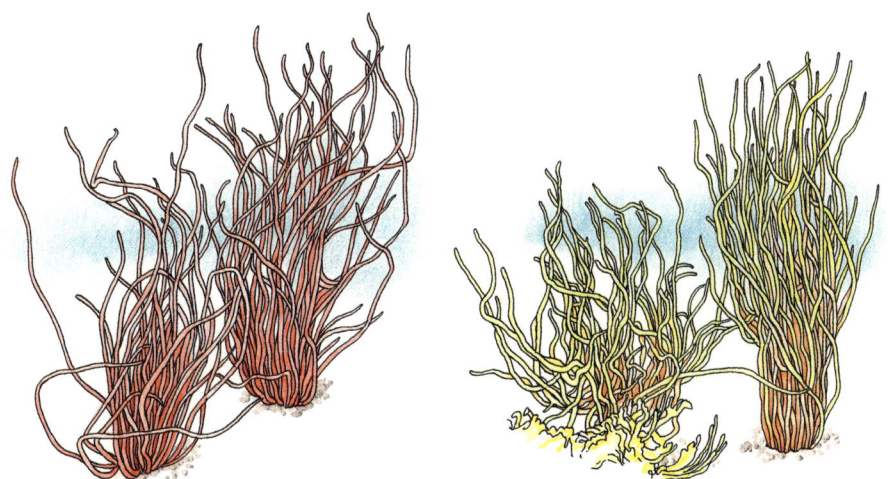

tet haben, erkennt man das schon von außen: Die typische rote Farbe verschwindet, und die Spitzen der Gewächse werden blass. Außerdem nutzen einige Rotalgen spezielle Aminosäuren als biochemischen Sonnenschirm für ihren Fotosynthese-Apparat. Diese »Mykosporin-ähnlichen Aminosäuren« (MAA) wirken ganz ähnlich wie das Melanin, das menschliche Haut nach einem Sonnenbad braun färbt und vor UV-Schäden bewahrt.

Da die Produktion eines Sonnenschutzes Energie kostet und auch noch andere Nachteile mit sich bringt, geht damit allerdings niemand verschwenderisch um. Menschen lagern nur so viel Melanin in die Haut ein, wie sie gerade benötigen. Deshalb zeigt der Teint eines Sizilianers oder Kreters jenen Braunton, den in Mitteleuropa nur braucht, wer sich dem Kunstlicht des Sonnenstudios oder einem Skikurs auf dem Gletscher aussetzt. Rotalgen verhalten sich ganz ähnlich und produzieren ebenfalls nur die aktuell benötigte MAA-Menge. Dabei sind sie allerdings durchaus flexibel. Wenn Heike Lippert Rotalgen aus UV-armem Tiefenwasser in lichtdurchflutete Flachmeerzonen verfrachtet, kurbeln sie innerhalb weniger Stunden ihre MAA-Produktion an. In ein paar Tagen haben sie sich dann einen ausreichenden Schutz vor der gefährlichen Strahlung aufgebaut. Braunalgen nutzen zum gleichen Zweck ganz andere, nicht minder wirksame Biomoleküle.

Perfekt funktionieren die Sonnenschutzmittel der Wassergewächse allerdings nicht. So schirmen die MAA vor allem Wellenlängen zwi-

Gesunde Rotalgen der Art Devaleraea ramentacea *(links) sind komplett rot gefärbt. Bekommen die Gewächse jedoch zu viel UV-Strahlung ab, bilden sie weniger Pigmente und ihre Spitzen verblassen (rechts). Der Sonnenbrand der Algen ist also nicht rot, sondern farblos.*

schen 310 und 360 Nanometern ab. Damit wirken sie zwar gut gegen UV-A-Strahlen, die den Fotosynthese-Apparat zerstören. Die UV-B-Strahlung aber dringt teilweise durch, und genau dieser Teil des Spektrums schädigt die Erbsubstanz. Gerade beim Algennachwuchs scheint der UV-B-Schutz nicht besonders gut zu funktionieren. Schon eine relativ milde Bestrahlung tötet solche Sporen innerhalb von 16 Stunden ab, wie Experimente der AWI-Forscher zeigen.

Je mehr die Ozonschicht ausdünnt, umso gefährlicher wird auch die UV-Strahlung. Wenn ihr Sonnenschutz überfordert ist, bleibt den Algen schließlich nur noch eins: Sie müssen sich in tiefere Wasserschichten zurückziehen. Doch auch da stoßen sie an ihre Grenzen. Denn ab einer bestimmten Tiefe reicht das Sonnenlicht nicht mehr für die Energieversorgung aus. Die AWI-Forscher befürchten deshalb, dass einige Algenarten nicht weit genug in die Tiefe flüchten können, um der gefährlichen Strahlung zu entgehen. Dann bliebe so gut wie kein nutzbarer Lebensraum für sie übrig. Heike Lippert sollte ihre Tauchausflüge in den Unterwasserwald vor den Gletschern des Kongsfjords genießen, solange es noch geht. Wenn die Ozonschicht immer dünner wird, könnte sein eindrucksvolles Algengewirr eines Tages verschwunden sein.

Leben »on the rocks«

Intensive UV-Strahlung ist allerdings längst nicht die einzige Herausforderung, mit der die Meeresbewohner der hohen Breiten zu kämpfen haben. Doch immer wieder finden sie selbst für die aussichtslosesten Situationen eine Lösung. Mit raffinierten Anpassungen haben sich viele Arten auf die Tücken ihrer anspruchsvollen Umgebung eingestellt – und so einen der unwahrscheinlichsten Lebensräume erobert, den es auf der Erde gibt: Sie sind bis ins Innere des Packeises vorgedrungen, das die Polarmeere bedeckt.

Als AWI-Wissenschaftler in den 1980er-Jahren das Meer-Eis um die Antarktis etwas genauer unter die Lupe nahmen, trauten sie ihren Augen nicht. Wenn sich ihr Forschungseisbrecher *Polarstern* durch die

weiße Fläche pflügte, gaben die glitzernden Schollen ein gut gehütetes Geheimnis preis. Unter der Wucht des rammenden Schiffs brachen Eisschollen auseinander, manche kenterten dabei und zeigten ihre normalerweise im Wasser liegende Unterseite. Die aber sah nicht etwa weiß aus, sondern erschien in sattem Kaffeebraun. Für dieses rätselhafte Phänomen aber hatten die Biologen nur eine Erklärung: Das Farbenspiel im Eis musste auf das Konto von darin eingeschlossenen Algen gehen. Fasziniert holten die Forscher Proben an Bord und tauten sie auf. Tatsächlich fanden sie darin massenweise mikroskopisch kleine Wasserpflanzen.

So ganz freiwillig haben sich die Algen ihr glitzerndes Gefängnis meist nicht ausgesucht. Sie sind einfach nicht rechtzeitig entwischt. Wenn Meerwasser gefriert, bildet sich im Eis ein Labyrinth aus Löchern, Gängen und feinen Poren. In diesen Hohlräumen werden häufig kleine Wasserbewohner eingeschlossen, die dann bis zum nächsten Auftauen des Eises nicht mehr freikommen. Das muss für sie aber keineswegs das Ende bedeuten. Viele haben gelernt, in den Lücken im

Kieselalgen sind eine sehr vielfältige Gruppe von Meeres- und Süßwasserbewohnern. Wissenschaftler kennen derzeit mindestens 6 000 verschiedene Arten, von denen sich etliche im Inneren des antarktischen Meer-Eises angesiedelt haben. Typisch für Kieselalgen ist ihre Schale, die aus einer Siliziumverbindung besteht.

Eis zu überleben. Mehr als hundert Arten von quicklebendigen Kieselalgen und anderen pflanzlichen Einzellern haben Wissenschaftler in diesen kalten Refugien gefunden. Auch Bakterien gibt es dort in Hülle und Fülle, sogar einige winzige Krebse und Würmer sowie verschiedene Larven. Und einen unschätzbaren Vorteil bieten die frostigen Arrestzellen: Vor ihren zahlreichen Feinden sind die kleinen Organismen dort in Sicherheit.

Wer einen solchen Schutzraum nutzen will, muss allerdings ein echter Überlebenskünstler sein. Im Labor des AWI wuchsen manche Eisalgen noch bei minus 5,5 Grad, ein bloßes Dahinvegetieren ohne Wachstum war sogar bei noch tieferen Temperaturen möglich. Doch es gibt weitere Widrigkeiten, vor denen sich die Gefangenen des Frostes schützen müssen. So besteht das Meer-Eis selbst zwar aus Süßwasser, in seinen Poren aber schwappt in einer hochkonzentrierten Lösung das Salz des Ozeans. Diese Lake würde lebenden Zellen normalerweise das Wasser entziehen und sie so verschrumpeln lassen. Dagegen aber wissen sich viele Eisbewohner zu wehren: Sie haben gelernt, sich mit der Aminosäure Prolin und anderen biochemischen Hilfsmitteln gegen einen zu starken Wasserverlust zu schützen.

Zu allem Überfluss ist es im Inneren des Eises auch noch ziemlich dunkel. Sonnenlicht aber brauchen die Algen, um mittels Fotosynthese lebensnotwendige Energie zu gewinnen. Es bleibt ihnen nichts anderes übrig, als das wenige zur Verfügung stehende Licht besonders effektiv einzufangen. Die AWI-Forscher haben herausgefunden, dass die Eisgewächse dazu mehr Chlorophyll und andere lichtempfindliche Pigmente besitzen als ihre Artgenossen im freien Wasser.

Es genügt allerdings nicht, sich einmal auf die ungünstigen Bedingungen des gefrorenen Gefängnisses einzustellen und dann jahrein, jahraus mit den entsprechenden Anpassungen zu leben. Denn im Frühling und Sommer tauen jedes Jahr mehr als 80 Prozent des Eises rings um die Antarktis auf. Dann stehen die Gefängnistüren plötzlich wieder offen, und die Organismen müssen bis zum Herbst mit den völlig anderen Lichtverhältnissen, Salzkonzentrationen, Strömungen und sonstigen Lebensbedingungen im freien Wasser zurechtkommen. Wer im Eis lebt, muss flexibel sein.

Die Farbe des Schnees

Auf unerwartete Farben stoßen Polarreisende allerdings nicht nur an der Unterseite des Meer-Eises. Auch der Schnee muss nicht immer glitzernd weiß sein. So rieb sich die Mannschaft des englischen Forschungsschiffs *Isabella* am 16. August 1818 verwundert die Augen. Man war in der Baffin Bay unterwegs, die zwischen Grönland und der kanadischen Arktis liegt. Und plötzlich sah die Küstenlandschaft rot aus. »Jetzt überraschte uns der Schnee oben auf den Klippen mit einem ebenso neuen als merkwürdigen Anblick«, notierte Kapitän John Ross in seinem Tagebuch. »Er war mit einer Substanz vermischt oder bedeckt, die ihm eine dunkle Karmesinfarbe gab.« Das mysteriöse Phänomen machte Furore, zahlreiche Chemiker und Naturkundler des 19. Jahrhunderts versuchten, seine Ursache zu klären.

Inzwischen ist das Rätsel gelöst. Hinter der dekorativen Färbung des polaren Schnees stecken hoch spezialisierte Algen. Dutzende von verschiedenen Arten haben sich auf diesem kalten Untergrund angesiedelt und trotzen den unwirtlichen Bedingungen. Welche Tricks sie dabei anwenden, untersuchen Thomas Leya und seine Kollegen vom Fraunhofer-Institut für Biomedizinische Technik in Potsdam. Per Schiff fahren sie zum Beispiel an der Küste Spitzbergens entlang und halten Ausschau nach buntem Schnee. Dabei interessieren sie sich allerdings weniger für rote als für grüne Verfärbungen.

»Rot sind nur die Dauerformen der Schneealgen«, erklärt Thomas Leya. Wenn es ihnen im polaren Sommer zu warm oder im Winter zu trocken, kalt und dunkel wird, fahren die Gewächse ihren Stoffwechsel einfach herunter. Als widerstandsfähige sogenannte Dauerstadien warten sie dann auf bessere Zeiten. Zu ihrem Schutz lagern sie vorher große Mengen Karotinoide, vor allem Astaxanthin ein. Diese roten Pigmente fangen gefährliche Substanzen ab, die Chemiker »freie Radikale« nennen. Derartig aggressive Verbindungen, die unter anderem durch Einwirkung von UV-Strahlung entstehen, würden sonst wichtige Bestandteile der Zellen schädigen. Schließlich haben die Gewächse im Ruhezustand keine anderen Abwehr- und Reparaturmechanismen zur Verfügung.

Bessern sich die Bedingungen, kurbeln die Algen ihren Stoffwechsel an und werden wieder grün. Ein komplexer Mechanismus aus äußeren Bedingungen und innerer Uhr scheint ihnen den richtigen Zeitpunkt dafür zu signalisieren. Da Wissenschaftler die Details dieses Vorgangs bisher kaum verstehen, kann man die Dauerstadien im Labor derzeit nicht wieder aufwecken. Wenn die Forscher Stoffwechselprozesse und Anpassungen untersuchen wollen, müssen sie die aktiven grünen Varianten der Schneealgen einsammeln.

Im Labor kann man aus diesen Proben später einzelne Zellen isolieren und daraus reine Kulturen einer einzigen Art heranziehen. Die werden dann entweder in flüssigem Stickstoff eingefroren und so konserviert, oder man lässt sie in Glasröhrchen wachsen, die mit einem Nährmedium gefüllt sind. Auf diese Weise haben die Potsdamer Forscher eine große Algensammlung aus Spitzbergen, Nordamerika, Europa und der Antarktis zusammengetragen. Sie kultivieren mehr als neunzig Arten, die zu etwa fünfzig verschiedenen Gattungen gehören. Die meisten davon sind echte Kältespezialisten, die bei Temperaturen unter 15 Grad Celsius am besten wachsen. Thomas Leya und seine Kollegen interessieren sich für die Anpassungen der Überlebenskünstler. Denn diese Erfindungen der Natur lassen sich möglicherweise nutzen.

»Interessant sind zum Beispiel Enzyme, die den Stoffwechsel dieser Arten bei null Grad in Gang halten«, erklärt der Forscher. Die Schneealgen müssen besondere Varianten dieser körpereigenen Werkzeuge entwickelt haben, die auch bei ungewöhnlich tiefen Temperaturen funktionieren. Trotz der Kälte können diese Enzyme zum Beispiel Fette oder Kohlenhydrate spalten. Da bietet sich ein Einsatz in Waschmitteln an, die für kaltes Wasser geeignet sind. Ein kälteangepasstes Enzym namens Malatdehydrogenase haben die Potsdamer Forscher schon entdeckt. Allerdings ist es in den Algen nicht am Fett- und Kohlenhydratabbau, sondern an der Energiegewinnung beteiligt. Als Waschmittelwirkstoff der Zukunft kommt es daher nicht infrage. Doch die Wissenschaftler sind optimistisch, weitere Enzyme mit ähnlichen Anpassungen zu finden. Dass der geheimnisvolle rote Schnee so nützlich sein könnte, hätte sich Kapitän John Ross wohl nicht träumen lassen.

Abb. links: Manche Süßwasseralgen wachsen auf Schnee. Unter ungünstigen Bedingungen bilden sie eine Art Ruhestadium und färben sich dabei durch bestimmte Schutzpigmente rot. Bei Massenentwicklungen von Arten wie Chlamydomonas nivalis *entsteht der aus den Polargebieten und Hochgebirgen bekannte »rote Schnee«.*

Von Frostschutzmitteln und Gefriertrocknern

Die Überlebenskünstler aus der Kälte kennen noch etliche andere Tricks, die Wissenschaftler nur zu gern verstehen und vielleicht sogar nachmachen würden. Das ist allerdings nicht so einfach. Denn der Körper der Polarbewohner arbeitet oft nach ganz eigenen Regeln. Nur Vögel und Säugetiere haben die Chance, aus ihrer Nahrung genug Wärme zu gewinnen, um sich auf einer gleichmäßig hohen Betriebstemperatur zu halten. Bei allen anderen Tieren passt sich die Körpertemperatur der Umgebung an. Das aber birgt eine ganze Reihe von Problemen. Denn je niedriger die Temperaturen sind, umso langsamer laufen die chemischen Reaktionen ab, auf denen sämtliche Stoffwechselprozesse beruhen. Trotzdem muss es den Meeresbewohnern irgendwie gelingen, ihren eiskalten Organismus auf Trab zu halten.

Käfer der Art Upis ceramboides *leben in Alaska und überwintern in trockenen Spalten im Holz der Bäume. Diese Insekten haben Wissenschaftler mit einer bis dahin unbekannten Kälteanpassung überrascht. Statt eines Proteins verwenden sie einen Mehrfachzucker als Frostschutz.*

Einer ihrer Tricks besteht offenbar darin, ihre »Drehzahl« etwas zu erhöhen. So haben AWI-Wissenschaftler festgestellt, dass der Stoffwechsel von Antarktisfischen auf höheren Touren läuft als der von Fischen aus anderen Regionen, die auf die gleiche Temperatur abgekühlt werden. Bei einigen Krebsen und anderen Wirbellosen haben die Forscher zudem spezielle Enzyme gefunden, die bei Kälte deutlich besser arbeiten als die gleichen Eiweißwerkzeuge von verwandten Arten in unseren Breiten. Und dann haben sich viele Arten auch noch als Erfinder von körpereigenen Frostschutzmitteln hervorgetan. Diese Substanzen sollen verhindern, dass den Tieren in ihrem eisigen Lebensraum das Blut in den Adern gefriert.

Einige Fische wie die Winterflunder im Nördlichen Eismeer produzieren zu diesem Zweck spezielle Eiweiße, die unerwünschte Eiskristalle am Wachsen hindern. Die gleiche Strategie verfolgen auch Algen und verschiedene Gliedertiere. Einen eiweißfreien Frostschutz hat dagegen ein Käfer namens *Upis ceramboides* erfunden. Das schwarze Krabbeltier lebt in Alaska und trotzt selbst Temperaturen von minus 60 Grad Celsius. Zum Enteisen nutzt es eine Substanz namens *Xylomannan,* die aus Zucker- und Fettsäurebausteinen besteht. Die großen Moleküle

MIT SCHUPPEN UND FLOSSEN

Fische haben es nicht leicht in der eisigen Welt der Polargebiete. Zwar finden sie dort einen verlässlichen Lebensraum, der ihnen kaum Schwankungen von Temperatur und Salzgehalt zumutet. Doch das Wasser erreicht normalerweise Temperaturen zwischen gerade einmal minus 2 und 0 Grad Celsius. Viele Fischarten haben damit schon ihren Gefrierpunkt erreicht. Daher sind die Regionen im tiefen Süden und im hohen Nor- den nicht unbedingt als Fisch-Dorados bekannt. Von den weltweit etwa 20 000 Fischarten kommen gerade einmal 200 in der Antarktis vor. Viele dieser Überlebenskünstler senken den Gefrierpunkt ihrer Körper, indem sie Natrium-, Kalium- oder Chlorid-Ionen anreichern oder spezielle Frostschutzmittel produzieren.

halten nicht nur die Eiskristalle klein und verhindern so Schäden im Gewebe. Sie scheinen auch die Zellmembranen zu beeinflussen, sodass, wenn die Zellen von Eis umgeben sind, das Wasser in den Zellen dennoch nicht gefriert.

Es gibt allerdings noch ganz andere Möglichkeiten, einen ungemütlichen Polarwinter zu überleben. Arktische Springschwänze der Art *Megaphorura arctica* zum Beispiel lassen sich vor der kalten Jahreszeit gefriertrocknen. Die unscheinbaren, nur wenige Millimeter großen Tierchen krabbeln im Sommer seelenruhig in den Moospolstern der Arktis umher. Doch wenn es ihnen im Herbst zu ungemütlich wird, suchen sie sich einen Unterschlupf und fangen an zu schrumpeln. Ihr Körper verliert jede Menge Wasser, bis nur noch eine scheinbar leblose Hülle übrig ist. Doch sobald die Bedingungen besser werden, nehmen sie wieder Wasser auf und schwellen auf ihre alte Größe an. Dann stauben sie ihren Körper ab und gehen ihrer Wege, als sei nichts gewesen.

Melody Clark und ihre Kollegen vom British Antarctic Survey interessieren sich brennend dafür, wie dieses erstaunliche Kunststück funktioniert. Im Labor haben sie Springschwänze stufenweise abgekühlt und wieder aufgewärmt. So konnten sie beobachten, wann die Tierchen welche Gene anschalten. In gefriergetrocknetem Zustand sind demnach vor allem jene Erbinformationen aktiv, die mit Frost-

Zur Familie der Krokodil-Eisfische gehören 16 bekannte Arten, die alle in den kalten Gewässern rund um die Antarktis und den Süden Südamerikas leben. Die bizarren Räuber ohne Hämoglobin im Blut ernähren sich von anderen Fischen und Krebstieren.

schutz und Reparaturvorgängen im Körper zu tun haben. Wenn die Tiere aus ihrem gefriergetrockneten Schlaf erwachen, sind dagegen plötzlich andere Prozesse gefragt. Nun werden Gene aktiv, die für die Energiegewinnung oder Umbauarbeiten an den Geweben wichtig sind. Die Forscher hoffen, die Tricks der winzigen Überlebenskünstler eines Tages auch für medizinische Zwecke nutzen zu können. Die Gefriertrocknung nach Springschwanz-Art könnte zum Beispiel eine interessante Möglichkeit sein, um Gewebe und Organe für Transplantationen aufzubewahren.

Arktische Spring-
schwänze der Art
Megaphorura arctica
erscheinen unter dem
Elektronenmikroskop
normalerweise als
etwa 3 Millimeter
lange, pralle Tierchen.
Durch eine Art
Gefriertrocknungspro-
zess können sie ihren
Körper aber auch
zusammenschrumpeln
lassen, um der Kälte
besser zu trotzen.

Auch von anderen Polarbewohnern können Mediziner womöglich noch einiges lernen. Zum Beispiel von den Krokodil-Eisfischen. Die 16 Arten dieser Südpolarmeerbewohner verzichten als einzige Wirbeltiere komplett auf rote Blutkörperchen und den roten Blutfarbstoff Hämoglobin. Farbloses Blut ist dünnflüssiger und gefriert weniger leicht. Es hat aber auch einen gravierenden Nachteil. Denn ohne rote Blutkörperchen funktioniert der Sauerstofftransport im Körper viel weniger effektiv als mit. Um diesen Nachteil auszugleichen, haben sich die Tiere im Laufe ihrer Evolution ein besonders großes Herz und weite Adern, eine große Menge Blut und einen hohen Blutdruck zugelegt.

Was Wissenschaftler an diesen schuppigen Exzentrikern besonders interessiert, sind allerdings die Erbinformationen für die Blutbildung. Dieser Prozess läuft nämlich bei allen anderen Wirbeltieren einschließlich des Menschen nach dem gleichen genetischen Programm ab. Allerdings sind noch nicht alle Erbinformationen bekannt, die für eine fehlerlose Bildung von weißen und roten Blutkörperchen nötig sind. Ein Vergleich mit dem Erbgut der Eisfische aber kann helfen, diese Informationen aufzuspüren. Auf diese Weise hoffen Forscher, die Entstehung von menschlichen Blutkrankheiten besser zu verstehen und neue Behandlungsmöglichkeiten zu entwickeln.

Das Methusalem-Geheimnis

Vielleicht verbirgt sich in den eisigen Fluten am Ende der Welt sogar die Lösung für ein Rätsel, das die Menschheit seit Jahrtausenden beschäftigt: Warum altern wir? Und lässt sich dieser unangenehme Prozess irgendwie aufhalten? So erzählen allerlei Mythen und fantastische Geschichten doch von angeblichen Jungbrunnen, deren Wasser ewige Jugend verleiht. Ein schöner Traum, der allerdings auch ein Körnchen Wahrheit enthält. Doris Abele und ihre Kollegen vom AWI kennen einen solchen Jungbrunnen aus der Realität. Er liegt am Grund des Südpolarmeers. Leider scheint er aber nur für relativ einfach gebaute Tiere geeignet zu sein.

»Viele Meeresbewohner der Antarktis werden deutlich älter als ihre Verwandten bei uns«, sagt die Wissenschaftlerin. So kennen die AWI-Forscher ein antarktisches Moostierchen, das nur etwa 8 Millimeter pro Jahr wächst. Dafür wird es aber mehr als vierzehn Jahre alt. Ein naher Verwandter aus dem Ärmelkanal wächst dagegen fünf Mal so schnell, erlebt aber meist gerade einmal seinen zweiten Geburtstag. Ähnliches haben die Wissenschaftler auch bei Seeigeln beobachtet: Während antarktische Arten durchaus siebzig Jahre alt werden können, bringen es ihre Verwandten aus wärmeren Meeren nur auf etwa fünf bis zehn Jahre. Auch Muscheln, Asseln und etliche andere Wirbellose erreichen in der kalten Region ein geradezu biblisches Alter. Und einige Schwämme im eiskalten Jungbrunnen des Südozeans werden offenbar mehr als 500 Jahre alt. Diese Methusalems der Tierwelt ziehen Doris Abele und ihre Kollegen immer wieder ins Dallmann-Labor auf King George Island. Dort untersuchen sie, was die Polarbewohner so ungewöhnlich lange am Leben hält.

Ein Teil des Geheimnisses liegt in der Kälte begründet. Bei Körpertemperaturen auf dem Niveau des eisigen Südozeans arbeitet der Stoffwechsel nur auf Sparflamme. Kein sonderlich intensives Leben, dafür aber ein weitgehend stressfreies. Da Wassertemperaturen

Eine bekannte Klasse der Stachelhäuter sind die Seeigel, die alle Meere der Erde besiedelt haben. Wissenschaftler kennen heute etwa 950 Arten dieser Tiere, von denen einige essbar sind. Je nach Lebensraum können die stacheligen Meeresbewohner ein sehr unterschiedliches Alter erreichen.

und Salzgehalt kaum schwanken, müssen sich die Zellen nicht immer wieder auf neue Umweltbedingungen einstellen. Das erspart ihnen einiges an Arbeit. Und da die chemischen Reaktionen im Körper nur im Schneckentempo ablaufen, entstehen auch weniger gefährliche Nebenprodukte, die entgiftet oder entsorgt werden müssten. All das aber sind gute Voraussetzungen für ein langes Leben: »Je weniger ein Organismus solchen Stressfaktoren ausgesetzt ist, umso älter kann er werden«, sagt die Bremerhavener Forscherin.

Eine Gruppe von chemischen Übeltätern, die von der Kälte im Zaum gehalten werden, sind die sogenannten Sauerstoffradikale. Diese Verbindungen hat Doris Abele zum Schwerpunkt ihrer Forschung gemacht. Es handelt sich dabei um eine Art Sondermüll aus den Kraftwerken der Zellen. Seit sich die Erde in eine sauerstoffhaltige Atmosphäre hüllt, nutzen viele Lebewesen dieses Gas als eine Art Treibstoff für die Energiegewinnung. Das ist eigentlich eine gute Idee, weil die dazu nötigen Stoffwechselprozesse sehr effektiv sind. Erst nach der Erfindung der Sauerstoffatmung konnte überhaupt höheres Leben entstehen. Doch die Sache hat einen Haken. Denn in jeder Zelle, die auf diesem Weg Energie gewinnt, fallen auch Sauerstoffradikale an.

Meeresmuscheln zum Beispiel wandeln in ihren Mitochondrien genannten Zellkraftwerken normalerweise ein bis drei Prozent des aufgenommenen Sauerstoffes in solche Verbindungen um. Bei hohen Temperaturen aber nimmt dieser Anteil deutlich zu. Und das ist keine gute Nachricht. Denn Sauerstoffradikale sind extrem aggressiv und reagieren mit allen möglichen Zellkomponenten. Die Palette reicht dabei vom Erbmaterial DNA über Proteine bis zu den Fettbestandteilen der Membranen. Erbgutschäden, nicht mehr funktionierende Enzyme und ein zusammenbrechender Energiestoffwechsel können die drastischen Folgen sein. Im Extremfall lösen sich Zellkern und Mitochondrien auf, die Zelle stirbt. Wer alt werden will, sollte also möglichst geringe Mengen Sauerstoffradikale im Körper haben. Und dafür sind eine kalte Umgebung und ein langsamer Stoffwechsel ideal. Gedrosselte Kraftwerke produzieren eben auch weniger Müll.

Für manche Polarbewohner aber reicht selbst das nicht aus. Sie haben noch andere Tricks entwickelt, um ihr Leben zu verlängern. Islandmuscheln zum Beispiel vergraben sich regelmäßig für ein paar Tage in Tiefen des Meeresbodens, in denen kein Sauerstoff mehr vorkommt. Dort schalten sie ihren Stoffwechsel auf Sparflamme, ihr Herz schlägt nur noch ein Zehntel so häufig wie normalerweise. Wenn sie dann wieder auftauchen, fahren die Mitochondrien ihre Aktivität hoch und produzieren damit auch wieder mehr Sauerstoffradikale. Gleichzeitig aber schalten die Muscheln spezielle Gene an, um Enzyme zur Bekämpfung der gefährlichen Verbindungen zu bilden. »Wahrscheinlich dienen die Schlammbäder unter anderem dazu, diese Stressabwehr anzukurbeln«, vermutet Doris Abele. Die häufigen Ruhephasen und das zelluläre Fitnesstraining könnten eine Erklärung dafür sein, dass Islandmuscheln mehr als zweihundert Jahre alt werden.

Höher entwickelte Tiere können den Jungbrunnen im Ozeanboden allerdings nicht nutzen. Denn der Stoffwechsel von Wirbeltieren kommt mit Sauerstoffmangel schlecht zurecht. Statt ihre Aktivitäten zu drosseln, produzieren die Mitochondrien unter derartigen Umständen sogar besonders viele Sauerstoffradikale. »Beim Menschen kann das zum Beispiel nach einem Hirnschlag vorkommen, wenn Teile des Gehirns unter Sauerstoffmangel leiden«, sagt Doris Abele. In dieser Situation können Menschen aber zumindest ein wenig von den Tricks der wirbellosen Tiere im eiskalten Südozean profitieren, erläutert die Forscherin: »Wenn man das Gehirn eines solchen Patienten nur um 2 Grad abkühlt, richten die Sauerstoffradikale deutlich weniger Schaden an.«

Bis auf die Knochen

Auch den wirbellosen Kältefans hilft noch der beste Stoffwechseltrick nicht in jeder Lage. Theoretisch mögen sie steinalt werden können, doch in der Praxis gelingt es den meisten nicht. Dazu lauern einfach zu viele hungrige Mäuler und Schnäbel auf eine appetitliche Beute.

Die typischen Nahrungsketten der Polargebiete sind dabei eher kurz. Sobald die Tage nach dem endlosen Winter wieder länger werden, lassen Licht und Nährstoffe Algen sprießen, die frei im Wasser

Phytoplankton

Eisalgen

Eis- und
Untereisfauna

Mesozooplankton

Polare Fische

Themisto libellula

Robben

Seevögel

*Im Vergleich zu vielen
anderen Lebensräu-
men der Erde sind die
Nahrungsketten in
den Polargebieten
meist ziemlich kurz.
Zwischen einer Alge
und einem Pinguin
oder einer Robbe
liegen oft nur zwei
Zwischenglieder.*

treiben oder an der Unterseite des Eises wachsen. Ein guter Teil davon landet im Magen von Mini-Krebsen und anderen kleinen Wassertieren, die in den kalten Fluten schweben. Dieses sogenannte Zooplankton ernährt Fische, die ihrerseits von Robben verspeist werden. Am Ende der Nahrungskette stehen dann die großen Raubtiere wie der Eisbär oder der auch als »Killerwal« bekannte Orca. Die fallen zwar zu Lebzeiten kaum anderen Jägern, mit Ausnahme des Menschen, zum Opfer, nach ihrem Tod aber können auch ihre Körper zu begehrten Nahrungsquellen werden. Wann immer ein großes Tier auf den Meeresgrund sinkt, finden sich schnell Interessenten ein.

Die Vorgänge in einem dieser Ozeanrestaurants wollten Michael Klages und seine AWI-Kollegen gern genauer unter die Lupe nehmen. Als in der Nordsee der Kadaver eines Schweinswals angeschwemmt wurde, kam der ihnen gerade recht. Tiefgefroren reiste das Tier im Juli 2005 an Bord der *Polarstern* in die Arktis. In der Framstraße, die zwischen Grönland und Spitzbergen den Nordatlantik mit dem Polarmeer verbindet, haben die Meeresbiologen ihren Köder zu Wasser gelassen. Eine Hälfte des Wals deponierten sie in 2 600 Metern, die andere in 5 300 Metern Tiefe auf dem Meeresboden. Im September kamen die Forscher dann mit einem französischen Schiff zurück und schickten ein ferngesteuertes Unterwasserfahrzeug in die Tiefe. Über die Bilder, die der metallene Helfer dort unten aufnahm, staunten sie nicht schlecht: Die 2600 Meter unter dem Meeresspiegel liegende Walhälfte hatten die Aasfresser der Tiefsee bereits bis auf die Knochen abgenagt. Und von dem weiter unten zurückgelassenen Stück waren auch nur noch zwei Drittel da.

Die Effizienz, mit der die lebenden Abfallbeseitiger trotz der Kälte, die in diesen Tiefen herrscht, zu Werke gingen, war allerdings nicht die einzige Überraschung in diesem Experiment. So hatten die Forscher rund um den Kadaver eigentlich ein reiches Bodenleben erwartet. Schließlich sind die absinkenden Leichen aus höheren Wasserschichten die wichtigste Nahrungsquelle für die Bewohner der Tiefe. Trotzdem waren in unmittelbarer Umgebung des toten Wals kaum Mikroorganismen aktiv. Wieso aber sollten die sich eine solche Chance entgehen lassen? Erst eine andere Messung löste das Rätsel: Gleich neben dem Kadaver gab es praktisch keinen Sauerstoff im Boden. »Offensichtlich hatten die Bakterien die eingetragenen Nährstoffe so eifrig verwertet, dass sie dabei allen Sauerstoff aufgebraucht und sich damit sozusagen selbst die Luft abgeschnürt haben«, erklärt Michael Klages diese Beobachtung.

Je mehr er und seine Kollegen über die Bewohner der arktischen Tiefsee herausfinden, umso größer wird ihre Faszination für diese

DER LANGE ARM DER ZIVILISATION

Seit 1999 fahren die Wissenschaftler verschiedener deutscher und europäischer Forschungseinrichtungen unter Federführung des AWI jeden Sommer in die Framstraße und holen vom Meeresgrund tief unter dem Kiel ihrer Schiffe Proben hoch. Dabei untersuchen sie den Boden in Tiefen zwischen 1000 und über 5500 Metern an jeweils den gleichen Stellen und erleben manche Überraschung: »Selbst im Molloy Hole haben wir Spuren menschlichen Tuns gefunden, Plastiktüten, Blecheimer und anderen Müll«, wundert sich Michael Klages. Mit 5669 Metern ist das die tiefste Stelle der Framstraße. Genau wie an Land alles Bewegliche im Laufe der Zeit in den Senken landet, lagern auch unter dem Meeresspiegel die Strömungen den Müll der modernen Zivilisation oft am tiefsten Punkt ab – zum Schaden der tierischen Meeresbewohner.

fremde Welt. »Das Leben dort unten ist ähnlich vielfältig wie im Regenwald oder in einem Korallenriff«, schwärmt der Forscher. Und es funktioniert auch nach ähnlichen Gesetzen. Die wahren Könige des Regenwaldes sind ja nicht die Jaguare oder Riesenschlangen, sondern eher unscheinbare Insekten und Spinnen. Das Heer der Krabbeltiere ist nicht nur viel zahlreicher, es steuert auch wichtige Prozesse, ohne die das Ökosystem nicht funktionieren würde. Ganz ähnlich sind die Verhältnisse in der arktischen Tiefsee: Auch hier haben die Kleinen das Ruder übernommen und stellen den größten Teil der Vielfalt.

Man braucht nicht einmal einen spektakulären Walkadaver in die Tiefe zu lassen, um diese heimlichen Herrscher aus ihren Schlupfwinkeln zu locken. Ein toter Fisch reicht auch schon. Um den versammeln sich innerhalb weniger Stunden Tausende von nur wenige Zentimeter großen Flohkrebsen, die den Leckerbissen in einem Tag in ein blankes Grätengerüst verwandeln. All diese fleißigen Arbeiter der Tiefsee aber verändern mit ihren Aktivitäten auch die Lebensbedingungen in ihrer Umgebung. So enthält der Meeresgrund in wenigen Zentimetern Tiefe praktisch keinen Sauerstoff mehr. Doch es braucht nur ein Ringelwurm ein Loch in den Boden zu graben, schon wird der Untergrund belüftet. Und prompt kommen dort ganz andere Organismen zurecht als vorher. Selbst die Schleimspur einer Schnecke genügt, um einen neuen Lebensraum zu schaffen.

Krebse für alle

Manchmal trifft man am Meeresgrund auch alte Bekannte, mit denen man nicht gerechnet hat. Als Wissenschaftler des British Antarctic Survey ein unbemanntes U-Boot 3 000 Meter tief ins Südpolarmeer tauchen ließen, glaubten sie ihren Augen nicht zu trauen. Immer wieder schwammen dort Schwärme von Kleinkrebsen vor die Kameralinsen. Kein Zweifel: Es handelte sich um Krill. Niemand hatte diese Tiere in so großen Tiefen vermutet. Denn eigentlich sind gerade die obersten Wasserschichten als Krill-Dorado bekannt.

SCHWIMMENDE LECKERBISSEN: KRILL

Weltweit sind mehr als achtzig verschiedene Krillarten bekannt, die eins gemeinsam haben: Wo auch immer die kleinen Krebse auftauchen, sind sie eine beliebte Beute für alle möglichen Meeresbewohner. Das gilt vor allem für den Antarktischen Krill *Euphausia superba*, der in riesigen Schwärmen im Südpolarmeer schwimmt. Doch auch der Nördliche Krill *Meganyctiphanes norvegica*, der im Nordatlantik und im Mittelmeer zu Hause ist, oder der Pazifische Krill *Euphausia pacifica* spielen in den Nahrungsketten ihrer Lebensräume eine wichtige Rolle. Sogar etliche Wale sind auf die winzigen Leckerbissen angewiesen.

Auch Menschen interessieren sich sehr für die kleinen Krustentiere und stellen ihnen vor allem im Südpolarmeer und in den Gewässern rund um Japan nach. Der größte Teil der Fänge wandert dann als Futter in Fischzuchtanlagen und Aquarien oder wird als Köder in der Sportfischerei eingesetzt. Da er reich an mehrfach ungesättigten Omega-3-Fettsäuren und anderen wertvollen Inhaltsstoffen ist, wird Krill aber auch zu Nahrungsergänzungsmitteln und zu pharmazeutischen Produkten verarbeitet. Und schließlich kommt er in einigen Ländern wie z. B. Japan und Russland auch direkt auf den Tisch.

Eine besondere Vorliebe scheinen die bis zu 5 Zentimeter langen Krustentiere dabei für die Eispanzer des Ozeans zu haben. So ließen die britischen Forscher ein U-Boot 27 Kilometer weit unter das Eis des Weddellmeers tauchen, um die dortigen Schwärme mit akustischen Messgeräten aufzuspüren. Dabei haben sie festgestellt, dass unter dem Eis bis zu fünf Mal mehr Krill treibt als im offenen Wasser. Das liegt vermutlich daran, dass die Unterseite des Eises aus Sicht der kleinen Krebse eine Art Schlaraffenland ist. In rasantem Tempo weiden sie die dort wachsenden Kieselalgen ab, und ihr Nachwuchs findet in der vereisten Kinderstube nicht nur genug zu fressen, sondern auch Schutz vor Feinden.

Von denen hat der kleine Krebs nämlich eine ganze Menge. Keine Nahrungsquelle im Südpolarmeer ist auch nur annähernd so beliebt wie Krill. Das unscheinbare Krustentier ist das wichtigste Glied aller dortigen Nahrungsketten. Fische, Vögel und Säugetiere der Antarktis ernähren sich entweder direkt davon oder stellen anderen Krillfängern nach. Die Palette der Meeresfrüchtefans reicht dabei von Krabbenfresserrobben und Adéliepinguinen bis hin zu etlichen Walarten. Selbst der gewaltige Blauwal hat sich auf diese Beute spezialisiert. Deshalb hat er statt Zähnen lange, geriffelte Hornplatten im Maul, die von Borsten gesäumt sind. Mit diesen sogenannten Barten fischen die Meeresriesen ihre Mahlzeiten aus den Fluten. Dazu müssen sie nur das Maul leicht öffnen, damit das Wasser hineinströmen kann. Mit ihrer riesigen Zunge pressen sie es durch die Barten dann wieder hinaus. Wie in einem Sieb bleibt dabei der Krill an den Borsten hängen, sodass der Wal seine Meeresfrüchtemahlzeit nur noch hinunterschlucken muss.

Auf den ersten Blick scheint sich diese Art von Beute allerdings kaum für einen solchen Koloss zu eignen. Schließlich sind Blauwale wahrscheinlich die größten Tiere, die je auf der Erde gelebt haben. Im Durchschnitt bringen sie es auf rund 26 Meter Länge und 150 bis 200 Tonnen Gewicht, Weibchen können auch noch größer werden. Ein so gewaltiger Körper aber will auch ernährt werden. Da reichen ein paar Eimer Krill bei Weitem nicht aus. Biologen schätzen, dass ein Blauwal jeden Tag anderthalb Millionen Kalorien verbraucht. Um diesen gewaltigen Bedarf zu decken, verschlingt ein einziger der Meeresriesen an einem Sommertag etwa 40 Millionen kleine Krebse mit einem Gesamtgewicht von 3,5 Tonnen.

Zum Glück für die Wale wimmeln die kalten Polarmeere im Sommer geradezu von ihrer Leibspeise. Niemand weiß so genau, wie groß die Krillbestände wirklich sind. Es besteht aber kein Zweifel daran, dass es sich um gewaltige Mengen handelt. Einer Schätzung zufolge sollen in den antarktischen Gewässern insgesamt etwa 1,35 Milliarden Tonnen der Mini-Krebse schwimmen. Damit würde das Krustentier locker das Gesamtgewicht sämtlicher auf der Erde lebender Menschen übertreffen. Die bringen es nämlich auf weniger als eine halbe Milliarde Tonnen. Obendrein haben die Krebse dann auch noch einen Hang zur Geselligkeit. Manchmal drängen sich in riesigen Schwärmen 10 000 Krebse in nicht einmal 30 Litern Wasser. Da brauchen die Wale nicht lange zu suchen, bis sie genügend Nahrung zusammenhaben.

Noch ist der Tisch für die Meeresfrüchtefans der Polargebiete reich gedeckt. Doch das könnte sich im Zuge des Klimawandels ändern. Denn mit der Wärme schrumpft das Eis und damit der Lebensraum für den Krill. Auf der Antarktischen Halbinsel sind die Temperaturen seit Ende der 1950er-Jahre bereits um mehr als 2,5 Grad Celsius angestiegen. Die Region hat sich damit fünf Mal so schnell erwärmt wie die

Erde im Durchschnitt. Im Winter schwimmt deshalb heute deutlich weniger Eis auf dem Südozean als früher. Und weniger Meer-Eis dürfte nach Ansicht vieler Biologen auch weniger Krill bedeuten.

Tatsächlich gibt es bereits Hinweise auf drastisch schrumpfende Krebsbestände. Im Jahr 2004 haben Antarktisforscher aus neun Ländern, darunter auch Deutschland, ihre Daten aus vierzig antarktischen Sommern in einen Topf geworfen. Zum ersten Mal gab es nun eine Langzeitstudie über die Krillvorkommen der Region. Und die Ergebnisse verheißen nichts Gutes. Demnach sind die Bestände der kleinen Krebse im Südozean seit den 1970er-Jahren um etwa 80 Prozent zurückgegangen.

Ohne Krill aber wird das Ökosystem Antarktis nicht funktionieren. Zwar haben andere Bewohner des Südozeans durchaus von der Erwärmung profitiert. Die Bestände der Salpen zum Beispiel wachsen. Diese kleinen, fassförmigen Manteltierchen schweben als Plankton im Wasser und vertragen höhere Temperaturen. Eine fressbare Alternative sind die quallenähnlichen Gebilde für viele Tiere allerdings nicht. Für Heerscharen von Walen und Robben könnte in Zukunft das Futter knapp werden. Das Gleiche gilt für die wohl populärsten Bewohner der Antarktis: Auch den Pinguinen droht eine Zwangsdiät. ✎

Bartenwale sind spezialisierte Krillfischer. Mit den großen Hornplatten in ihrem Maul sieben sie die kleinen Krebstierchen aus dem Wasser. Sogar das größte Tier der Erde, der Blauwal, stillt auf diese Weise seinen Hunger.

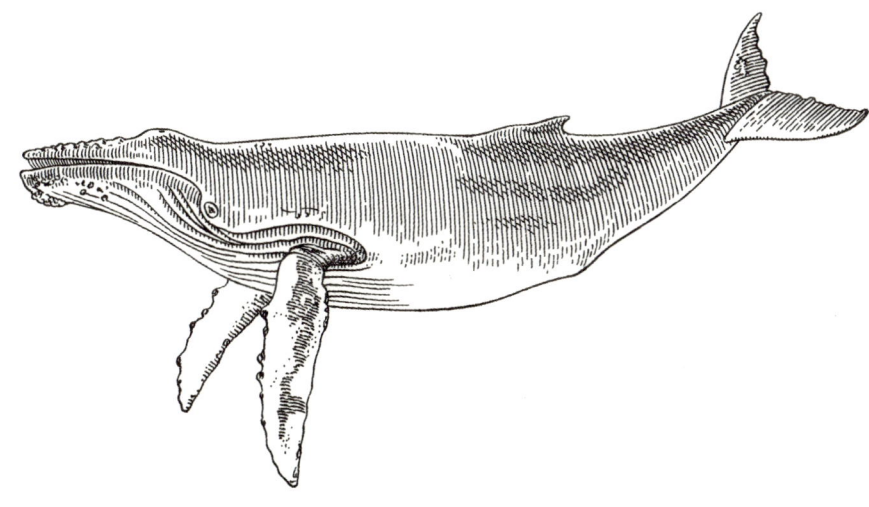

Die Fraktion der Frackträger: Pinguine

Noch gibt es zumindest auf den ersten Blick keinen Mangel an Pinguinen. Im Gegenteil: Wer eine größere Kolonie der gefiederten Polarbewohner besucht, fühlt sich in eine wimmelnde Metropole versetzt. Unter Tausenden von Tieren herrscht eine Atmosphäre wie während der Rushhour in einer Großstadt. Auf Cuverville Island zum Beispiel liegt die größte bekannte Eselspinguinkolonie der Antarktis. Dicht an dicht brüten hier rund 4 800 Paare in aus kleinen Steinen aufgetürmten Nestern. Es herrscht eine beinahe hektische Betriebsamkeit, ein jeder scheint in dringenden Geschäften unterwegs zu sein. Dunkle Silhouetten schießen durch das glasklare Meer vor der Küste, die eleganten Bewegungen erinnern an Flugmanöver unter Wasser. Ab und zu tauchen dann Gruppen von dunkelgrauen Köpfen mit weißen »Ohrenschützern« und orangefarbenen Schnäbeln aus den Fluten auf und steuern Richtung Strand. Wo die Wellen auf den glatten Kieseln auslaufen, ist es gar nicht so leicht, auf die Füße zu kommen. Doch nach der einen oder anderen Slapstick-Einlage schafft auch der tollpatschigste Schwimmkünstler den Schritt an Land.

*Abb. links:
Im Wasser sind
Pinguine in ihrem
Element. Sie haben
ihren Körper perfekt
ans Schwimmen in
den kalten Fluten
angepasst und bewegen
sich äußerst schnell
und geschickt. Sobald
sie dagegen festen
Boden unter den
Füßen haben, wirkt
ihr watschelnder Gang
eher tollpatschig.*

Die Nistplätze der Vögel liegen ein Stück vom Wasser entfernt auf hoch aufragenden Felsen. Zu verfehlen ist Pinguin-City nicht. Denn zwischen dem Ufer und der Kolonie haben unzählige Vogelfüße tiefe Pfade in den Schnee getrampelt, denen Kot und Schlamm eine rötlich braune Farbe verleihen. Eselspinguine schaffen sich eine erstaunlich gut ausgebaute Infrastruktur mit Hauptstraßen, Nebenstrecken und Kreuzungen. Nur was die Vorfahrtsregeln angeht, gibt es ein Defizit: Auf den viel bewatschelten Strecken kommt es immer wieder zu Staus, wenn zwei Gruppen in entgegengesetzter Richtung unterwegs sind. Oft stehen die Tiere dann eine Weile ratlos voreinander. Einfach zur Seite ausweichen können sie nicht. Denn der Schnee rechts und links des Weges türmt sich so hoch auf, dass die Köpfe nur knapp über die Oberkante schauen. Da ist es am einfachsten, die Laufrichtung zu ändern und sich der Mehrheit anzuschließen. Ein paar Vögel drehen also um, und der Stau löst sich auf.

In der Kolonie angekommen gilt es dann erst einmal, den Partner gebührend zu begrüßen. Über der Kolonie hängt somit nicht nur ein intensiver Fischgeruch, sondern auch das durchdringende Geschrei der wieder vereinten Paare. Das perfekte Familienidyll will sich allerdings nicht so recht einstellen. Dafür sorgen schon die Nachbarn, die immer wieder Streit vom Zaun brechen. Vor allem Eigentumsdelikte führen zu Zwistigkeiten. Ihren Artgenossen die Steine vom Nest zu klauen und ihr eigenes damit aufzupeppen scheint in Eselspinguinkreisen eine Art Volkssport zu sein.

GENERALISTEN MIT GROSSER KLAPPE: ESELSPINGUINE

WISSENSCHAFTLICHER NAME: *Pygoscelis papua* **VORKOMMEN:** Antarktische Halbinsel, Inseln rund um die Antarktis **GRÖSSE:** bis 80 Zentimeter hoch, 5 bis 7 Kilogramm schwer **NAHRUNG:** Krill, Fisch **NAHE VERWANDTE:** Adéliepinguin, Zügelpinguin **BESONDERHEITEN:** Eselspinguine bestehen nicht auf einem typischen Antarktis-Ambiente. Zwar brüten sie durchaus an den kahlen, von Gletscherbergen gesäumten Stränden der Antarktischen Halbinsel. Genauso gut können sie ihren Nachwuchs aber auch auf dem grünen Gras der Falkland-Inseln großziehen. Auffallend ist neben dieser Flexibilität vor allem die laute Stimme, der die Vögel ihren Namen verdanken. Sie begrüßen ihre Partner mit eselartigen Rufen und stimmen immer wieder ein lautes Gezeter an.

Einige Diebe versuchen dabei nicht einmal, ihre Aktionen zu verschleiern. Sie hocken zwischen dem eigenen und einem benachbarten Nest und schichten wie am Fließband das Baumaterial um. Die Bestohlenen reagieren darauf unterschiedlich heftig. Manche hocken beinahe resigniert auf dem schrumpfenden Nest, während dreiste Artgenossen von zwei Seiten gleichzeitig Steine abräumen. Andere aber verteidigen ihren Besitz mit Schnabelhieben oder ziehen den Delinquenten kräftig an den Schwanzfedern. Gegen missgünstige Zeitgenossen wie diese hilft wiederum eine andere Strategie. Da steht dann ein scheinbar vollkommen desinteressierter Pinguin neben einem fremden Nest und schaut unbeteiligt in die Luft. Fast erwartet man, er werde gleich demonstrativ eine harmlose kleine Melodie zu pfeifen beginnen. Doch sobald er sich unbeobachtet glaubt, schnappt er blitzschnell zu und eilt mit seiner steinernen Beute davon.

Neben ihrer Figur und ihrem possierlich watschelnden Gang sind es solche amüsanten Verhaltensweisen, die Pinguine zu echten Sympathieträgern gemacht haben. Bei einem Wettbewerb um den Titel »Populärster Vogel der Welt« dürften die Frackträger gute Chancen haben. Und es ist schwer zu sagen, welche der 18 heute noch lebenden Pinguinarten ganz oben auf dem Treppchen landen würde. Vielleicht wäre es tatsächlich der kleptomanische Eselspinguin mit der lauten Stimme. Auch der Goldschopfpinguin mit der dekorativen gelben Federfrisur oder der schön gezeichnete schwarz-weiße Zügelpinguin hätten sicherlich gute Chancen. Der imposante Königspinguin hat zahlreiche Fans unter den Zoobesuchern der Welt. Und sein großer Verwandter, der Kaiserpinguin, kann mit einer der unglaublichsten Lebensgeschichten des Tierreichs aufwarten.

So weit die Füße tragen

Diese Geschichte beginnt jedes Jahr im März aufs Neue, wenn der kurze antarktische Sommer zu Ende geht. Dann verlassen die Kaiserpinguine das Meer und wandern zu ihrer Brutkolonie, die bis zu 150 Kilometer vom Wasser entfernt liegt. Es ist der Auftakt zu einem faszinierenden Schauspiel, das selbst Zoologen immer wieder ungläubig den Kopf schütteln lässt. Denn die Vögel haben sich für einen der beschwerlichsten und riskantesten Lebensstile entschieden, die man sich überhaupt vorstellen kann. Keiner ihrer Verwandten wagt sich so weit in den eisigen Süden der Erde vor. Es ist schwer zu glauben, dass die Vögel diese Strapazen überhaupt überleben – geschweige denn auch noch Nachwuchs in die Welt setzen. Doch mit raffinierten Tricks und Anpassungen gelingt es ihnen Jahr für Jahr, der Kälte ein Schnippchen zu schlagen.

Erst einmal gilt es, den Kampf gegen die eigenen kurzen Beine zu gewinnen. Für einen Gewaltmarsch über Schnee und Eis sind die ele-

---

GEFIEDERTE ÜBERLEBENSKÜNSTLER: KAISERPINGUINE

WISSENSCHAFTLICHER NAME: *Aptenodytes forsteri* **VORKOMMEN:** antarktischer Kontinent bis 78 Grad Süd **GRÖSSE:** mehr als einen Meter hoch, 30 bis 40 Kilogramm schwer **NAHRUNG:** Fisch, Tintenfisch, Krill **NAHE VERWANDTE:** Königspinguin **BESONDERHEITEN:** Kaiserpinguine sind die größten und schwersten Mitglieder ihrer Verwandtschaft. Besonders beeindruckend aber ist ihre Fähigkeit, Eis, Kälte und Stürmen zu trotzen. Sie sind die einzigen Wirbeltiere, die es lange im antarktischen Inlandeis aushalten. Wegen ihrer unzugänglichen Brutgebiete und der Brutzeit mitten im Polarwinter haben Menschen den ersten Nachwuchs dieser Art erst spät zu Gesicht bekommen. Zwar ist die Existenz dieser Vögel schon seit mehr als 120 Jahren bekannt. Das erste Ei aber hat erst die Expedition von Robert Scott im Jahr 1911 gesammelt.

Januar bis März: Futtersuche im Meer.

Dezember:
Küken werden flügge,
Eis bricht auf.

April:
Bis zu 150 Kilometer
Wanderung zur Brutkolonie

Weibchen gehen
auf Futtersuche
ins Meer

Weibchen
kehren zurück

Männchen
gehen auf
Futtersuche
ins Meer

Mai:
Paarung.

Juni bis Juli:
Ausbrüten der Eier.

August:
Schlüpfen der Küken

September bis Oktober:
Aufzucht der Jungen.

Oktober bis November:
Kükengruppen formieren
sich zum Wärmen.

ganten Taucher mit dem stromlinienförmigen Körper eigentlich gar nicht ausgerüstet. Ihr watschelnder Gang an Land wirkt eher unbeholfen. Doch sie haben einen guten Grund, die schier endlose Reise zur Brutkolonie auf sich zu nehmen. Es geht um die Sicherheit ihrer Küken. Im Gegensatz zu anderen Mitgliedern ihrer Verwandtschaft legen Kaiserpinguine ihre Eier nicht auf felsigen Boden, sondern auf den Eispanzer des Antarktischen Ozeans. Und da die Entwicklung ihrer Eier und Küken mit insgesamt etwa 200 Tagen ungewöhnlich lange dauert, müssen sie schon im Winter mit dem Brüten beginnen. Dazu aber brauchen sie einen Platz, der im Frühjahr und Sommer garantiert gefroren bleibt. Schließlich soll das Eis ihrem Nachwuchs nicht unter den Füßen wegtauen, solange er noch nicht schwimmen kann. Wenn man Tage oder Wochen laufen muss, um eine bewährte Kinderstube zu erreichen, ist das eben nicht zu ändern.

Sobald die Vögel in der Kolonie angekommen sind, dreht sich alles um die Fortpflanzung. Doch bevor sie zur Sache kommen, sind ein

Kaiserpinguine haben einen komplexen Lebenszyklus, der sie jedes Jahr zu langen Wanderungen zwingt und das Brutgeschäft zu einer echten Herausforderung macht.

paar Werbemaßnahmen gefragt. Unter großem Geschrei finden sich die Pinguinpaare und verbinden Verbeugungen, Rufe und rituelle Schritte zu einem Balztanz. Im Mai werden dann die ersten Eier gelegt und von den ausgezehrten Pinguinmüttern sofort an ihre Partner weitergereicht. Das klingt allerdings einfacher, als es ist. Oft führen die Tiere dabei geradezu artistische Kunststücke auf, damit der empfindliche Nachwuchs sicher von den Füßen des Weibchens auf die des Männchens rollt und nicht etwa auf dem kalten Eis landet. Sobald die Übergabe erledigt ist, kehren die Pinguinmütter zurück zum Meer, um zu fressen. Ihren Partnern aber steht die härteste Bewährungsprobe noch bevor. Die nächsten 60 Tage werden sie mit den Eiern auf den Füßen der Dunkelheit, den Stürmen und der eisigen Kälte des antarktischen Winters trotzen und den Nachwuchs ausbrüten.

Um dabei nicht zu erfrieren, haben sich Kaiserpinguine zu wahren Energiesparwundern entwickelt. Eine Fettschicht isoliert ihren Körper, und ein raffiniertes Wärmetauschverfahren zwischen Arterien und Venen schickt kühleres Blut in die Füße und Flügel und wärmeres ins Körperinnere. So lässt sich der Wärmeverlust an den Extremitäten eindämmen. Zudem drängen sich die Pinguinväter eng aneinander, manchmal stehen bis zu zehn Tiere auf einem Quadratmeter. Mit vereisten Federn und gebeugten Köpfen stemmen sie sich gemeinsam gegen den Sturm. Nach Messungen französischer Forscher steigt die Temperatur an der Körperoberfläche allein durch dieses Kuscheln um 0,6 Grad Celsius an. Und damit auch alle in den Genuss der zusätzlichen Wärme kommen, haben die Tiere das Rotationsprinzip erfunden: Jeder steht mal im windgepeitschten Äußeren und mal im etwas milderen Inneren des Pinguinknäuels.

Trotzdem wird den Vätern die Zeit lang. Seit 120 Tagen haben sie nichts mehr gefressen, 12 bis 15 Kilogramm Körpergewicht haben sie verloren. Eine letzte eiserne Reserve können sie noch mobilisieren, wenn die Küken schließlich schlüpfen: Sie würgen ein nährstoffreiches Sekret aus, das den ersten Hunger des Nachwuchses stillt. Das aber muss reichen, bis die Weibchen nach zwei Monaten endlich zurückkommen. Erst dann können sich die entkräfteten Männchen auf den Weg zum Meer machen.

Abb. links: Kaiserpinguine sind gesellige Vögel, deren Kolonien oft aus Tausenden von Mitgliedern besteht. Die Jungtiere drängen sich oft eng zusammen, um sich vor der Kälte zu schützen.

Als Timothy Griffin von der University of California in Berkeley und andere Kollegen die schwankenden Schritte von Kaiserpinguinen genau unter die Lupe nahmen, erlebten sie eine Überraschung. »Eigentlich hatten wir erwartet, dass der Pinguin durch das Schwanken Energie verschwendet«, sagt der Forscher. Doch das Gegenteil ist der Fall: Der Vogel nutzt die Energie der Pendelbewegungen, um beim Laufen seinen Schwerpunkt anzuheben – eine Aufgabe, die er sonst mit Muskelkraft bewältigen müsste. Gerade durch ihren schwankenden Gang sparen die Vögel somit Energie. Wegen ihrer kurzen Beine bringen sie es allerdings trotzdem nur auf Geschwindigkeiten zwischen einem halben und 2 Kilometern pro Stunde.

André Ancel und seine Kollegen vom französischen Forschungszentrum Centre d'Ecologie et Physiologie Energétiques in Straßburg haben einige der Pinguinväter mit einem Satellitensender ausgerüstet und so ihre Wege verfolgt. Mehr als 100 Kilometer waren die geschwächten Vögel unterwegs, bis sie auf offenes Wasser stießen. »Niemand weiß genau, wie sie diese offenen Stellen finden«, sagt der Kieler Pinguinforscher Boris Culik. Wahrscheinlich prägen sich die Vögel Eisberge und andere Landmarken ein, doch das allein genügt nicht. Denn Eisberge verschieben sich, und die Sicht ist durch die zahlreichen Schneestürme oft äußerst schlecht. »Vermutlich nutzen Pinguine mehrere Sinne zur Orientierung«, sagt Boris Culik. So besitzen sie eine innere Uhr, mit deren Hilfe sie Sonne und Sterne als Kompass nutzen können. Auch der Geruch des Meeres weist ihnen wohl den Weg. Und wenn alles andere versagt, können sie sich immer noch auf einen Spezialsinn verlassen, mit dem sie das Magnetfeld der Erde wahrnehmen. Alle diese Orientierungshilfen führen die Tiere sicher zum reich gedeckten Tisch im offenen Meer und wieder zurück in ihre Kolonie, die wie ein kleiner Fleck inmitten der eisigen Weite der Antarktis liegt.

Dort herrscht inzwischen ein unübersichtliches Gewimmel von Pinguinküken, die für das menschliche Auge alle gleich aussehen. Da scheinen die zurückkehrenden Väter kaum Chancen zu haben, zwischen Tausenden von hellgrauen Körpern und schwarz-weißen Köpfen den eigenen Nachwuchs wiederzufinden. Doch Kaiserpinguine haben ein ausgeprägtes Talent für das Unterscheiden von Stimmen. Französische Wissenschaftler haben herausgefunden, dass ein Küken die Rufe seiner Eltern nur zwei zehntel Sekunden lang hören muss, um sie wiederzuerkennen. In Experimenten kann es die verwandte Stimme sogar dann identifizieren, wenn sechs andere Pinguine ringsum viel lauter schreien. Umgekehrt können sich auch die Väter bei der Familienzusammenführung ganz auf ihre Ohren verlassen.

Von ihrem Ausflug ins Meer haben sie einen vorverdauten Fischbrei mitgebracht, den sie für ihren schon ungeduldig wartenden Nachwuchs wieder hervorwürgen. Noch mehrmals werden beide Pinguineltern in den nächsten Wochen zwischen Meer und Küken hin- und herpendeln, um Nahrung heranzuschaffen. Elternzeit ist auch für Kaiserpinguine Schwerstarbeit. Doch je weiter der Sommer voranschreitet, umso einfacher wird die Reise zum Meer. Denn das Packeis schmilzt zusehends, und die Eiskante rückt immer näher an die Kolonie heran. Und eines Tages ist es dann so weit: Vor den Füßen der neuen Pinguingeneration glitzert offenes Wasser. Eines nach dem anderen verschwinden die Jungtiere im Meer. Gerade erst haben sie ihr wärmendes Daunenkleid gegen Federn getauscht, mit denen sie gut schwimmen können. Was sie dann machen, weiß niemand so genau. Denn während das Leben der Kaiserpinguine an Land bereits gut erforscht ist, bleibt die Zeit auf See immer noch rätselhaft. »Amerikanische Kollegen haben Hinweise darauf, dass die jungen Pinguine nach Nordosten schwimmen und die antarktischen Gewässer umrunden«, sagt Boris Culik. Eines Tages aber werden auch sie wieder in der Kolonie auftauchen und in der abenteuerlichen Geschichte mitspielen, die aus der Feder eines fantasiebegabten Drehbuchschreibers stammen könnte.

Treue, Scheidung und Prostitution

Als der französische Regisseur Luc Jacquet das eindrucksvolle Naturschauspiel im Jahr 2005 auf die Kinoleinwände brachte, ließen sich zahlreiche Zuschauer von den Helden im Frack verzaubern. In den USA hatte der erfolgreiche Dokumentarfilm *Die Reise der Pinguine* allerdings ungeahnte Folgen. Plötzlich mussten die Überlebenskünstler auf dem Eis als Ikonen konservativer Werte herhalten. Vor allem fundamentalistische Christen feierten die Vögel als leuchtende Vorbilder in Sachen Familienleben und ehelicher Treue.

Wissenschaftler wie der Kieler Pinguinforscher Boris Culik können über einen moralisierenden Blick auf die Tierwelt nur den Kopf schütteln. Doch einen Hang zur Treue attestiert er der Pinguinverwandtschaft durchaus. »Dafür gibt es allerdings ganz handfeste biologische Gründe«, sagt Culik. Wer sich wieder mit dem vertrauten Partner vom letzten Jahr zusammentut, hat gleich mehrere Vorteile. Erstens spart er sich den Aufwand, einen neuen Gefährten zu suchen und für sich zu gewinnen. Zweitens sind langjährige Paare besser aufeinander eingespielt und bringen deshalb Eier und Küken leichter durch. Ein harscher Lebensraum wie die Antarktis verzeiht keine Fehler beim Brutgeschäft. Die Partner müssen sich hundertprozentig aufeinander verlassen können. Wenn der bei den Küken gebliebene Elternteil seine Aufsichtspflicht vernachlässigt oder der im Meer fischende Gefährte nicht

Steine sind bei Adéliepinguinen eine beliebte Währung. Es gibt sogar Fälle, in denen Weibchen sich im Austausch gegen das begehrte Baumaterial »prostituieren«.

rechtzeitig zurückkommt, kann das für den Nachwuchs sehr schnell das Ende bedeuten. Dann war alle Anstrengung zumindest für dieses Jahr umsonst. Ein Artgenosse, mit dem man das Projekt Jungenaufzucht schon einmal erfolgreich gemeistert hat, ist deshalb besonders attraktiv. Wenn sich Pinguine zur Paarung in ihren Kolonien versammeln, versuchen sie daher oft, den bewährten Partner vom letzten Jahr wiederzufinden.

Allerdings können sie auch nicht zu lange auf einen Gefährten warten, der vielleicht nicht zurückkommt. Die Brutsaison in der Antarktis ist kurz, die Vögel haben daher keine Zeit zu verlieren. Wenn der gewohnte Partner nicht auftaucht, muss eben ein anderer her. Diese pragmatische Einstellung führt dazu, dass die verschiedenen Pinguinarten einen unterschiedlich starken Hang zur Treue haben. Je schwerer der Partner wiederzufinden ist, desto eher stürzen sich die Vögel in neue Beziehungen. Ausgerechnet der hochgelobte Kaiserpinguin und der eng verwandte Königspinguin fallen dabei durch hohe »Scheidungsraten« auf: 80 Prozent der Tiere wählen von Jahr zu Jahr einen neuen Partner. Das sei kaum verwunderlich, meinen John Croxall vom British Antarctic Survey und Lloyd Davis von der University of Otago in Neuseeland. Schließlich bauen beide Arten kein Nest, sodass die Paare keinen festen Treffpunkt haben. Im Gewimmel der Kolonie mit ihren Tausenden von Vögeln ist es daher sehr schwierig, am Anfang der Saison einen bestimmten Vogel zu finden. Erst recht, wenn der auch noch mit Verspätung eintrifft.

Viel leichter haben es Arten wie die Adéliepinguine, bei denen sich die Paare jedes Jahr zur gleichen Zeit am gleichen Nest treffen. Da sind die Trennungsraten gering. Doch auch diese Vögel können es sich nicht leisten, ihrem Gefährten lange hinterherzutrauern. Wenn der eine nicht rechtzeitig erscheint, ist die andere möglicherweise schon vergeben, und umgekehrt. Auch das muss allerdings keine endgültige Entscheidung sein. Manchmal verlässt ein Weibchen seinen neuen Gefährten auch wieder, wenn der alte doch noch auftaucht. Der verspätete Vogel muss dann aber möglicherweise die Brut des abservierten Rivalen aufziehen.

So ganz genau nehmen es also auch die Adéliepinguine nicht mit der Treue. Manchmal hintergehen sie ihre Partner sogar ganz gezielt, haben Lloyd Davis und seine englische Kollegin Fiona Hunter von der Universität Oxford beobachtet. Auf der antarktischen Rossinsel sind sie einem Fall von Pinguinprostitution auf die Spur gekommen. Da Adéliepinguine in ihrem kargen Lebensraum keine Pflanzen für den Nestbau finden, verwenden sie dafür kleine Steine. Davon aber gibt es nicht allzu viele. Ähnlich wie Eselspinguine verbringen auch diese Vögel einen großen Teil ihrer Zeit damit, sich das kostbare Baumaterial gegenseitig zu stehlen. Es kommt allerdings vor, dass der Steinbesitzer sein Eigentum mit schmerzhaften Schnabel- und Flügelhieben verteidigt. Diese Gefahr haben die Weibchen auf Ross Island raffiniert umgangen: Sie bieten alleinstehenden Nestbesitzern Sex an und lassen sich dafür mit Steinchen belohnen, die sie anschließend zu ihrem eigenen Nistplatz schleppen. Mit diesem Verhalten dürften sich Pinguine endgültig als Vorbilder für konservative Moralvorstellungen disqualifiziert haben.

Von Lageristen und Energiesparern

Dafür haben sie andere Qualitäten. Antarktisvögel sind äußerst kreativ, wenn es darum geht, mit den Tücken ihres Lebensraumes zurechtzukommen, und haben im Laufe ihrer Evolution die erstaunlichsten Erfindungen gemacht. Zum Beispiel ein körpereigenes Frischhaltesystem für Fisch. Das Patent dafür hat der etwas kleinere Verwandte des Kaiserpinguins, der Königspinguin. Diese Vögel besitzen eine unter den Wirbeltieren einzigartige Fähigkeit: Sie können unverdautes Futter bis zu drei Wochen lang in ihrem Magen aufbewahren.

Gedacht ist dieses Depot als Notreserve für die Küken. Ein Königspinguinpaar zieht seinen Nachwuchs immer gemeinsam auf. Während ein Elternteil das Ei oder das Junge vor drohenden Angriffen der Riesensturmvögel schützt, schwimmt der Partner Hunderte von Kilometern weit, bis er seine Fischgründe erreicht. Auf der Jagd taucht er manchmal bis in 500 Meter Tiefe und bleibt etliche Minuten ohne Sauerstoffnachschub unter Wasser. Innerhalb von ein paar Tagen mit jeweils bis zu 150 Tauchgängen verschlingt der gefiederte Fischer bis zu 20 Kilogramm Beute. Nach der Rückkehr in die Kolonie würgt er den nahrhaften Meeresfrüchtebrei wieder hervor und verfüttert ihn an die Jungvögel.

Die erste Mahlzeit seines Lebens bekommt der Pinguinnachwuchs dabei von seiner Mutter. Denn der Vater ist während der letzten Wochen vor dem Schlüpfen fürs Brüten zuständig und kann nicht mal eben zum Fischen ins Meer. Manchmal aber verzögern die Stürme des rauen Südpolarmeers die Rückkehr der Weibchen. Dann tritt Plan B in Kraft: Damit das frisch geschlüpfte Küken dennoch etwas zu fressen bekommt, würgt das Männchen die letzte Mahlzeit hervor, die es vor seiner Elternzeit gefangen und in seinem Magendepot zwischengelagert hat.

Warum aber ist der Fischbrei dort nicht längst verdorben? Um das herauszufinden, haben Cécile Thouzeau vom Nationalen Wissenschaftszentrum im französischen Straßburg und andere Kollegen die Mageninhalte von »lagernden« und normal verdauenden Pinguinen verglichen. Im Verdauungstrakt der Vögel herrschen rund 38 Grad Celsius, der Magensaft ist nur leicht sauer. Für Bakterien sind das eigentlich perfekte Bedingungen. Und in der Nahrung der Pinguine fanden die Biologen auch tatsächlich massenweise überlebensfähige Mikroben. Doch sobald diese im Magen der Vögel landen, scheint es für sie ungemütlich zu werden. Viele Bakterien, die das Forscherteam aus dem Mageninhalt isoliert hat, zeigten jedenfalls deutliche Anzei-

VERSCHIEDENE GENERATIONEN: KÖNIGSPINGUINE

WISSENSCHAFTLICHER NAME: *Aptenodytes patagonicus*
VORKOMMEN: subantarktische und antarktische Inseln
GRÖSSE: 80 bis 95 Zentimeter hoch und 10 bis 20 Kilogramm schwer **NAHRUNG:** Tintenfisch, Fisch, Krill
NAHE VERWANDTE: Kaiserpinguin **BESONDERHEITEN:**
Königspinguine gehören zu den Arten, bei denen sich
Jungtiere und Eltern überhaupt nicht ähnlich sehen.
Die erwachsenen Vögel haben einen hellen Bauch,
einen blaugrauen Frack und orangefarbene Flecken an
Kopf und Hals. Der Nachwuchs dagegen hüllt sich in
ein flauschiges braunes Daunenkleid, das er erst im
Alter von 10 bis 13 Monaten verliert. Vor allem, wenn
die Pinguinküken die Größe ihrer Eltern erreichen, sind
diese Unterschiede extrem auffällig. Frühe Polarforscher haben Vertreter der beiden Generationen sogar
für unterschiedliche Arten gehalten.

chen von Stress. Einige hatten Dauerformen gebildet, mit denen sie normalerweise harte Zeiten und ungünstige Umweltbedingungen überstehen. Andere waren deformiert oder ganz abgestorben.

Offenbar verfügen die Pinguine über Substanzen, die das Bakterienwachstum in ihrem Magen hemmen. Dabei könnte es sich zum Beispiel um Acrylsäure handeln. Diese antibakterielle Verbindung kommt im pflanzlichen Plankton vor und erreicht über die verschiedenen Stufen der Nahrungskette schließlich auch den Pinguin. Allerdings können die Vögel ihre Bakterienabwehr offenbar gezielt an- und wieder ausschalten. Das spricht eher dafür, dass sie selbst eine oder mehrere antibakterielle Substanzen produzieren und bei Bedarf freisetzen.

Bakterien können die eingelagerte Nahrung also schlecht zersetzen. Zusätzlich produzieren die Pinguinväter auch noch weniger Magensäure und verlangsamen die Muskelkontraktionen, die normalerweise die Nahrung durch die Verdauungsorgane transportieren. Das alles hemmt die Verdauung und hält das Fischmenü frisch. Auch wenn sich die Mutter verspätet, ist damit die erste Mahlzeit im Leben eines kleinen Königspinguins gesichert.

Die bekanntesten Innovationen haben Pinguine allerdings auf dem Gebiet des Energiesparens gemacht. In einem Lebensraum, der mit Temperaturen um minus 40 Grad aufwartet und in dem pfeifende Winde oft noch die letzte Wärme aus dem Körper zu peitschen drohen, ist eine gute Wärmedämmung lebenswichtig. Erst recht, wenn man sich zur Jagd in die eisigen Fluten des Südpolarmeers stürzt, die den Körper besonders schnell auskühlen. Also haben sich Pinguine ein extrem dichtes Gefieder zugelegt und lassen sich bis zu zwanzig Mal mehr Federn wachsen als ein Durchschnittsvogel. Einen einzigen Quadratzentimeter ihres Körpers bedecken bis zu zwölf Federn, deren Spitzen wie Dachziegel übereinanderliegen. Darunter wachsen feine weiche Daunen, zwischen denen sich eine zusätzlich isolierende Luftschicht verfängt. Die gesamte Wärmeschutzhülle ist wasserdicht, weil die Vögel sie ständig mit einem Öl einreiben, das sie in speziellen Drüsen produzieren. So bleibt die Haut selbst bei langen Tauchausflügen trocken. Damit der Körper auch nicht die geringste Wärme unnötig verliert, haben die Tiere unter der Haut außerdem eine isolierende Fettschicht eingelagert.

Wie gut diese natürliche Dämmung funktioniert und wie wenig Wärme der Vogel nach außen abgibt, kann man manchmal bei Schneefall beobachten. Wenn ein Pinguin dann ruhig auf seinem Nest sitzt, bleiben auf seinem Rücken erst einzelne Flocken liegen, und mit der Zeit hüllt er sich in eine immer dicker werdende weiße Decke. Die Temperatur in ihrem Inneren aber halten die Tiere dank ihres effizienten Energiesparkonzeptes auf durchschnittlich 39 Grad Celsius – das sind immerhin 2 Grad mehr, als der Mensch normalerweise hat. Anders als dieser vertragen sie allerdings deutlich größere Schwankungen. 3 Grad Körpertemperatur mehr oder weniger machen ihnen nichts aus.

Neben den Körperfunktionen müssen die Vögel auch das Verhalten an die eisigen Bedingungen ihres Lebensraums anpassen. So legen viele Pinguine ihre Brutkolonien auf schnee- und eisfreien Flächen an, die sich bei Sonnenschein gut aufheizen. Zusätzlich bauen Arten wie die Adélie- oder die Eselspinguine etwas erhöhte Nester aus Steinen, damit Eier und brütende Vögel nicht direkt den kalten Untergrund berühren. Diese Steinhaufen schützen das Gelege dann auch vor eisigem Schmelzwasser.

Junge Königspinguine in ihrem braunen Daunenkleid haben nur wenig Ähnlichkeit mit ihren grau, weiß und gelb gefärbten Eltern. Frühestens nach zehn Monaten gleichen sich ihre Federn denen der Erwachsenen an.

Eine uralte Erfolgsgeschichte

All diese raffinierten Tricks und Strategien haben die gefiederten Überlebenskünstler natürlich nicht von heute auf morgen entwickelt. Die Anpassung an den schwierigen Lebensraum im Eis hat Millionen von Jahren in Anspruch genommen. Anhand von uralten Knochen, die bis heute erhalten geblieben sind, können Paläontologen zumindest einen Teil dieser spannenden Geschichte rekonstruieren. Wahrscheinlich stammen Pinguine von flugfähigen Seevögeln ab und haben den Luftraum aufgegeben, um sich ganz auf ihr Schwimmtalent zu konzentrieren. Ungefähr vor 68 bis 70 Millionen Jahren soll ihre Entwicklungslinie von den Ästen der verwandten Gruppen im Vogelstammbaum abgezweigt sein. Klar ist jedenfalls, dass es zum Ende der Kreidezeit vor etwa 65 Millionen Jahren schon richtige Pinguine gegeben haben muss, die sich deutlich von anderen Seevögeln unterschieden. Gelebt haben diese Pioniere irgendwo zwischen dem südlichen Neuseeland und der Antarktis. Überreste dieser Vögel haben Wissenschaftler allerdings bis heute noch nicht gefunden.

Die bisher ältesten Fossilien eines Pinguins stammen von einem Tier, das vor ungefähr 60 bis 62 Millionen Jahren in Neuseeland gelebt hat. Anhand dieser Knochen beschrieben neuseeländische Forscher um Ewan Fordyce von der University of Otago im Jahr 2006 eine neue Pinguingattung, die sie auf den Namen »Waimanu« tauften. Das Wort stammt aus der Sprache der neuseeländischen Ureinwohner und bedeutet so viel wie »Wasservogel«. Kurz nachdem das Massensterben am Ende der Kreidezeit vor 65 Millionen Jahren die Dinosaurier von der Erde wischte, schwammen diese Tiere in den flachen Gewässern vor der Ostküste Neuseelands. Sie waren zwischen 80 Zentimeter und einen Meter groß und sahen ein bisschen aus wie ein heutiger Kormoran. Allerdings hatten sie ihr Flugtalent schon aufgegeben. Ihre kurzen und abgeflachten Flügel konnten ihren Körper zwar nicht mehr in der Luft halten, eigneten sich aber sehr gut zum Schwimmen und Tauchen.

Etliche Millionen Jahre später betraten dann die wohl spektakulärsten Gestalten die Bühne der Pinguin-Evolution. Vor 30 bis 40 Millionen

DIE »PINGUINE DES NORDENS«: RIESENALKE

Es gibt bisher keinerlei Indizien dafür, dass auf der Nordhalbkugel jemals Pinguine gelebt haben. Nur der Galapagos-Pinguin wagt sich ein paar Kilometer über den Äquator hinaus. Bis ins 19. Jahrhundert schwamm im Nordatlantik allerdings eine sehr ähnliche Art. Der Riesenalk *Alca impennis* war zwar nicht mit den Pinguinen verwandt, sondern mit den heute noch lebenden Trottellummen und Tordalken. Vom Äußeren her aber erinnerte der bis zu 85 Zentimeter große Vogel an einen Königspinguin. Denn auch sein Körper war an ein Leben im kalten Wasser angepasst. Mit seinem dichten Gefieder und den weit hinten am Körper sitzenden Schwimmfüßen war er ein sehr guter Taucher. An Land dagegen konnte er nur unbeholfen umher-

watscheln, und zum Fliegen taugten die kurzen Flügel überhaupt nicht mehr.

Das aber machte die großen Vögel seit jeher zu einer leichten Beute. Schon die Jäger der Steinzeit stellten ihnen nach, später bereicherten die Besatzungen von Schiffen aus aller Welt ihre eintönige Kost mit dem Fleisch und den Eiern der wehrlosen Tiere. Das blieb nicht ohne Folgen. Die einst riesigen Brutkolonien schrumpften immer weiter. Museen boten schließlich Rekordsummen für einen Balg der gefiederten Rarität und machten die Jagd damit nur noch attraktiver. Das vermutlich letzte Brutpaar der Art wurde 1844 von isländischen Jägern getötet.

Jahren lebten in Neuseeland und der Antarktis einige Arten, gegen die selbst der bis zu 1,30 Meter große und 50 Kilogramm schwere Kaiserpinguin heutiger Tage wie ein Zwerg wirkt. Den bisherigen Größenrekord hält Nordenskjoelds Riesenpinguin *Anthropornis nordenskjoeldi,* der von den Füßen bis zum Scheitel fast 1,80 Meter maß. Der Titel »Schwerster Pinguin der Geschichte« steht vermutlich dem Neuseeländischen Riesenpinguin *Pachydyptes ponderosus* zu, der mehr als 80 Kilogramm auf die Waage brachte. Warum diese Giganten unter den Pinguinen vor etwa 25 Millionen Jahren verschwanden, weiß niemand genau. Wissenschaftler haben den Verdacht, dass ihr Aussterben mit dem Auftauchen der ersten Zahnwale in den Meeren ihrer Heimat zusammenhängen könnte. Denn die interessierten sich ebenfalls für Fisch und machten den Riesenvögeln damit ihre Nahrung streitig. In diesem Konkurrenzkampf scheinen die Meeressäuger bessere Karten gehabt zu haben. Jedenfalls waren sie langfristig erfolgreicher als die Pinguine im XXL-Format, von deren Leben heute nur noch ein paar versteinerte Knochen erzählen.

Riesenalke gehörten zwar nicht zu den Pinguinen. Doch die ähnliche Lebensweise hat den beiden Vogelgruppen eine ganze Reihe von körperlichen Ähnlichkeiten beschert.

Außer den Fossilien gibt es eine zweite Informationsquelle, die Wissenschaftlern mehr über die Geschichte der Pinguine verrät. Das Erbmaterial DNA bleibt zwar bei Weitem nicht so lange erhalten wie Knochen oder Zähne. Nach Jahrmillionen ist davon nichts mehr übrig, was sich analysieren ließe. Doch einige Tausend Jahre können die Molekularbiologen anhand der DNA durchaus in die Vergangenheit blicken. Und gerade die Antarktis mit ihren kalten Temperaturen bewahrt die DNA besonders gut. Wenn es gelingt, diese Substanz aus uralten Tierresten zu isolieren und die Reihenfolge ihrer Bausteine zu analysieren, lässt sich mehr über den Stammbaum und die Entwicklungsgeschichte verschiedener Arten herausfinden. So haben neuseeländische und italienische Forscher in den Brutkolonien der Adéliepinguine nach den genetischen Spuren der Vergangenheit gesucht. Im Boden unter den heutigen Nestern fanden die Wissenschaftler die tiefgekühlten Überreste von einigen Tausend Pinguingenerationen. Und in den eingefrorenen Knochen war das Erbmaterial erstaunlich gut erhalten geblieben: Bis zu 7 000 Jahre alte DNA konnten die Molekularbiologen untersuchen und mit der Erbinformation von heute lebenden Vögeln vergleichen.

Die Analyse von 96 im Eis konservierten Knochen und 380 Blutproben von lebenden Tieren hat gezeigt, dass es zwei Linien von Adéliepinguinen gibt, die sich in ihrem Verbreitungsgebiet und in ihrem Erbgut unterscheiden. Die Forscher nehmen an, dass sich diese beiden Linien vor etwa 53 000 bis 62 000 Jahren voneinander getrennt haben.

Die Kolonien der schwarz-weißen Vögel verraten interessante Details über die Evolution ihrer Art, und auch über die Klimageschichte ihres Lebensraums haben sie einiges zu erzählen. In akribischer Kleinarbeit hat sich ein Wissenschaftlerteam um Steven Emslie von der University of North Carolina darangemacht, heutige und ehemalige Adéliekolonien an der Küste von Victorialand zu untersuchen. In diesem Landstrich der Antarktis, der an das Rossmeer grenzt, brüten heute mehr als 744 000 Paare dieser Pinguine. Das sind immerhin 30 Prozent des Weltbestandes.

Die ältesten bisher bekannten Pinguine gehören zur längst ausgestorbenen Gattung Waimanu. Ihre Überreste wurden in Neuseeland gefunden. Wie die heutigen Pinguine konnten diese Vögel nicht fliegen, sondern hatten ihren Körperbau ans Tauchen angepasst.

In der Vergangenheit aber ist das Gebiet nicht immer ein so geeigneter Ort für diese Vögel gewesen. Denn Adéliepinguine stellen vor allem eine Bedingung an ihren Lebensraum: Er muss ihnen einen Zugang zum offenen Meer bieten, damit sie auf Nahrungssuche gehen können. Deshalb reagieren diese Tiere sehr empfindlich auf Klimaabkühlungen. Wenn sinkende Temperaturen den Ozean unter Packeis begraben, müssen sie ihre Kolonien aufgeben. Allerdings verschwinden die Vögel dann keineswegs spurlos. Im Boden bleiben zahlreiche Knochenreste von Jungvögeln zurück, vermischt mit Federfragmenten, Kot und den Bruchstücken von Eierschalen. Forscher haben die Überbleibsel früherer Brutplätze genau untersucht, um ihr Alter zu bestimmen. So ließ sich herausfinden, wann die jeweiligen Kolonien entstanden und wann sie wieder verlassen wurden.

Demnach haben die Vögel die gesamte südliche Küste von Victorialand vor etwa zweitausend Jahren aufgegeben und erst tausend Jahre später wieder besiedelt. Wahrscheinlich lag das südliche Rossmeer während der pinguinlosen Zeit unter großen Eismassen. Als es dann wieder wärmer wurde und der Ozean im Sommer auftaute, kehrten die schwarz-weißen Bewohner zurück. Die Siedlungsgeschichte der Pinguine hat den Forschern damit Details über die Klimaentwicklung der Antarktis verraten, von denen bisher niemand wusste. Normalerweise untersucht man ja eher Eis oder die Sedimente des Meeresgrundes, wenn man mehr über das Klima der Vergangenheit erfahren will. Mit diesen Methoden lassen sich aber nur schlecht Informationen über relativ kurzfristige Klimaveränderungen in kleineren Gebieten gewinnen. Da ist die Hilfe von Zeitzeugen mit Schnäbeln und Federn hochwillkommen.

Die ausgestorbenen Riesenpinguine der Gattung Anthropornis *erreichten in etwa die Größe eines erwachsenen Mannes. Fossilien dieser imposanten Tiere haben Wissenschaftler auf Seymour Island vor der Antarktischen Halbinsel sowie in Neuseeland gefunden.*

Pinguine im Klimastress

Was das Klima der Zukunft angeht, stehen die Zeichen allerdings eher auf Erwärmung als auf Eiszeit. Zumindest auf der Antarktischen Halbinsel haben Wissenschaftler in den letzten Jahrzehnten schon kräftig steigende Temperaturen gemessen. Das aber ist für die Adéliepinguine auch keine gute Nachricht. Bill Fraser von der Montana State University verfolgt zum Beispiel seit den 1970er-Jahren das Schicksal einer Kolonie in der Nähe der Palmer-Forschungsstation auf der Antarktischen Halbinsel. Seither ist die Einwohnerzahl dieser Pinguinstadt auf etwa ein Viertel geschrumpft. In ein paar Jahren könnten die schwarzweißen Vögel sogar ganz aus dem Gebiet verschwunden sein, befürchtet der Biologe. Ein Grund für den Rückgang ist wohl der Hunger. Seit im Winter weniger Eis auf dem Wasser vor der Antarktischen Halbinsel schwimmt, gibt es dort weniger Krill und damit auch weniger Nahrung für die Adéliepinguine. Doch das ist noch nicht alles. Der Klimawandel bringt auch noch starke Schneefälle im Frühjahr mit sich, die den Vögeln das Brüten unmöglich machen.

Goldschopfpinguine sind nicht gern allein: Ihre Kolonien gehören zu den größten und am dichtesten bevölkerten Pinguinkolonien überhaupt. Manche dieser Vogelgroßstädte haben bis zu 100 000 Einwohner.

Es ist aber nicht so, dass die Pinguinbestände in der Antarktis und auf den vorgelagerten Inseln generell abnehmen würden. Je nach Art und Region zeigen sich unterschiedliche Trends. So sind die Bestände der Zügelpinguine auf den Süd-Orkney-Inseln in den letzten Jahrzehnten stark geschrumpft, während die Zahl der dortigen Adéliepinguine schwankt und die Eselspinguine sich vermehren. Ähnlich diffus ist die Lage auf South Georgia. Dort brüteten noch in den 1970er-Jahren 2,5 Millionen Goldschopfpinguin-Paare, mittlerweile sind es weniger als eine Million. Andererseits ist der Bestand der Königspinguine auf der Insel von ein paar Hundert Exemplaren in den 1920er-Jahren auf heute 450 000 angestiegen. Schlechtere Nachrichten gibt es dagegen von den verwandten Kaiserpinguinen weiter im Süden: Ihre Bestände haben stellenweise um bis zu 50 Prozent abgenommen.

Mitarbeiter des British Antarctic Survey und andere Pinguinforscher versuchen mit Hochdruck, Erklärungen für diese unterschiedlichen Entwicklungen zu finden. Nahrungsangebot und Nistplätze sind offenbar die beiden wesentlichen Faktoren, die das Verbreitungsgebiet der gefiederten Frackträger bestimmen. Doch was genau in den einzelnen Kolonien vor sich geht, lässt sich nur mit viel Aufwand herausfinden.

Yvon Le Maho von der Universität in Straßburg und andere Forscherkollegen zum Beispiel konnten im Jahr 2008 ein Jubiläum feiern: Zehn Jahre lang hatten sie sich den Königspinguinen an die Fersen geheftet, um die Folgen des Klimawandels für diese stolzen Vögel zu untersuchen. Schauplatz der Pinguin-Beschattung war die Île de la Possession, die im Crozet-Archipel im südlichen Indischen Ozean liegt. Dort haben die Forscher etliche Hundert zehn Monate alten Königspinguinküken einen Mini-Chip unter die Haut gepflanzt. Damit ließ sich genau feststellen, welches Tier die Kolonie zu welchem Zeitpunkt verließ und wann es zurückkehrte. Denn sobald einer der Vögel eine im Boden vergrabene Antenne passierte, empfing diese ein schwaches Funksignal und schickte die Information direkt auf die Computer der Biologen.

Sobald die mit dieser Überwachungstechnik ausgerüsteten Vögel erwachsen waren, konnten die Forscher so einen Einblick in den anstrengenden Alltag von Pinguineltern gewinnen. Jeden Aufbruch zu einem Fischzug und jede glückliche Rückkehr in die Kolonie haben sie genau registriert. Nach neun Jahren hatten sie genügend Informationen gesammelt, um mit der Auswertung zu beginnen. Die Daten zeigen, dass ein gewisser Schwund in einer Kolonie normal ist. Jedes Jahr während der Aufzucht der Jungvögel warteten ein paar Pinguine ver-

VÖGEL MIT PUNKFRISUR: GOLDSCHOPFPINGUINE

WISSENSCHAFTLICHER NAME: *Eudyptes chrysolophus* **VORKOMMEN:** subantarktische Inseln, Südamerika, vereinzelt auf der Antarktischen Halbinsel **GRÖSSE:** bis 70 Zentimeter hoch und bis zu 5 Kilogramm schwer **NAHRUNG:** Krill, Tintenfisch, Fisch **NAHE VERWANDTE:** Haubenpinguin, Felsenpinguin, Dickschnabelpinguin, Snaresinsel-Pinguin, Kronenpinguin **BESONDERHEITEN:** Das auffälligste Merkmal des Goldschopfpinguins sind die gelben Prachtfedern über seinen Augen. Einen ähnlichen Schmuck tragen zwar auch Felsenpinguine und andere Vertreter der Gattung Eudyptes. Anders als bei diesen Arten sind die Federn jedoch nicht in einem Streifen festgewachsen, sondern entspringen alle in einem kleinen Bereich, von dem aus sie nach vorn und hinten hängen. Das verleiht den Goldschöpfen eine besonders wilde »Frisur«, die ihnen im Englischen den Namen »Macaroni Penguins« eingetragen hat. Die Bezeichnung hat nichts mit Nudeln zu tun, sondern mit dem »Macaroni-Club«, zu dem sich im 18. Jahrhundert eine Gruppe von reichen jungen Londonern zusammengeschlossen hatte. Als englische Seeleute die ersten Goldschopfpinguine zu Gesicht bekamen, fühlten sie sich offenbar an die extravaganten Frisuren dieser Modefreaks erinnert.

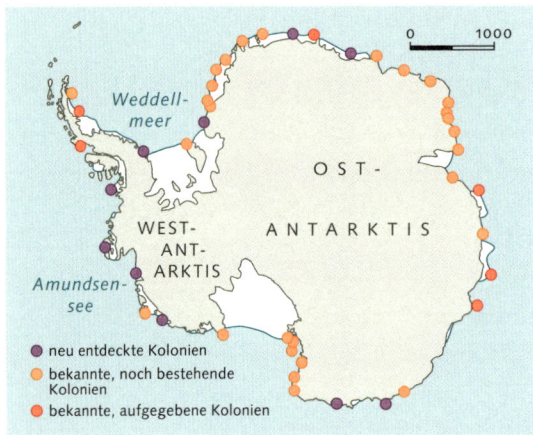

Weddell-
meer

Amundsen-
see

● neu entdeckte Kolonien
● bekannte, noch bestehende
Kolonien
● bekannte, aufgegebene Kolonien

0   1000

»Big Brother«: Per
Blick aus dem All
haben Wissenschaftler
des British Antarctic
Survey etliche neue
Kolonien von Kaiser-
pinguinen entdeckt.
Andere bekannte
Metropolen dieser
Vögel erwiesen sich
als verlassen.

geblich auf die Rückkehr ihres Gefährten. Das genaue Schicksal der Vermissten können die Forscher nicht aufklären. Doch mit recht großer Sicherheit sind die verschwundenen Vögel tot. Vielleicht sind sie einem Schwertwal oder einem Seeleoparden zum Opfer gefallen. Jedenfalls hat der verwitwete Partner in dem Fall nur eine Wahl: Er muss den Nachwuchs dem Hungertod überlassen, um selbst fressen und überleben zu können.

Nur so hat er die Chance, in der nächsten Saison vielleicht einen anderen Partner zu finden und sich fortzupflanzen.

Solche Dramen gehören seit jeher zum Pinguinleben dazu. Doch die Studie der französischen Forscher zeigt auch, dass die Verluste nicht immer gleich hoch sind. In manchen Jahren blieben auffällig viele Elternteile verschwunden und wurden entsprechend wenige Küken erwachsen. Woran könnte das liegen? Den entscheidenden Hinweis fanden die Wissenschaftler, als sie die Todes- und Fortpflanzungsraten mit den Oberflächentemperaturen des Meerwassers verglichen. Der Zusammenhang war auffällig: Je wärmer das Wasser in den Jagdgebieten der Königspinguine war, umso weniger Tiere kehrten zur Île de la Possession zurück und umso schlechter war dort der Bruterfolg.

Die Ursache des Problems liegt vermutlich an der Basis der Nahrungskette. Sind die Fluten rings um die Antarktis zu warm, leiden die winzigen Algen, die dort im Wasser treiben. Ihnen fehlen einfach die Nährstoffe, die kalte Strömungen normalerweise vom tiefen Meeresgrund zu ihnen tragen. Weniger Algen aber bedeuten auch karge Zeiten für viele Krebse, Fische und Tintenfische. Und das kann schließlich zu einer Hungersnot bei den Pinguinen führen. Zwischen der Wassertemperatur und dem Überleben der Frackträger gibt es dabei einen einfachen Zusammenhang, wie die Daten der Forscher zeigen: Wird das Wasser um 0,26 Grad Celsius wärmer, nimmt die Zahl der Königspinguine um 9 Prozent ab. Der Weltklimarat IPCC wiederum ist sich weitgehend sicher, dass die Temperaturen in jedem der kommenden Jahrzehnte im weltweiten Durchschnitt um 0,2 Grad Celsius steigen werden. Der vom Menschen verursachte Klimawandel könnte daher die Königspinguine in absehbarer Zukunft verhungern und aussterben lassen.

Welches Schicksal mag dann erst den absoluten Eis-Spezialisten unter den antarktischen Vögeln drohen? Schwer zu sagen. Es gibt Computermodelle, die den Kaiserpinguinen eine düstere Zukunft prognostizieren. Stéphanie Jenouvrier vom US-Meeresforschungsinstitut Woods Hole Oceanographic Institution und andere Kollegen haben die Daten aus vierzig Beobachtungsjahren in einer Kolonie in der Nähe der französischen Forschungsstation Dumont d'Urville ausgewertet und weitere Berechnungen angestellt. Demnach könnten die Bestände der Vögel in dieser Region der Antarktis im Zuge des Klimawandels bis zum Jahr 2100 um 95 Prozent schrumpfen.

Das Leben im Meer ist auch für gute Schwimmer nicht ungefährlich. Zu den Feinden der Pinguine gehören die auch als »Schwertwale« bekannten Orcas, die ihrer Beute mit allerlei raffinierten Tricks nachstellen.

Gerade die Bevölkerungsentwicklung von Kaiserpinguinen ist allerdings besonders schwierig zu untersuchen. Nicht nur, weil die Tiere einen großen Teil ihrer Zeit im Meer und damit außer Sichtweite von neugierigen Forscheraugen verbringen. Selbst in ihrer Brutkolonie sind sie nur schwer zu beobachten. Wer will schließlich den antarktischen Winter bei minus 50 Grad an irgendeinem entlegenen Punkt auf dem antarktischen Meer-Eis verbringen? Es gibt zwar Kaiserpinguin-Metropolen wie die bei Dumont d'Urville, die für Menschen auch ohne größere Expedition zu erreichen sind. Von den meisten anderen Kolonien aber wussten Wissenschaftler bis vor Kurzem weder die genaue Zahl und Lage noch die Anzahl der Bewohner.

Doch dann sind Mitarbeiter des British Antarctic Survey im Jahr 2009 auf eine ungewöhnliche Idee gekommen. Ihre Kaiserpinguin-Fahndung machte sich den Blick aus dem All zunutze. Auf Satellitenbildern haben sie etwa 90 Prozent der gesamten Küste der Antarktis systematisch nach den Kolonien der großen Vögel abgesucht. »Wir können auf diesen Bildern zwar keine einzelnen Pinguine erkennen«, sagt Projektmitarbeiter Peter Fretwell. Dafür reicht die Auflösung einfach nicht aus – zumal die schwarz-weißen Körper nur zu leicht mit den Licht- und Schattenspielen des Meer-Eises verschmelzen. Doch es gibt ein Indiz, durch das sich die Vögel verraten: Kot.

Ein besonders starkes Gefühl für Hygiene scheinen die Tiere nicht zu haben: »Da sie acht Monate in ihrer Kolonie verbringen, wird das Eis mit der Zeit ziemlich schmutzig«, erklärt der Forscher. Die großen, rötlich braunen Flecken in der weißen Glitzerwelt sind sogar aus dem Weltraum problemlos zu erkennen. Insgesamt 38 Kaiserpinguinkolonien haben die Forscher auf diese Weise identifiziert. Von zehn dieser Vogelgroßstädte hatte bis dahin niemand gewusst. Und selbst bei den schon bekannten Kolonien mussten die Forscher oft feststellen, dass sie nicht mehr auf dem neusten Stand der Dinge waren: Sechs davon hatten den Standort gewechselt, und weitere sechs waren einfach verschwunden. Mit diesen neuen Erkenntnissen hoffen die Biologen nun, die Bestände der Kaiserpinguine besser im Auge behalten zu können. Auch andere Rätsel des Pinguin-Alltags werden sich mit moderner Technik vielleicht beantworten lassen. Wenig ist zum Beispiel über den Teil des Vogellebens bekannt, der sich unter Wasser abspielt. Doch auch in dieser Richtung sind die Mitarbeiter des British Antarctic Survey zu Beginn des 21. Jahrhunderts ein Stück weitergekommen. In Zusammenarbeit mit dem Nationalen Polarforschungsinstitut Japans haben sie kleine Digitalkameras auf dem Rücken der Tiere befestigt. So lieferten die gefiederten Tauchkünstler zum ersten Mal ihre eigene Sicht auf die geheimnisvolle Welt unter der Oberfläche des Südpolarmeers. ≈

Pinguine sind die Sympathieträger der antarktischen Tierwelt. Wer die geschäftig vorbeiwatschelnden Vögel beobachtet, kommt um ein Schmunzeln oft nicht herum.

10

Segler über den Wellen: Seevögel

An den Fotos, die Kentaro Sakamoto und seine Kollegen auf ihren Computern gespeichert haben, könnte man schon das eine oder andere aussetzen. Mal liegt der Horizont ganz schief, mal ist eine Ecke des Eisberges abgeschnitten oder einem Vogel fehlt ein Teil des Flügels. Doch das japanisch-britische Forscherteam, das aus Mitarbeitern der Hokkaido-Universität in Sapporo, des Nationalen Polarforschungsinstituts in Tokio und des British Antarctic Survey besteht, ist trotzdem begeistert von der Bildersammlung. Denn die Fotografen dieser Schnappschüsse sind keine Antarktistouristen, sondern Schwarzbrauenalbatrosse. Was die perfekte Motivauswahl angeht, kann man da ein Auge zudrücken. Hauptsache, es ist überhaupt etwas zu erkennen. Mit ihren Meeresbildern zeigten die Vögel im Jahr 2009 nicht nur zum ersten Mal den Südozean aus ihrer Perspektive. Sie lieferten den Forschern auch hochinteressante Einblicke in den Albatros-Alltag.

Abb. links:
Rastlos fliegen sie durch pfeifenden Wind und über wilde Wellen. Seevögel setzen oft tage- oder wochenlang keinen Fuß auf festen Boden. Doch spätestens zum Eierlegen müssen sie dann wieder an Land.

Ihre gefiederten Fotografen haben die Forscher auf der zu South Georgia gehörenden Insel Bird Island angeheuert. An ihren Nestern haben sie vier Vögel eingefangen und ihnen eine kleine Digitalkamera auf den Rücken geklebt. Das Gerät war etwa so groß wie ein größerer Lippenstift und wog 82 Gramm – die Albatrosse mussten also nicht einmal drei Prozent ihres Körpergewichts zusätzlich mit sich herumschleppen. Schließlich sollte die Kamera die Tiere nicht behindern, wenn sie zu einem ihrer tagelangen Jagdausflüge auf hoher See aufbrachen. Unterwegs schoss die Kamera nicht nur alle halbe Minute ein Foto, sondern registrierte auch jede Sekunde die Körpertemperatur und die Tauchtiefe der Vögel. Tatsächlich kehrten drei der vier Albatrosse mit unversehrter Technik in ihre Brutkolonie zurück. Die vierte Kamera mussten die Biologen allerdings als »auf See verloren« abschreiben.

Die Ausbeute der drei verbliebenen aber war mehr als reichlich. 28 725 Bilder haben die Albatrosse von ihren Fresstrips mitgebracht. Viele davon zeigen zwar nur nächtliche Dunkelheit oder nichts als Wasser und Wellen. Doch immer wieder sind interessante Motive dabei: Eisberge, andere Vögel, ein Fischereischiff. Einmal auch ein dicker, heller Lichtpunkt in dunkler Nacht: eine Schiffsbeleuchtung? Oder der Mond? Die Forscher können es noch nicht sagen. Was auf dem

---

REISENDE MIT LIDSTRICH: SCHWARZBRAUENALBATROSSE

WISSENSCHAFTLICHER NAME: *Thalassarche melanophris* VORKOMMEN: brütet auf verschiedenen Inseln rings um die Antarktis, darunter Falkland und South Georgia GRÖSSE: 80 bis 95 Zentimeter groß, 3 bis 5 Kilogramm schwer, bis 2,45 Meter Spannweite NAHRUNG: Fisch, Tintenfisch, Krustentiere, Aas, Fischereiabfälle NAHE VERWANDTE: Graukopfalbatros, Chatham-Albatros, Salvins Albatros, Bullers Albatros BESONDERHEITEN: Schwarzbrauenalbatrosse verbringen in der Regel den größten Teil ihres Lebens über dem Südpolarmeer. Allerdings haben sie ein Faible für weite Wanderungen. Einzelne Exemplare werden manchmal sogar über dem Nordatlantik gesichtet. Berühmt wurde ein Weibchen, das von 1860 bis 1894 jeden Sommer in einer Basstölpelkolonie auf den Färöer-Inseln verbrachte und im Herbst mit den ungewöhnlichen Gefährten nach Süden zog. »Súlukongur« nannten die Einheimischen den Vogel, den »König der Basstölpel«. Heute ist das der färöische Name für alle Schwarzbrauenalbatrosse.

---

spannendsten Bild der ganzen Kollektion zu sehen ist, erkennen sie dafür mühelos: Ein Orca hat die Wasseroberfläche durchbrochen, und mehrere Albatrosse fliegen ihm dicht hinterher. Das Rendezvous mit dem schwarz-weißen Meeressäuger könnte für die eleganten Flieger eine interessante Strategie sein, sich den Magen zu füllen.

Denn Seevögel haben eigentlich nur zwei Möglichkeiten, in den endlosen Weiten des offenen Meeres eine verlässliche Futterquelle aufzuspüren. Wo es keinen Felsen und keine Insel als Orientierungspunkt gibt, können sie sich zum einen auf ihren Geruchssinn verlassen. Oder sie fliegen einfach dorthin, wo andere Fisch-Interessenten schon zugange sind. Manchmal schließen sie sich dabei einem Trupp fressender Artgenossen an oder kreisen um ein Fischereischiff. In einigen Fällen heften sie sich auch jagenden Walen an die Flossen. Dieses Zusammenspiel mit einem Orca aber hatte noch nie jemand beobachtet, bis einer der Kamera-Albatrosse es nun fotografisch dokumentierte.

Schwarzbrauen-albatrosse sind geschickte Flieger – wenn sie erst einmal in der Luft sind. Sie brüten deshalb gern an Steilküsten, wo ihnen der Aufwind beim Start unter die Flügel greift.

Die Forscher vermuten, dass sich derartige Szenen rings um South Georgia häufiger abspielen. Schließlich tauchen Orcas regelmäßig in den dortigen Gewässern auf. Wenn die großen Meeresjäger Fische erlegen, bleiben immer ein paar Brocken übrig, die aus Albatros-Sicht echte Leckerbissen sind. Und diese Reste aus dem Wasser zu fischen ist für die Vögel vermutlich weniger anstrengend, als lebenden Fischen nachzustellen. Dazu passen auch die Tauchdaten der in der Kamera integrierten Messgeräte: Demnach machten die Vögel nur gelegentliche Ausflüge unter die Wasseroberfläche, wenn sie allein über dem Meer unterwegs waren. In Gesellschaft ihrer Artgenossen oder eben des Orcas tauchten sie dagegen viel häufiger bis zu 4 Meter tief in die kalten Fluten.

So nah an der Oberfläche können sie auf keinen Fall Tiefseefische wie den Schwarzen Seehecht erbeuten. Trotzdem steht diese Art zumindest in manchen Regionen nachweislich auf dem Speiseplan der Schwarzbrauenalbatrosse. Wie also gelangen diese Leckerbissen in den

Albatros-Magen? Wenn es sich um die Reste einer Orca-Mahlzeit handelt, lässt sich das leicht erklären. Doch auf die Idee muss man erst einmal kommen. Erst seit Wissenschaftler sich mit modernster Messtechnik einzelnen Vögeln an die Flügel heften können, kommen solche Details aus dem Albatros-Alltag ans Licht.

Albatros-Airlines, ready for take-off!

Wer das Leben dieser Vogelfamilie untersuchen will, findet sein Forschungsgebiet in der Regel auf der Südhalbkugel der Erde. Nur drei der mehr als zwanzig bekannten Albatrosarten vollführen ihre rasanten Flugmanöver über dem Nordpazifik. Der Galapagos-Albatros ist der einzige Vertreter seiner Verwandtschaft, der sich für ein Leben in den Tropen entschieden hat. Der Rest der Vögel hat ein besonderes Faible für den tiefen Süden des Planeten. Die Falkland-Inseln, South Georgia und die Gewässer rings um die Antarktis bieten vielen Albatrossen einen attraktiven Lebensraum. Dort kann man die eleganten Flieger in ihrem Element beobachten.

Oft scheinen sie regelrecht mit den tobenden Elementen dieser rauen Regionen zu spielen. Sie stürzen sich über steile Klippen und werfen sich in den Sturm. Mit knappen Bewegungen ihrer langen, schmalen Flügel und einem kurzen Rudern der Paddelfüße bekommen sie den von Böen gebeutelten Körper wieder unter Kontrolle. Manövrieren im heulenden Sturm? Kein Problem für Albatrosse. Die großen See-

vögel gehören zu den geschicktesten Fliegern des Tierreichs. Rund 70 Prozent ihres Lebens segeln sie über den aufgepeitschten Wellen des Südozeans und suchen nach Tintenfischen, Fischen und anderer Nahrung. Tagelang können sie in der Luft bleiben, Hunderte von Kilometern über die endlose See fliegen. Albatrosse sind die Nomaden des Südozeans. Wie weit sie ihre Reisen tatsächlich ausdehnen, überrascht selbst Experten immer wieder.

John Croxall und seine Kollegen vom British Antarctic Survey zum Beispiel haben sich mit moderner Überwachungstechnik dem Graukopfalbatros an die Flügel geheftet. Die etwa 80 Zentimeter großen Vögel mit dem rauchgrauen Kopf und dem auffälligen, gelb gestreiften Schnabel brüten auf South Georgia und anderen Inseln rund um die Antarktis. Lange aber hatte niemand gewusst, was sie außerhalb der Brutzeit machen. Da die Vögel nur jedes zweite Jahr Eier legen, bleibt ihnen theoretisch genügend Zeit für weite Reisen. Ob sie diese Chance auch nutzen, haben die Forscher mithilfe kleiner Messgeräte untersucht, die sie an den Beinen der Vögel befestigten. Diese Sensoren registrieren die Lichtverhältnisse in allen durchflogenen Regionen. Daraus kann man dann jeweils den Längen- und Breitengrad des Reisegebiets berechnen. 47 Tiere haben die Forscher auf South Georgia mit den Messgeräten ausgerüstet, 22 kamen nach etwa achtzehn Monaten mit verwertbaren Informationen zurück.

Diese Daten verraten, dass manche der gefiederten Ferntouristen an einem einzigen Tag 950 Kilometer zurücklegen. Allerdings sind nicht alle Graukopfalbatrosse gleichermaßen reiselustig. Während die einen

Ihren schweren Körper von der Wasseroberfläche in die Luft zu bringen, ist für Albatrosse gar nicht so einfach. Da muss oft erst einmal kräftig Anlauf genommen werden. Das nächste Problem ist dann die Landung.

im Umkreis des Brutgebietes im Südwestatlantik bleiben, zieht es andere bis in den südwestlichen Indischen Ozean. Etliche Tiere flogen von dort aus sogar noch weiter und umrundeten die Erde. Vor allem die Männchen zeigten eine Vorliebe für weite Touren. Der schnellste Vogel brauchte für seine Weltreise gerade einmal 46 Tage. Angesichts solcher Strecken dürfte der Graukopfalbatros einer der wanderfreudigsten Albatrosse überhaupt sein.

Wie aber können die Meisterflieger unter den Tieren diese gewaltigen Strecken überhaupt schaffen? Fliegen ist schließlich eine anstrengende Angelegenheit, die viel Energie verbraucht. Vor allem, wenn man einen ziemlich schweren Körper hat. Der Wanderalbatros, der den Größenrekord in seiner Familie hält, ist einer der größten und schwersten flugfähigen Vögel überhaupt. Männchen bringen es auf 1,35 Meter Körperlänge und mehr als 11 Kilogramm Gewicht.

Wer so einen großen Körper in der Luft halten will, muss mit seinen Kräften unbedingt haushalten. Tintenfische und Krebse, kleine Fische und die Kadaver von Meerestieren sind schließlich nicht so dicht gesät, dass die fliegenden Fischer ihre Energiereserven jederzeit wieder auffüllen könnten. Doch darauf haben sich die Tiere im Laufe ihrer Entwicklungsgeschichte eingestellt. Segelt ein Albatros über den Wellen, verbraucht er gerade einmal 30 Prozent mehr Energie als beim Schlafen. Da kann ein Mensch bei Weitem nicht mithalten: Selbst

Von Flügelspitze zu Flügelspitze misst ein Wanderalbatros bis zu 3,5 Meter. Damit übertrifft er jeden Menschen bei Weitem. Selbst ein Basketballspieler mit besonders langen Armen bringt es nur auf eine Spannweite von gut 2 Metern. Ein typischer Fünftklässler erreicht nicht einmal 1,5 Meter.

beim Gehen, seiner sparsamsten Fortbewegungsart, muss er immer noch viermal so viel Energie investieren wie beim entspannten Schlummern.

Ihr erstaunliches Energiespar-Kunststück gelingt den Albatrossen nur mit einer speziellen Flugtechnik, dem »dynamischen Segeln«. Dabei spielen die Tiere äußerst geschickt mit Windrichtung und -geschwindigkeit. So nutzen sie die Tatsache, dass der Wind direkt über dem Meer schwächer bläst als in höheren Luftschichten. Das liegt an der Reibung zwischen Wasser und Luft, die wie eine Bremse wirkt. Der Albatros dreht sich nun erst einmal so, dass er den Wind im Rücken hat. Aus ein paar Metern Höhe lässt er sich dann in einer Art Mini-Sturzflug Richtung Wasseroberfläche hinuntergleiten. Durch Wind und Abwärtsbewegung gewinnt er dabei stark an Fahrt.

Diesen Schwung nutzt er aus, wenn er dicht über den Wellen angekommen ist. Er dreht den Körper in die Richtung, in die er eigentlich fliegen will. Selbst wenn der Wind nun von der Seite kommt, macht das nicht viel. Denn hier unten sind die Luftströmungen ja schwächer, sodass sie im Vergleich zu dem aus der Höhe mitgenommenen Schwung nicht sonderlich ins Gewicht fallen. Mit der bei seiner Talfahrt gewonnenen Energie kann der Albatros daher ein gutes Stück dahinsegeln, ohne mit den Flügeln zu schlagen. Irgendwann allerdings muss er wieder neue Fahrt aufnehmen. Also verändert er die Stellung seiner Flügel und nutzt den Rest des Schwungs und ein wenig Gegenwind, um sich wieder in die Höhe tragen zu lassen. Dort setzt er dann zum nächsten Sturzflug an. Ohne einen einzigen Flügelschlag können die Vögel so gewaltige Strecken zurücklegen. Wer diesen Trick kennt, versteht auch, warum Albatrosse oft so knapp über den Wellen fliegen, dass sie beinahe das Wasser zu berühren scheinen.

Wenn sie landen wollen, wird es allerdings schwierig. Niemand, der die eleganten Flieger in der Luft gesehen hat, würde ihnen ein so ungeschickt wirkendes Manöver zutrauen. Da streckt das Tier die Füße nach vorn, bremst mit einem kräftigen Spritzen auf der Wasseroberfläche ab und landet ziemlich plump auf dem Bauch. Manchmal hat es noch so viel Schwung, dass es sich sogar überschlägt. Auch der nächste Start ist eine schwierige Angelegenheit. Denn um genug Schwung zum Abheben zu bekommen, müssen Albatrosse Anlauf nehmen und ein ganzes Stück übers Wasser rennen. Noch halsbrecherischer sind Starts und Landungen auf festem Untergrund. Doch auch wenn dabei immer wieder Unfälle passieren, kommen die Albatrosse nicht drum herum. Denn um Eier zu legen und Nachwuchs aufzuziehen, müssen auch die Nomaden der Meere an Land.

Familienbande

Der erste Schritt zur Seevogelfamilie besteht dann darin, einen Partner zu finden. Und in der Hinsicht sind Albatrosse recht anspruchsvoll. Sie legen großen Wert auf ein ausgefeiltes Balzritual: Die Vögel berühren sich mit den Schnäbeln, recken den Kopf, breiten die Flügel aus und verteilen Streicheleinheiten. Dieser Aufwand ist allerdings nicht in jeder Brutsaison nötig. Denn wenn sich Albatrosse einmal für einen

Partner entschieden haben, bleiben sie ihm auch treu. Immer wieder treffen sich Männchen und Weibchen am gleichen Nest, um eine neue Generation in die Welt zu setzen. Der vertraute Partner muss nicht jedes Mal aufs Neue von den eigenen Qualitäten überzeugt werden. Eine einfache Begrüßung reicht aus.

Das Weibchen legt dann ein einziges, dafür aber sehr großes Ei, das beide Vögel abwechselnd ausbrüten. Solange der Nachwuchs noch nicht geschlüpft ist, bleibt immer einer der Partner auf dem Nest, während der andere zur Nahrungssuche aufs Meer hinaussegelt. Es kann Tage oder sogar Wochen dauern, bis er von einem solchen Fresstrip zurückkommt und das zurückgebliebene Tier ablöst. Hunger braucht der Nestbewacher in der Zeit trotzdem nicht zu leiden. Denn Albatrosse haben in ihrem Magen einen raffinierten Vorratsspeicher entwickelt, von dem sie sich eine ganze Weile ernähren können.

Ihr Trick besteht darin, die Bestandteile ihrer Nahrung voneinander zu trennen. Wenn die Vögel einen Fisch verschlungen haben, landet dieser im Drüsenmagen. Dort zerlegen Enzyme die gefressene Beute in einen flüssigen Brei, der zum einen aus Fett und zum anderen aus Wasser besteht. Diese beiden Fraktionen lösen sich nicht ineinander. Der Drüsenmagen der Albatrosse funktioniert dann wie ein Scheidetrichter: Wenn sich Fett- und Wasserschicht voneinander getrennt haben, öffnet sich ein Loch in diesem Teil des Verdauungssystems, und das Wasser fließt ab. Der Vogel kann die Flüssigkeit dann einfach ausscheiden, und im Drüsenmagen, in dem nur die ölige Fettfraktion zurückbleibt, ist Platz für neue Beute. Der Albatros wiederholt den Scheidevorgang so lange, bis er seinen Drüsenmagen komplett mit Fett gefüllt hat. Dann kehrt er zur Wachablösung zu seinem Partner zurück. Wenn er anschließend für Tage und Wochen ans Nest gefesselt ist, lebt er von diesem hochkonzentrierten Fettdepot. Daraus lässt sich nämlich nicht nur Energie gewinnen, beim Fettabbau wird gleichzeitig auch Wasser frei. Verhungern oder verdursten müssen die werdenden Eltern bei ihrem anstrengenden Schichtdienst also nicht.

Mindestens 70 bis 80 Tage lang muss das Ei gewärmt und behütet werden, bei großen Albatrosarten auch noch länger. Dann schlüpft endlich der Nachwuchs. Doch die Pflichten der Altvögel werden da-

mit nicht weniger. Zunächst muss immer ein Elternteil beim Küken bleiben, damit es nicht auskühlt oder von hungrigen Raubmöwen getötet wird. Erst nach einigen Wochen ist der kleine Albatros so weit entwickelt, dass er auch eine Weile allein zurechtkommt. Dann können beide Eltern Nahrung heranschaffen. Ausgewürgte Beutetiere und hochkonzentriertes Magenöl lassen das Küken immer kräftiger werden. Doch es braucht für Vogelverhältnisse extrem lange, bis es auf eigenen Füßen stehen kann. Bei großen Arten wie dem Wanderalbatros vergeht zwischen dem Nestbau und dem Selbstständigwerden der Jungen ein ganzes Jahr. Die meisten Albatrosse kommen deshalb nur jedes zweite Jahr zum Brüten.

Besuch bei Röhrennasen, Stinkern und Piraten

Die Stellen, an denen sie diesem wichtigen Geschäft nachgehen können, sind im Südozean allerdings nicht allzu dicht gesät. Vor allem Inseln mit grasbewachsenen Hängen, die sich als Start- und Landebahnen eignen, sind beliebte Kinderstuben und entsprechend voll. Albatroskolonien können aus etlichen Tausend Nestern bestehen. Allein auf South Georgia brüten 100 000 Paare der besonders geselligen Schwarzbrauenalbatrosse sowie rund 80 000 Graukopfalbatros-Paare und zwischen 5 000 und 8 000 Paare von Rußalbatrossen. Der mächtige Wanderalbatros bringt es immerhin auf 4 000 Paare, das sind rund 15 Prozent des Weltbestandes.

Doch nicht nur für Albatrosse ist South Georgia das reinste Brutparadies. Auch andere Seevogelarten kommen zu Tausenden auf die Insel, um in der rauen Natur zwischen Felsen, Meer und windgepeitschten Grasbüscheln ihren Nachwuchs aufzuziehen. Eine Vorliebe für South Georgia haben zum Beispiel die Sturmvögel, die kleineren Verwandten der Albatrosse. Ein Blick ins Gesicht eines solchen Vogels genügt, um eine typische Gemeinsamkeit zu erkennen: Genau wie Albatrosse haben auch diese Tiere seltsame Röhren auf dem Schnabel, die der ganzen Vogelordnung den Namen »Röhrennasen« eingetragen haben. Diese Strukturen dienen vor allem dazu, Salz auszuscheiden. Die Vögel können Meerwasser trinken, ohne dabei Schaden zu nehmen.

Die ungewöhnlichen Schnäbel sind aber tatsächlich auch ein Riechorgan. Albatrosse und Sturmvögel haben einen in der Vogelwelt ungewöhnlich feinen Geruchssinn, der ihnen hilft, interessante Beute zu

---

VOGELPARADIES SOUTH GEORGIA

Als hätte irgendeine Urgewalt die Alpen in das 2 Grad kalte Wasser des Südatlantiks im Einflussbereich der Antarktis geschleudert – so sollte man sich South Georgia vorstellen. Abgesehen von etlichen schroffen Gipfeln und der Uferlinie bedeckt Eis die 160 Kilometer lange und 390 Kilometer breite Insel weitgehend.

Im Meer vor der Küste aber wimmelt es von Krill, kleinen Fischen und Tintenfischen. Davon ernähren sich einige Millionen Pinguine, rund drei Millionen Seebären und einige Hunderttausend See-Elefanten.

Dazu kommt noch ein Heer von Seevögeln. So brüten auf South Georgia allein 22 Millionen Paare des Antarktis-Walvogels *Pachyptila desolata* und zwei Millionen Paare des Weißkinnsturmvogels *Procellaria aequinoctialis*.

Der gewaltige Tierreichtum war bereits dem britischen Seefahrer James Cook aufgefallen, der 1775 das »Unbekannte Südland« für die britische Krone in Besitz genommen und die Insel nach dem damaligen König Georg III. benannt hatte.

orten. Wie gut das funktioniert, hat die US-amerikanische Biologin Gabrielle Nevitt in einem Experiment getestet. Von Bord eines Forschungsschiffes aus hat sie Lachen aus Pflanzenöl auf die Wasseroberfläche geschüttet, die mal mit Krillduft parfümiert waren und mal nicht. Auf eine Reaktion der Seevogelwelt brauchte sie nicht lange zu warten. Es dauerte nur eine Minute, bis an den verlockend nach Krill riechenden Flecken die ersten Kapsturmvögel und Riesensturmvögel auftauchten.

Wenn diese beiden Arten nebeneinanderfliegen, zeigt sich die große Bandbreite von Körpergrößen in ihrer Verwandtschaft. Während der schwarz-weiße Kapsturmvogel gerade einmal 300 Gramm auf die Waage bringt und 89 Zentimeter Flügelspannweite erreicht, macht der Riesensturmvogel seinem Namen alle Ehre: Der größte aller Sturmvögel hat mitunter eine Spannweite von mehr als 2 Metern und kann bis zu 8 Kilogramm schwer werden. Das sind schon die Dimensionen von kleineren Albatrossen. Mit deren eleganten Flugkünsten können die Riesensturmvögel allerdings nicht mithalten – von ihrem Image ganz zu schweigen.

Skuas sind in Pinguinkolonien keine gern gesehenen Gäste. Denn sie sind immer auf der Suche nach einem unbewachten Ei, mit dem sie ihren Hunger stillen können.

Riesensturmvögel sind nicht gerade die Sympathieträger des Südpolarmeeres. Die graubraunen Tiere mit dem mächtigen Schnabel gelten als die »Geier der Antarktis«, weil sie ihren Hunger immer wieder mit Aas stillen. Auch das wenig schmeichelhafte Etikett »fliegender Mülleimer« deutet darauf hin, dass es sich nicht um die Feinschmecker der Tierwelt handelt. Seeleute dagegen haben dieser Art den bezeichnenden Namen »Stinker« angehängt. Der spielt allerdings auf ein typisches Verteidigungsmanöver an. Riesensturmvögel neigen nämlich dazu, ihren öligen und bestialisch riechenden Mageninhalt zu erbrechen, wenn sie sich erschrecken.

Einen ähnlich schlechten Ruf haben unter den gefiederten Antarktisbewohnern nur noch die Skuas. Beharrlich kreisen diese großen Raubmöwen über den Kolonien von Pinguinen und kleineren Seevögeln – ständig auf der Suche nach einem unbewachten Ei oder einem unvorsichtigen Küken. Den erwachsenen Vögeln werden die Piraten der Lüfte zwar nicht gefährlich, ihre Beute können sie ihnen aber sehr wohl abjagen. Sie verfolgen ihre Opfer unerbittlich und bedrängen sie so lange, bis diese ihren mühsam aus dem Wasser gezogenen Fang fallen lassen. Dann braucht der gefiederte Dieb nur noch zuzugreifen.

Nordlichter und Weltreisende

Mit Überfällen der gefiederten Konkurrenz müssen allerdings nicht nur die Vögel des Südpolarmeeres rechnen. Denn der Antarktis-Skua hat noch etliche Verwandte, von denen manche auf der entgegengesetzten Seite der Welt zu Hause sind. Die Falkenraubmöwe brütet ebenso in der Arktis wie die Spatelraubmöwe oder die Große Raubmöwe. In der kalten Jahreszeit wird es den Tieren in ihrem Refugium im hohen Norden allerdings zu ungemütlich. Dann brechen sie auf in wärmere Gefilde – und nehmen dabei weite Reisen in Kauf. Viele Spatelraubmöwen zum Beispiel fliegen aus der Arktis bis in die tropischen Meeresregionen nördlich des Äquators.

Es gibt einen Vogel, der diese Leistung bei Weitem in den Schatten stellt: Küstenseeschwalben verbringen den Sommer in der Arktis und

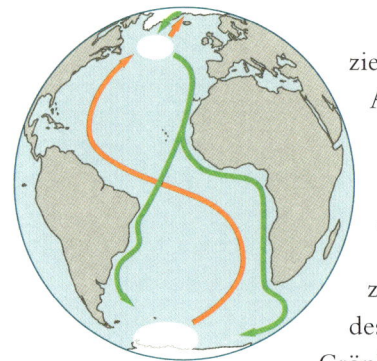

ziehen dann der einbrechenden Polarnacht davon bis in die Antarktis am anderen Ende der Welt. Damit halten sie nicht nur den Entfernungsrekord unter den Zugvögeln, sie sind auch diejenigen Lebewesen, die im Laufe eines Jahres den meisten Sonnenschein abbekommen.

Wie genau aber gelangen die Tiere von einem Pol zum anderen? Um das herauszufinden, haben Mitarbeiter des British Antarctic Survey gemeinsam mit Kollegen aus Grönland, Dänemark, den USA und Island die gefiederten Weltreisenden mit winzigen Messgeräten ausgerüstet. Diese nicht einmal zwei Gramm schweren elektronischen Spione maßen das Licht, verrieten so die Tageslänge und damit die geografische Position der Vögel. Die Methode funktionierte so gut, dass die Forscher den Weg der Küstenseeschwalben von Grönland bis ins antarktische Weddellmeer verfolgen konnten.

Die Routen, für die sich die Tiere entschieden, waren dabei gleich in mehrerer Hinsicht verblüffend. Auf dem Weg nach Süden legen die Langstreckenflieger zum Beispiel mitten im Nordatlantik fast einen ganzen Monat Pause ein. Diese besonders nahrungsreiche Meeresregion ist für sie offenbar eine Art Tankstelle, an der sie sich mit Kraftstoff für den anstrengenden Flug versorgen. Dann nehmen sie wieder Kurs Süd und ziehen an der Nordwestküste Afrikas entlang bis zu den Kapverdischen Inseln. Dort spalten sie sich überraschenderweise auf: Nur etwa die Hälfte der Vögel folgt weiter der afrikanischen Küste, während der Rest den Atlantik überquert und dann an der Ostküste Südamerikas entlangfliegt.

Auch die Rückreise verläuft ganz anders, als man bei einem Blick auf den Globus vermuten würde. Statt nämlich auf direktem Weg nach Norden zu steuern, fliegen Küstenseeschwalben in einem großen »S« über den Atlantik. Dabei nehmen sie zwar einen Umweg von etlichen Tausend Kilometern in Kauf. So aber können sie die globalen Windsysteme am besten ausnutzen und sparen dadurch viel Energie. Trotzdem wird den Tieren die Reise lang, bis sie im Mai oder Juni rechtzeitig zum Brutgeschäft wieder in Grönland ankommen. Insgesamt bewältigen Küstenseeschwalben eine Strecke von mehr als 70 000 Kilometern im Jahr. Und da sie mehr als dreißig Jahre alt werden können, bringen sie es im Laufe ihres Lebens auf zurückgelegte Entfernungen in der Größenordnung von drei Reisen zum Mond und wieder zurück.

Gefiederte Gifttransporter

Typisch für Seevögel ist neben der Reiselust auch die Geselligkeit. Viele Arten brauchen einfach das Gewimmel von zahlreichen Nachbarn, um ihren Nachwuchs zur Welt zu bringen. Die riesigen Kolonien sind allerdings nicht nur für die Meeresflieger selbst lebenswichtig, sie halten auch ganze Ökosysteme am Laufen. Ohne die Vögel würden die Landschaften der Arktis zum Beispiel viel karger aussehen. Vermutlich könnten sie all die Rentiere und Polarfüchse, die Wölfe und anderen typischen Landbewohner gar nicht ernähren. Die Seevögel aber nutzen den Reichtum des Meeres und schaffen einen Teil davon an Land. Wenn sie Fisch und Meeresfrüchte verdaut haben, lädt eine Kolonie tonnenweise Kot mitsamt den darin enthaltenen Nährstoffen ab: Die Vögel sind eine Art lebendes Förderband für Dünger.

Dieser wichtige Job hat allerdings auch einen Haken. Denn mit dem Vogelkot kommen nicht nur lebenswichtige Nährstoffe, sondern auch jede Menge Umweltgifte an die arktischen Küsten. Wissenschaftler der Universität Ottawa haben im Jahr 2005 Ablagerungen aus elf Teichen auf Devon Island in der kanadischen Arktis untersucht. Acht davon liegen im Einflussbereich einer großen Seevogelkolonie, in der mehr als 10 000 Paare des Eissturmvogels brüten. Wie groß der Einfluss dieser Nährstofflieferanten auf die Gewässer in ihrer Umgebung ist, ließ sich am Algenwachstum und an anderen Größen ablesen, die mit dem düngenden Vogelkot in Zusammenhang stehen. Allerdings fanden die Forscher in den am stärksten beeinflussten Gewässern auch die höchste Konzentration von Schadstoffen wie Quecksilber und DDT. Bisher hatten Wissenschaftler angenommen, dass diese gefährlichen Substanzen vor allem mit dem Wind in die Arktis geweht werden. An Seevögel hatte in diesem Zusammenhang kaum jemand gedacht. Doch da diese ziemlich weit am Ende der Nahrungskette stehen, reichern sich in ihrem Körper Schadstoffe aus den gefressenen Fischen und anderen Meeresbewohnern an. Die gefiederten Gifttransporter scheinen mit ihrem Kot weit mehr Schadstoffe an die entlegenen Küsten zu schaffen als die Atmosphäre.

Auch für die Vögel selbst ist die Chemiefracht in ihrem Körper vermutlich nicht gesund. So gewaltig die Seevogelkolonien der Polargebiete auch wirken: Etliche davon sind schon deutlich geschrumpft.

Gefährliche Haken

Zu den besonderen Sorgenkindern der Ornithologen gehören die Albatrosse. Fast alle der mehr als 20 bekannten Arten dieser Vogelfamilie sind bedroht. So warten seit einigen Jahren immer mehr Schwarzbrauenalbatrosse vergeblich auf die Rückkehr ihres Partners, weiß der Naturforscher und Historiker Kim Heacox aus Gustavus in Alaska. Mit dem Antarktis-Expeditionskreuzschiff *Polar Star* besucht der Amerikaner gemeinsam mit seiner Frau Melanie zwei oder drei Mal jährlich die großen Albatroskolonien auf den kleinen Inseln vor den Falklands und vor South Georgia. Und jedes Mal finden sie mehr Lehmnester unbesetzt. Zwar soll es weltweit noch über eine halbe Million Brutpaare der eleganten Flieger mit dem schwarzen Strich über den Augen geben. Doch die Bestände schrumpfen. Nach Berechnungen der Naturschutzorganisation Falkland Conservation ist die Zahl der weiß-grauen Vögel zwischen 1995 und 2000 um 4 Prozent pro Jahr zurückgegangen. Die weltgrößte Brutkolonie auf Steeple Jason Island im Nordwesten des Falkland-Archipels hat zu Anfang des 21. Jahrhunderts in nur drei Jahren 44 000 Brutpaare verloren.

Auch für den gewaltigen Wanderalbatros sieht es nicht gut aus. Etwa 28 000 erwachsene Vögel soll es insgesamt noch geben. »Damit hat sich der Weltbestand in den letzten zwanzig bis dreißig Jahren halbiert«, berichtet Norbert Schäffer vom britischen Vogelschutzverband Royal Society for the Protection of Birds (RSPB). Aufgefallen war der massive Rückgang dieser Art, als Wissenschaftler des British Antarctic Survey auf den kleinen Brutinseln vor South Georgia jedes Jahr weniger Wanderalbatrosweibchen zählten. Woran konnte das liegen? Und warum traf es ausgerechnet die Weibchen? Den Gründen für das rätselhafte Verschwinden der großen Vögel kamen die Biologen wieder einmal mithilfe moderner Beobachtungstechnik auf die Spur. Sie rüsteten einige Wanderalbatrosse mit Sendern aus und verfolgten ihre Streifzüge via Satellit. Dabei fiel ihnen rasch ein deutlicher Unterschied im Verhalten der Geschlechter auf: Die Weibchen flogen erheblich weiter nach Norden als die Männchen. Irgendeine Gefahr musste somit in Äquatornähe lauern, von der die Männchen in Antarktisnähe nicht betroffen waren.

Inzwischen ist auch klar, wie diese Bedrohung aussieht. Das größte Problem der Albatrosse ist die sogenannte Langleinenfischerei. Aus unzähligen Schiffen spulen sich mehr als 130 Kilometer lange Leinen ins Meer. An jeder davon hängen Tausende von Haken mit Fisch- oder Tintenfischstücken als Köder für Thun- und Schwertfische oder die wertvollen Schwarzen Seehechte. Die Millionen von Ködern, die so

SCHUTZ FÜR NOMADEN: DIE BONNER KONVENTION

Die Fernreisenden der Tierwelt stellen Naturschützer vor besondere Probleme. Nicht nur Albatrosse, auch Meeresschildkröten, Zugvögel, Wale oder Elefanten überqueren auf ihren Wanderungen regelmäßig Staatsgrenzen. Ende der 1970er-Jahre hat die Bundesregierung daher im Auftrag des Umweltprogramms der Vereinten Nationen (UNEP) ein Abkommen ausgearbeitet, das den internationalen Schutz wandernder Tierarten gewährleisten soll. Am 23. Juni 1979 wurde diese Vereinbarung in Bonn unterzeichnet, daher der Name »Bonner Konvention«. Auch das UN-Sekretariat, das die Aktivitäten dieses Abkommens koordiniert, hat dort seit November 1984 seinen Sitz.

Die Vertragsstaaten verpflichten sich, vom Aussterben bedrohte Wandertiere wie die Mönchsrobbe oder verschiedene Arten von Meeresschildkröten, Walen und Delfinen streng zu schützen und ihre Lebensräume zu erhalten. Diese Vorschriften gelten für diejenigen Arten, die im Anhang I des Abkommens aufgelistet sind. Ein zweiter Anhang enthält weitere Tiere, die zwar noch nicht unmittelbar vor dem Aussterben stehen, für deren langfristigen Erhalt aber eine internationale Zusammenarbeit notwendig erscheint. Für diese Arten haben einzelne Vertragsstaaten regionale Schutzabkommen getroffen. Solche Spezialvereinbarungen gibt es zum Beispiel für die Seehunde im Wattenmeer, die Fledermäuse in Europa oder die Kleinwale in Nord- und Ostsee. Seit 2004 stehen auch die Albatrosse und Sturmvögel der Südhalbkugel unter einem solchen Schutz.

An den Haken der Langleinen verfangen sich nicht nur Fische, es verenden auch Seevögel, Meeresschildkröten und andere Ozeanbewohner. Das Überleben vieler Albatrosarten ist durch diese Fischereimethode bedroht.

jeden Tag ins Wasser gelassen werden, scheinen aus Seevogel-Sicht eine leichte Beute zu versprechen. Wenn die gefiederten Fischfresser danach schnappen, endet es aber oft fatal: Der scharfe Haken bohrt sich durch Schnabel und Schlund, die Leine zieht das Tier unter Wasser. Zehntausende Albatrosse, Sturmvögel und andere Fischfans ertrinken so jedes Jahr. Da die weiblichen Wanderalbatrosse weiter nach Norden fliegen, ist für sie das Risiko besonders groß, verkehren doch in diesen Gewässern deutlich mehr Fangschiffe als in der Antarktis.

Mit jedem getöteten Weibchen aber sinkt der Bruterfolg der Kolonie. Da die Vögel eine so enge Bindung eingehen, kann es Jahre dauern, bis sich ein gefiederter Witwer einer neuen Partnerin zuwendet. Und selbst wenn er sich endlich dazu durchringt, ist noch nicht unbedingt für Albatrosnachwuchs gesorgt. Denn häufig konkurrieren mehrere Männchen so heftig um die Gunst eines der wenigen Weibchen, dass am Ende keiner zum Zug kommt. Das Nest bleibt leer. Da sich Albatrosse aber ohnehin nur sehr langsam vermehren, können sich die Kolonien so große Verluste einfach nicht leisten. Die Bestände schrumpfen.

Verbieten wollen Vogelschützer die Langleinenfischerei trotzdem nicht. Denn immerhin ist diese Fangmethode naturverträglicher als das Auswerfen von Netzen, in denen auch noch Wale und viele andere Meeresbewohner als sogenannter Beifang verenden. RSPB, British Antarctic Survey und viele andere Organisationen plädieren vielmehr dafür, das Verfahren albatrosfreundlicher zu gestalten. Dazu genügen oft schon ein paar ganz einfache Maßnahmen. Da die meisten Albatrosse tagsüber auf Beutefang sind, kann es zum Beispiel helfen, die Leinen nur in der Nacht auszubringen. Auch das Beschweren der Leinen mit Gewichten ist eine gute Idee. Denn je schneller die Köder im Wasser versinken, umso weniger Zeit bleibt den hungrigen Schnäbeln zum Zuschnappen. Allein diese Maßnahme könnte die Todesrate der Albatrosse nach Ansicht von Ornithologen schon drastisch reduzieren. Und die Liste der Ideen ist noch länger. So kann man die Köder auch gleich unter Wasser ausbringen oder farbige Plastikbänder an die Leinen binden, um interessierte Vögel abzuschrecken.

All diese Maßnahmen sollten sich nach Ansicht vieler Experten nicht nur auf die Brutgebiete beschränken, sondern auch die Reisefreude der Wellensegler berücksichtigen. Wissenschaftler des British Antarctic Survey argumentieren da mit beeindruckenden Zahlen: Würde man die Langleinenfischerei in allen Meeren südlich des 30. Breitengrades albatrosfreundlich umgestalten, ließe sich die Zahl der getöteten Vögel um 75 bis 95 Prozent reduzieren. Wenn unterwegs kein tödlicher Imbiss lockt, haben die Wanderer der südlichen Meere vielleicht noch eine Chance. Dann könnte das beeindruckende Geschrei der riesigen Vogelkolonien Polarreisende auch weiterhin in seinen Bann schlagen.

Neben all dem Schnarren, Krächzen und Rufen in den unterschiedlichsten Tonlagen durchdringen allerdings noch andere Geräusche die Stille der Eiswelten. Es gibt Erstaunliches zu hören in den Polargebieten – wenn man die Ohren an den richtigen Stellen aufsperrt. ❧

Küstenseeschwalben sind ausdauernde Fernreisende und geschickte Jäger. Sie lassen sich kopfüber ins Wasser fallen, um kleine Fische, Krebse oder sonstige Beute zu erlegen. Jungtiere müssen diese Technik erst lernen.

11

Abgetaucht:
Wale und Robben

Ein gewaltiges Poltern und Krachen lässt den Zuhörer zusammenzucken, dann herrscht wieder Stille. Als Nächstes ertönt ein sirenenartiger Gesang, ein auf- und abschwellendes Pfeifen oder ein dumpfes, gleichmäßiges Geräusch wie das Schlagen eines großen Herzens. Es ist eine geheimnisvolle Welt, in die Olaf Boebel und seine Kollegen vordringen. Mit Unterwassermikrofonen belauschen die Forscher des Alfred-Wegener-Instituts für Polar- und Meeresforschung, was unter dem Eis des Südpolarmeeres vor sich geht. Beim ersten Hören sind die akustischen Botschaften aus der Unterwasserwelt kaum zu deuten. Den Wissenschaftlern aber verraten sie viel über das Tierleben in der Antarktis. Sie zeigen, wie der unter der glitzernden Wasseroberfläche verborgene Alltag von Robben und Walen aussieht, und vielleicht kann die Abhöraktion sogar Folgen des Klimawandels dokumentieren.

*Abb. links:
Für Meeressäuger
sind die Gewässer der
Polargebiete ein
Schlaraffenland.
Robben finden hier
reichlich Fische, ihrerseits aber landen sie
häufig in den Mägen
von Orcas.*

Das Ohr im Ozean

Im Dezember 2005 ist das wissenschaftliche Lauschprogramm gestartet, das die Forscher auf den Namen »PALAOA« getauft haben. Das ist nicht nur die Abkürzung für »Perennial Acoustic Observatory in the Antarctic Ocean« (Mehrjährige akustische Beobachtungsstation im Antarktischen Ozean), sondern auch das hawaiische Wort für »Wal« – jenes Tier, das mit den Unterwassermikrofonen belauscht werden soll. »Wale und andere Meeressäuger haben ein großes Repertoire von Lauten, die sie zur Jagd, Orientierung und Kommunikation nutzen«, erläutert Olaf Boebel, der am AWI die Forschungsgruppe für Ozeanische Akustik leitet. Anhand ihrer Stimmen kann man mehr über Aufenthaltsorte und Wanderrouten, über Bestandsgrößen und Sozialverhalten dieser Tiere herausfinden.

In anderen Weltregionen befestigen Wissenschaftler die dazu nötige Technik an Bojen oder verankern sie am Meeresgrund. Doch die auf dem Wasser treibenden Eisschollen und die den Boden umpflügenden Eisberge der Antarktis würden davon nicht viel übrig lassen. Der sicherste Platz für die »Hydrophone« genannten Lauschgeräte sind dort schwimmende Gletscherzungen, die weit über die Küste ins Meer hinausragen. »Auf einem solchen Eisschelf haben wir für unsere Horchstation eine Stelle ausgesucht, die möglichst nahe an der Eiskante liegt, aber nicht so bald abbrechen wird«, sagt Olaf Boebel. Etwa 13 Kilometer nördlich der deutschen Neumayer-Forschungsstation steht der mit Messtechnik gut gefüllte PALAOA-Container nun auf dem Ekström-Eisschelf. Mit einem an ihrem Institut entwickelten Heißwasserbohrer haben AWI-Mitarbeiter dort Löcher durch den bis zu 100 Meter dicken gefrorenen Panzer gebohrt und zwei Unterwassermikrofone in die darunterliegenden Fluten hinabgelassen. In dem Container zeichnet ein Computer die Daten aus der Tiefe auf und sendet sie über WLAN drahtlos an die Neumayer-Station, von wo sie per Satellit auf die AWI-Computer in Bremerhaven übertragen werden. In Echtzeit können die Forscher dort verfolgen, was sich akustisch im Südozean tut. Selbst wenn der Lauschcontainer wegen der harschen Bedingungen für Monate nicht erreichbar ist, bleiben sie mitten im Geschehen.

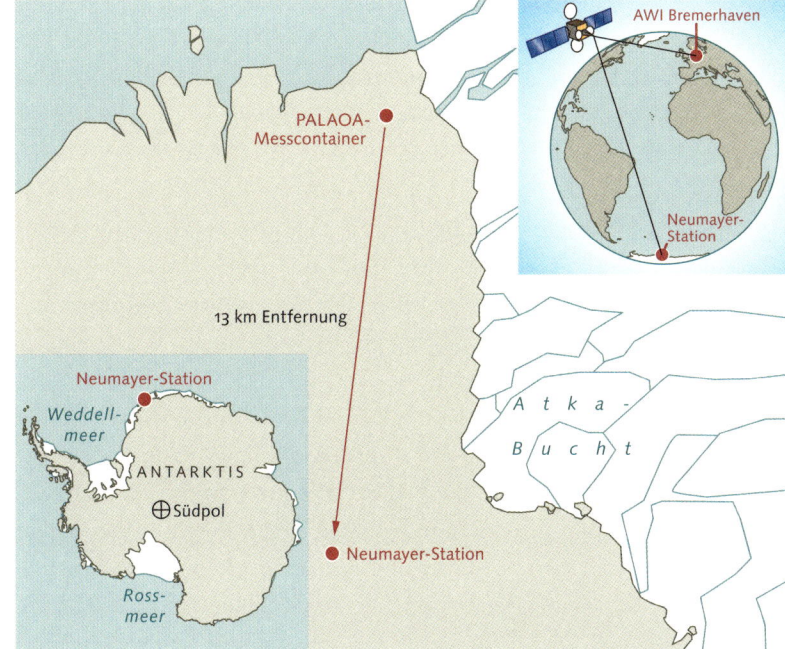

Per WLAN schickt ein Computer die Daten aus dem PALAOA-Messcontainer an die Neumayer-Station. Von dort werden sie über Satellit zu den Forschern nach Bremerhaven übertragen.

Obwohl eisige Temperaturen, Stürme und der feine, kristallscharfe Schnee auch die Technik an ihre Grenzen bringen, hält die Station im arktischen Winter alleine durch. Selbst ein Batteriewechsel ist nicht nötig, weil sich der Container mithilfe eines Windgenerators, einer Brennstoffzelle und einer Solaranlage selbst mit Energie versorgt. All diese technischen Komponenten waren nach einiger Anlaufzeit bald gut aufeinander eingespielt.

Aus den gewaltigen Datenmengen, die der wissenschaftliche Horchposten produziert, brauchbare Informationen herauszufiltern ist allerdings eine echte Herausforderung. »Kein Mensch kann das alles bewusst durchhören, ohne wahnsinnig zu werden«, sagt Olaf Boebel. Also belassen es die Forscher bei Stichproben, um interessante Laute aufzuspüren und diese dann genauer zu analysieren. Zudem arbeiten sie an Computerprogrammen, die den gesamten Datensatz automatisch auf einmal bestimmte Geräuschmuster durchsuchen und so zum Beispiel verschiedene Arten identifizieren können.

Was aus den Tiefen des Südpolarmeeres zu den Forschern herauf-
dringt, sind zum einen die überraschend vielfältigen Geräusche von
Eis. Da hört man, wie Eisplatten aneinanderreiben, wie Schelfeisstücke
polternd abbrechen und ins Wasser klatschen oder wie zwei Eisberge
mit einem gewaltigen Krachen zusammenstoßen. »Manchmal ist auch
eine Art metallisches Heulen zu hören, das wir zunächst nicht zuord-
nen konnten«, berichtet Olaf Boebel. Doch als die aufs Meer gerichte-
te Kamera auf dem Dach des PALAOA-Containers Bilder von einem
vorbeitreibenden Eisberg zeigte, war klar: Auch Eisberge können erstaunlich lebendig klingende »Gesänge« hervorbringen. Wie genau sie
das machen, ist noch nicht bekannt.

Inmitten dieser eisigen Geräuschkulisse hören die Forscher immer
wieder die Laute von Lebewesen. »Die erkennt man oft daran, dass sie
sehr regelmäßig sind«, sagt Olaf Boebel. Vergleiche mit bereits bekannten Lautäußerungen und Sichtungen von Tieren in der Nähe helfen,
die Stimmen einer Art zuzuordnen. Die Forscher haben die Rufe von
Weddellrobben, Krabbenfresserrobben, Rossrobben und Seeleoparden
identifiziert, auch Orcas, Blauwale, Buckelwale und Finnwale verrieten sich durch ihre Pfiffe und Gesänge. In manchen Fällen ließen sich
neue Erkenntnisse über die Lebensgewohnheiten der Meeressäuger

Mithilfe eines Heli-
kopters haben die
PALAOA-Mitarbeiter
kleine Satellitenstatio-
nen auf Eisschollen
installiert. Die Position
des Horchpostens lässt
sich vom Schiff aus
per Satellitenortung
verfolgen. Etwa zwölf
Stunden lang sammeln
die Geräte Daten über
die Wale und Robben,
die sich in der Umge-
bung aufhalten. Dann
wird die Technik wieder
eingesammelt.

gewinnen. So hatten Biologen lange angenommen, dass Buckelwale zwischen Mai und Oktober die Antarktis meiden, weil das Meer dann vollständig zugefroren ist. Doch mit Ausnahme einer kurzen Phase im Mai und Juni haben die Hydrophone das ganze Jahr hindurch Buckelwalstimmen aufgenommen.

Auch über das Zusammenleben verschiedener Arten haben die PALAOA-Mitarbeiter Neues erfahren. Die pfeifenden und zwitschernden Gesänge der Weddellrobben verstummen zum Beispiel, wenn Rossrobben ihre Stimmen erheben. »Ob sie das Gebiet verlassen oder einfach schweigen, wissen wir nicht«, sagt Olaf Boebel. Und auch der Grund für das plötzliche Verstummen ist unklar. Möglicherweise lohnt es sich für die Weddellrobben einfach nicht, gegen die Geräuschkulisse anzurufen, weil ihre Stimmen ohnehin nicht zu ihren Artgenossen durchdringen würden.

Indem sie die Abhörprotokolle verschiedener Jahre vergleichen, hoffen die Wissenschaftler auch herauszufinden, ob wandernde Meeressäuger infolge des Klimawandels im Frühling früher oder später in die Antarktis zurückkehren. Und sie beobachten auf akustischem Wege das Bröckeln der Eisfront. »Satellitenbilder zeigen nur, wenn große Teile eines Eisschelfs abbrechen«, erläutert Olaf Boebel. Das Ohr im Ozean kann dagegen auch das ständige Abbröckeln der vielen hausgroßen und kleineren Stücke erfassen. Anhand der damit verbundenen Geräusche wollen die Forscher analysieren, ob der Eisverlust im Laufe der Jahre größer wird.

Eines Tages aber wird sich auch das Eisstück lösen, auf dem der Lauschcontainer steht. Dann wird es für die Forscher Zeit, ihre Technik wieder einzusammeln. Wann es so weit ist, können sie nicht vorhersagen.

Leben im Schlaraffenland

Auch andere Wissenschaftler, die sich für das Leben von Meeressäugern interessieren, finden in den Polargebieten reichlich zu tun. Denn die kalten und nährstoffreichen Gewässer im hohen Norden und im tiefen

Süden des Planeten sind ein echtes Wal- und Robbenparadies. Das liegt an der reichlichen und vielfältigen Nahrung, die den Tieren dort vor die Schnauze schwimmt, ob nun Krill, Fische oder größere Beutetiere auf dem Speiseplan stehen. Vor allem an der Eiskante, an der das offene Wasser in den gefrorenen Meerespanzer übergeht, wimmelt es nur so von schwimmenden Leckerbissen und ihren Verfolgern. Für ein Leben in einem solchen Schlaraffenland nehmen die Tiere die Kälte in Kauf – zumal sie gelernt haben, sich dagegen zu schützen.

Ein Pluspunkt für das Leben im eisigen Wasser ist zum Beispiel ein großer Körper. Große Tiere haben im Verhältnis zu ihrem Volumen eine relativ kleine Oberfläche und verlieren über ihre Haut weniger Wärme an die Umgebung. Diesen Vorteil können zum Beispiel die beiden größten Walarten der Erde nutzen: Der Blau- und der Finnwal kommen sowohl in der Arktis als auch in der Antarktis vor.

Zusätzlich besitzen alle Wale und Robben der Polargebiete eine isolierende Speckschicht, die ihren Körper vor dem Auskühlen bewahrt. Diese selbst gemachte Wärmedämmung kann bis zu einem halben Meter dick sein und ersetzt bei den Walen das wärmende Fell.

Blauwale sind die Riesen der Meere. In der Erdgeschichte hat es vermutlich nie ein größeres und schwereres Tier gegeben. Und doch ernähren sich die schwimmenden Kolosse von winzigen Krebsen.

GIGANTEN DER MEERE: BLAUWALE

WISSENSCHAFTLICHER NAME: *Balaenoptera musculus* **VORKOMMEN:** alle Weltmeere; im Sommer in polaren, im Winter in gemäßigten und subtropischen Meeren **GRÖSSE:** mehr als 30 Meter lang, bis 200 Tonnen schwer **NAHRUNG:** Plankton, vor allem Krill **NAHE VERWANDTE:** Zwergwal, Brydewal, Seiwal, Finnwal **BESONDERHEITEN:** Unter den Giganten der Meere halten Blauwale den absoluten Größenrekord: Sie sind vermutlich die größten und schwersten Tiere, die jemals auf der Erde gelebt haben.

Trotz dieser Anpassungen aber verlassen viele Walarten im Winter die Antarktis und steuern mildere Regionen und wärmere Gewässer an, um dort ihren Nachwuchs zur Welt zu bringen. Die empfindlichen Jungtiere könnten die harschen Bedingungen im eisigen Wasser vermutlich nicht überleben. Im Südfrühling machen sich die Meeressäuger dann wieder auf die Reise Richtung Pol. Dabei schwimmen sie der zurückweichenden Eiskante hinterher, um wieder einmal nach Herzenslust zu schlemmen. Ähnlich teilen auch viele Wale der Nordhalbkugel ihren Jahresablauf ein. Bei den Pottwalen sind es allerdings nur die Männchen, die sich für die kalten Paradiese erwärmen können. Während sie den Sommer in den nahrungsreichen Gewässern der Arktis und Antarktis verbringen, bleiben die Weibchen und die noch nicht ausgewachsenen Jungtiere das ganze Jahr hindurch in den subtropischen und gemäßigten Zonen zwischen dem 40. Breitengrad Nord und Süd.

Auch unter den Walen aber gibt es echte Eis-Fans. Bei den Zwergwalen zum Beispiel schwimmen vor allem die Weibchen tief ins Packeis, während sich die Männchen lieber an der Eiskante oder im freien Wasser aufhalten. Ebenso bleiben die bizarren Narwale, die in den Gewässern um Spitzbergen, in der kanadischen Arktis oder in den Fjorden Grönlands leben, immer in der Nähe des Packeises. Im Sommer schwimmen diese »Einhörner der Meere« so weit nach Norden wie kein anderes Säugetier. Und selbst vom arktischen Winter lassen sie sich nicht abschrecken und verbringen auch die kalte Jahreszeit meist nördlich des Polarkreises.

Narwale gehören zu den Vertretern ihrer Verwandtschaft, die nur in arktischen Meeren vorkommen. Auch die nahe verwandten Belugas oder Weißwale mit ihrer auffällig weißen Haut und die Grönlandwale mit ihren riesigen Köpfen sind reine Nordlichter. Andere Wale wie der Südkaper haben sich dagegen für die entgegengesetzte Seite der Welt entschieden und schwimmen durch die gemäßigten und subpolaren Meere der Südhalbkugel. Und dann gibt es noch zahlreiche Arten, die dem Beispiel von Blau- und Finnwal folgen und sowohl in der Arktis als auch in der Antarktis zu Hause sind. Zu diesen Kosmopoliten gehören zum Beispiel der Buckelwal, der Pottwal und der auch als Killer- oder Schwertwal bekannte Orca.

Narwale leben im gesamten Nordpolarmeer und bleiben immer in der Nähe des Packeises. Die Männchen besitzen einen sehr großen und auffälligen Stoßzahn, dem man früher magische Kräfte zuschrieb.

Sie alle haben es auf die reich gefüllte Speisekammer der polaren Meere abgesehen. In Sachen Nahrungsaufnahme haben sie im Laufe ihrer Evolutionsgeschichte allerdings unterschiedliche Methoden entwickelt. Die einen haben riesige Hornplatten im Maul, mit deren Hilfe sie Krill und andere winzige Meeresbewohner in gewaltigen Mengen aus dem Wasser filtern. Zu diesen sogenannten Bartenwalen gehören der Blauwal, der Zwergwal, der Buckelwal und der Finnwal. Andere Arten besitzen dagegen Zähne, mit denen sie auch größere Beute wie Fische, Tintenfische oder Meeressäuger zur Strecke bringen können. Zu diesen Zahnwalen gehören Pottwale, Narwale, Belugas und sämtliche Delfine, deren größter Vertreter der Orca ist.

Orcas ernähren sich besonders abwechslungsreich. Je nach Region reicht die Palette ihrer Beutetiere von Fischen über Robben bis hin zu Pinguinen. Um ihre Opfer zur Strecke zu bringen, nutzen die schwarz-weißen Meeresjäger manchmal äußerst raffinierte Methoden. So fühlen sich die Robben auf den Eisschollen des Südpo-

REALE EINHÖRNER: NARWALE

WISSENSCHAFTLICHER NAME: *Monodon monoceros*
VORKOMMEN: Arktis, in der Nähe des Packeises
GRÖSSE: 4 bis 5 Meter lang, rund 1,5 Tonnen schwer
NAHRUNG: Fisch, Tintenfisch, Krebse **NAHE VERWANDTE:** Beluga **BESONDERHEITEN:** Männliche Narwale sind mit einem ungewöhnlichen Stoßzahn ausgerüstet, der bis zu 3 Meter lang und 10 Kilogramm schwer werden kann. In vielen Teilen Europas galten die schraubenförmig gewundenen Hörner seit dem Mittelalter als Stirnwaffen des legendären Einhorns – und wurden entsprechend teuer bezahlt. Da sie angeblich magische Kräfte hatten und allerlei Leiden von der Vergiftung bis zur Melancholie heilen sollten, wurde ihr

Gewicht vielfach in Gold aufgewogen. Etliche Herrscherhäuser nahmen sie in ihren Staatsschatz auf.

Inzwischen ist allerdings klar, dass es sich nur um einen gewaltig vergrößerten Eckzahn handelt, der durch die Oberlippe der schwimmenden Arktisbewohner stößt. Manche Männchen haben sogar zwei Stoßzähne, Weibchen meist gar keinen. Es gab schon viele Spekulationen darüber, wozu die Tiere dieses Prunkstück benutzen. Auf jeden Fall ist der Zahn in Narwalkreisen eine Art Statussymbol. Zusätzlich dient er möglicherweise als Sinnesorgan, mit dem die Tiere Wassertemperatur, Druck und andere wichtige Informationen erfassen können.

larmeers vor scharfen Raubtierzähnen sicher. Zu Unrecht, wie die neuseeländische Zoologin Ingrid Visser beobachtet hat: Wenn sich eine Gruppe Orcas nähert, droht den friedlich dösenden Tieren ein unsanftes Erwachen. Als hätten sie sich verabredet, schwimmen die Angreifer gemeinsam auf die Scholle zu. Dabei peitschen sie die Fluten zu Wellen auf und versuchen so, die eisige Zuflucht ihres Opfers zu zerbrechen.

Je kleiner das Eisstück wird, umso instabiler liegt es im Wasser und umso größer ist die Wahrscheinlichkeit, dass die Robbe den Halt verliert. Zwischendurch streckt immer mal wieder ein Orca die Schnauze aus dem Wasser und dreht die Scholle in eine günstige Position für den nächsten Wellenangriff. Liegt das anvisierte Opfer nach etlichen Versuchen immer noch oben, greifen die Tiere zu ihrem Plan B. Sie steigern ihr Schwimmtempo und erzeugen auf diese Weise noch höhere Wellen, die schließlich die Eisscholle überspülen und so auch die hartnäckigste Robbe ins Wasser reißen. »Diese ausgefeilte Taktik kann nur funktionieren, wenn die Orcagruppe sehr gut aufeinander eingespielt ist«, sagt Ingrid Visser. Das Teamwork aber müssen die Tiere üben. Deshalb wird auch nicht jede vom Eis gewaschene Robbe sofort gefressen. Oft lassen die Schwertwale ihr Opfer zunächst noch einmal entkommen. Sobald es voller Panik wieder auf seine Scholle geklettert ist, beginnen die Wellenattacken von vorn – bis die Trainingseinheit für diesen Tag abgeschlossen ist. Dann ist auch das Robbenschicksal besiegelt.

Orcas kennen raffinierte Tricks, um auf Eisschollen dösende Robben zu fangen. Mit vereinten Kräften peitschen sie das Meer zu hohen Wellen auf, bis die Scholle zerbricht oder das Opfer den Halt verliert.

Jäger im Pelz

Die Auswahl an Opfern, an denen die Orcas diesen Trick ausprobieren können, ist in den Polargebieten besonders groß. Denn die Gewässer der Arktis und Antarktis sind weltweite Robbenhochburgen. Die meisten der mehr als 30 heute lebenden Robbenarten haben sich für diese kalten Gegenden entschieden. In den Gewässern der gemäßigten Breiten kommen dagegen deutlich weniger Arten vor und in den Tropen gibt es fast gar keine Robben.

Das Motiv, das die geschickten Schwimmer mit dem torpedoförmigen Körper und den zu Flossen umgebildeten Beinen in die hohen Breiten zieht, ist das gleiche wie bei den Walen: Futter. Die weitaus meisten Arten haben eine besondere Vorliebe für Fisch. Um den zu erbeuten, haben zum Beispiel die Weddellrobben ein paar gute Tricks auf Lager. Diese grauen, zweieinhalb Meter langen Tiere gehören zu den häufigsten Robben der Antarktis und halten sich vor allem in der Nähe des Packeises auf. Oft sieht man sie träge auf den Eisschollen dösen. Ein ganz anderes und deutlich aktiveres Bild aber geben sie unter Wasser ab. Kleine Kameras, die US-amerikanische Forscher auf dem Rücken einzelner Robben befestigt hatten, lieferten zum Beispiel beeindruckende Bilder von der Kabeljaujagd.

Diese Filmaufnahmen zeigen, wie ein Weibchen mit ausgefeilten Schwimmmanövern einen der rund einen Meter langen Fische austrickst. Es schwamm zunächst langsam direkt auf sein Opfer zu, drehte dann aber plötzlich ab und tauchte in rasantem Tempo bis in mehr als 70 Meter Tiefe hinab. So entfernte es sich von seiner Beute und wiegte sie in Sicherheit – bis es plötzlich einen Looping drehte und einen Überraschungsangriff von unten startete. Vor der hellen Eisfläche konnte die Jägerin ihre Beute gut fixieren und kam dementsprechend häufig zum Erfolg.

Ganz anders jagen Weddellrobben dagegen kleinere Fische, die sich in Höhlen an der Unterseite der Packeisdecke verstecken. Sie stoßen Luftblasen aus ihren Nasenöffnungen aus, die rasch zu den Fischen perlen und diese zur Flucht veranlassen. Oder sie pressen ihr Maul gegen das Packeis und jagen ihr Opfer so aus dem Versteck. Allerdings sind kleine Fische für die 400 Kilogramm schweren Weddellrobben nur ein Appetithappen. Satt werden sie nur von Kabeljau und ähnlich großen Tieren.

Die schlanken Krabbenfresserrobben, die ebenfalls in der Antarktis leben, begnügen sich mit deutlich kleinerer Beute. Wie ihr Name schon verrät, ernähren sie sich fast ausschließlich von Krill. Davon brauchen sie allerdings eine ganze Menge. Ein ausgewachsenes Exemplar von knapp 200 Kilogramm Gewicht verschlingt jeden Tag rund 15 Kilogramm der kleinen Krustentiere. Um solche Massen zu erwischen, haben sie ähnlich wie die Bartenwale eine spezielle Technik entwickelt. Statt großer Hornplatten nutzen sie allerdings ihre von Rillen durchzogenen Zähne als Krabbenkescher. Wenn sie durch einen Krillschwarm schwimmen, lassen sie Wasser in ihr offenes Maul strömen. Anschließend drücken sie es durch die aufeinandergepressten Zähne wieder hinaus und schlucken die hinter den Zähnen gefangenen Krebse hinunter.

Auf ihren Tauchgängen muss sich die Krabbenfresserrobbe allerdings wie viele ihrer Verwandten vor einem Feind aus den eigenen Reihen in Acht nehmen. Der Seeleopard frisst zwar auch beachtliche Mengen Krill und den einen oder anderen Fisch. Seinen Namen aber verdankt er nicht nur seinem gefleckten

Wegen des Elfenbeins ihrer eindrucksvollen Stoßzähne wurden Walrosse früher zu Tausenden getötet. Das Atlantische Walross ist dadurch fast ausgestorben und hat sich trotz aller Schutzmaßnahmen bis heute nicht richtig erholt.

ROBBEN MIT HAUERN: WALROSSE

WISSENSCHAFTLICHER NAME: *Odobenus rosmaru* **VORKOMMEN:** Arktis, meist in flachen Küstengewässern **GRÖSSE:** bis 3,50 Meter lang, Männchen mitunter mehr als 1200 Kilogramm schwer **NAHRUNG:** Muscheln, Schnecken, Krebse, Tintenfisch, Würmer **NAHE VERWANDTE:** einziger lebender Vertreter seiner Familie **BESONDERHEITEN:** Ihre eindrucksvollen oberen Eckzähne machten Walrosse früher zu einer begehrten Jagdbeute. Diese Hauer ragen bei beiden Geschlechtern aus dem Maul, die der Männchen sind allerdings meist größer. Nutzen können die Tiere ihre Stoßzähne zu den verschiedensten Zwecken. Mal sind sie eine echte Waffe gegen Nebenbuhler oder Feinde, mal wird damit einem Artgenossen nur die eigene Stärke vor Augen geführt. Walrosse verwenden ihre praktischen Statussymbole aber auch, um ein Atemloch ins Eis zu brechen, den massigen Körper aus dem Wasser zu hieven oder einfach bloß den Kopf abzustützen.

Fell, sondern auch seiner Vorliebe für große, warmblütige Beute. Manche Seeleoparden haben sich dabei auf andere Robbenarten spezialisiert, andere stellen lieber Pinguinen nach. Sie schießen mit Geschwindigkeiten von 40 Kilometern pro Stunde durch die Fluten und versuchen in rasanten Verfolgungsmanövern, ihre Beute noch im Wasser zu packen. Manchmal folgen sie dem angepeilten Opfer aber auch bis aufs Eis. Sein Jagdgeschick macht den Seeleoparden neben dem Orca zum größten Feind der antarktischen Robben und Pinguine.

Auch am anderen Ende der Welt gibt es Robben, die vor Anschlägen auf die eigene Verwandtschaft nicht zurückschrecken: die mächtigen Walrossbullen mit ihren imposanten Stoßzähnen. An der Tagesordnung sind Attacken auf andere Robben aber nicht. Vielmehr haben Walrosse eine besondere Vorliebe für Muscheln und Schnecken, die sie zwischen den Lippen oder Vorderflossen knacken. Auch Krebstiere, Tintenfische und Würmer gehören zu ihrer Alltagskost. Einen guten Teil dieser Leckerbissen holen sie aus dem Meeresgrund, den sie dazu mit den Flossen, der Schnauze oder einem selbst erzeugten Wasserstrahl aufwühlen. Ihr beliebtestes Grabwerkzeug ist die rechte Vorderflosse – Walrosse sind offenbar Rechtshänder.

Forschungsassistenten mit Übergewicht

So beeindruckend ein Walross wirken mag, die Robbenverwandtschaft hat noch gigantischere Mitglieder zu bieten. Eindeutiger Sieger im Wettbewerb um den Titel »Größte Robbe der Welt« ist der Südliche See-Elefant, der rings um die Antarktis lebt. Die Männchen dieser Art bringen es auf 6,50 Meter Länge und 3,5 Tonnen Gewicht. Die höchstens 3,50 Meter langen und maximal 900 Kilogramm schweren Weibchen sehen daneben geradezu wie Zwerge aus.

Die Paarung der Robbenriesen wirkt deshalb ziemlich brachial: Der tonnenschwere Pascha legt dabei die Vorderflosse um seine Partnerin und beißt ihr in den Nacken. Gegenwehr ist zwecklos: Die Bullen wälzen sich einfach auf das Weibchen, und schon ist es bewegungsunfähig. Allerdings kommt es dabei immer wieder zu Unfällen. Jungtiere, die den alten Bullen bei ihrem Liebesspiel zufällig im Weg liegen, werden oft einfach erdrückt.

Das tonnenschwere Gewicht hat durchaus seine Nachteile. Und trotzdem sind See-Elefanten im Laufe ihrer Evolution nicht schlanker geworden. Es muss also ganz spezielle Herausforderungen für die Männchen geben, die einen so massigen Körper erfordern. Des Rätsels Lösung liegt in der erbitterten Konkurrenz der Bullen untereinander. Zur Paarungszeit versammeln sich See-Elefanten beiderlei Geschlechts in großen Kolonien auf den antarktischen und subantarktischen Inseln. In diesen Robbenmetropolen haben eindeutig die großen, älteren Bullen mit ihren auffälligen Rüsseln das Sagen. Jeder von ihnen beansprucht einen Harem aus etwa zehn bis zwanzig Kühen, den es gegen die Avancen von Artgenossen zu verteidigen gilt.

Wer die massigen Tiere am Strand von South Georgia liegen und träge aufs Meer hinausblinzeln sieht, traut ihnen keine hektischen oder gar aggressiven Aktionen zu. Die vor sich hin schnarchenden und rülpsenden Fleischberge sehen aus, als wollten sie sich überhaupt nie wieder bewegen. Doch der Eindruck täuscht gewaltig. Sobald sich ein unliebsamer Konkurrent nähert, sind die Lebensgeister wieder da. Erst einmal beschränken sich die Kontrahenten dann meist auf Drohgebärden. So sieht man immer wieder See-Elefanten,

See-Elefanten verdanken ihren Namen der großen Nase, die für die Männchen typisch ist. Wenn die Bullen etwa acht Jahre alt sind, hat dieser »Rüssel« seine volle Größe erreicht und hängt dann bis über das Maul herunter.

KOLOSSE AM STRAND: SÜDLICHE SEE-ELEFANTEN

WISSENSCHAFTLICHER NAME: *Mirounga leonina* **VORKOMMEN:** Subantarktis **GRÖSSE:** bis 6,50 Meter lang, bis 3,5 Tonnen schwer **NAHRUNG:** Fisch, Tintenfisch **NAHE VERWANDTE:** Nördlicher See-Elefant **BESONDERHEITEN:** Anders als Wale können See-Elefanten ihre Beute nicht mithilfe einer Echo-Ortung aufspüren. Sie müssen sich deshalb auf ihre Augen verlassen. Die aber sind gut für diese Herausforderung gerüstet. In nur 6 Minuten können sie sich von hellem Tageslicht auf düstere Nacht umstellen. So viel Zeit brauchen die Tiere ungefähr, um von der lichtdurchfluteten Wasseroberfläche in ihre dunklen, 300 bis 700 Meter tiefen Jagdgründe abzutauchen. Die Augen anderer Arten können da bei Weitem nicht mithalten. Ein Seehund oder ein Mensch benötigt rund 20 Minuten, um seine Sehorgane an die Dunkelheit anzupassen.

die sich kraftmeierisch voreinander aufrichten, die Oberkörper gegen-einanderklatschen und einschüchternd brüllen. Häufig aber kommt es auch zu ernsthaften Kämpfen. Selbst der Sieger hat dann oft blutige Striemen im Fell, wenn er sich endlich wieder seinen Weibchen zu-wendet.

Doch der Frieden währt nicht lange. Jüngere und schwächere Bullen werden zwar an den Rand der Kolonie abgedrängt. Sie lauern aber ständig auf eine Gelegenheit, sich dem anderen Geschlecht doch noch zu nähern. Der nächste Kampf wird mit Sicherheit folgen. In dieser endlosen Auseinandersetzung sind die größten, schwersten und kräf-tigsten Tiere klar im Vorteil und haben folglich die besten Chancen, sich fortzupflanzen. Somit wird das erfolgreiche Merkmal »massiger Körper« bevorzugt an die nächste Generation weitergegeben – und neue See-Elefanten wachsen zu den Riesen unter den Robben heran.

Wie der Alltag in einer See-Elefantenkolonie aussieht, ist recht ge-nau bekannt. Allerdings spielt sich nur ein Bruchteil des Lebens dort ab, denn die Tiere kommen nur zu zwei Gelegenheiten an Land: Im späten Frühjahr bringen die Weibchen in der Kolonie die Jungen zur Welt und paaren sich einige Wochen später erneut mit den Männchen. Im Herbst steht dann der Fellwechsel auf dem Programm. In der Zwi-schenzeit aber verschwinden die Tiere für Monate im Meer und ent-ziehen sich damit den neugierigen Forscheraugen. Wohin schwimmen

TONNENSCHWERE KLIMAZEUGEN

See-Elefanten mögen kein Eis an ihren Küsten. Für die Paarung und den Fellwechsel suchen sie sich nur solche Strände aus, an denen im Sommer offenes Wasser plät-schert. Heutzutage wuchten sie deshalb ihre massigen Körper vor allem an den Stränden von South Georgia, dem Kerguelen-Archipel und anderen Inseln des Südpo-larmeers aus dem Wasser, manche kommen sogar noch viel weiter nördlich in Argentinien an Land. Ihre Vorfah-ren aber konnten durchaus auch den Stränden von Victorialand auf dem antarktischen Kontinent etwas ab-gewinnen. US-amerikanische Forscher haben dort jahr-tausendalte Fellreste und sogar einige mumifizierte Körperteile von See-Elefanten gefunden. Daraus schlie-ßen sie, dass es dort früher wenigstens zeitweise deut-lich wärmer gewesen sein muss als heute. Vor tausend bis zweitausend Jahren dürften an der inzwischen ver-waisten Küste besonders robbenfreundliche Bedingun-gen geherrscht haben.

sie dann? Diese Frage lässt sich wiederum nur mithilfe modernster Technik beantworten.

Wissenschaftler verschiedener Universitäten haben die Ruhephasen der Tiere an Land genutzt, um See-Elefanten mit Messgeräten und Sendern auszurüsten. So hat das Alfred-Wegener-Institut den 3 Tonnen schweren Bullen Gustavo und 13 seiner Artgenossen als übergewichtige Forschungshelfer rekrutiert. Während die Tiere im arktischen Herbst faul in der Nähe des Dallmann-Labors auf King George Island herumlagen, haben Joachim Plötz und Horst Bornemann einzelne Bullen mit einem Blasrohr betäubt und ihnen einen kleinen Satellitensender auf den Kopf geklebt. Nach überstandenem Haarwechsel sind diese Kolosse wieder ins Meer abgetaucht, und wohin sie auch schwammen, ihre Beobachter ließen sich nicht abschütteln.

Die Messtechnik auf dem See-Elefantenfell erfasst die geografische Position und die Tauchtiefe der Tiere sowie die Temperatur und den Salzgehalt des umgebenden Wassers. Sobald die massigen Robben nach einem ihrer Tauchgänge zum Atmen an die Wasseroberfläche kommen, sendet das Gerät die aufgezeichneten Daten an einen Satelliten, der sie dann an die Computer der Forscher in Bremerhaven weiterleitet. Mit etwas Glück lassen sich die Aktivitäten eines See-Elefanten so ein ganzes Jahr lang beobachten, bis der Sender beim nächsten Fellwechsel wieder abfällt.

Zwischen ihren Kolonien, in denen sie nur von ihren Fettreserven leben, und den Nahrungsgründen, in denen sie sich neuen Speck anfressen, legen die Tiere oft mehr als 1 000 Kilometer zurück, wie die Forscher herausfinden konnten. Tageswanderungen von 70 oder 80 Kilometern sind keine Seltenheit. Und auch mit ihren Tauchleistungen brauchen sich die Riesen unter den Robben keineswegs zu verstecken. Bis zu 2 000 Meter tief sinken sie in die dunklen Abgründe des Südpolarmeeres hinab und kommen oft erst nach mehr als einer Stunde wieder an die Oberfläche. Das alles hat nur einen Zweck: sich den Magen möglichst gründlich mit Fischen und Tintenfischen vollzustopfen. An den Schwimmrouten und Tauchtiefen der See-Elefanten können die Forscher daher ablesen, in welchen Regionen des Südpolarmeeres ihre Beutetiere zu bestimmten Jahreszeiten besonders häufig sind.

Doch das ist noch nicht alles. Bei ihren Tauchgängen, die im Winter oft weit unter das Packeis führen, sammeln die Tiere auch eine Fülle von Informationen über die Temperatur und den Salzgehalt des Wassers. Aus den physikalischen Informationen können Meeresforscher zum Beispiel Rückschlüsse auf die Strömungen im Ozean ziehen. Gerade aus dem Südpolarmeer gibt es sonst nur wenige solcher Daten, denn an Bojen befestigte Messonden lassen sich dort wegen der schwankenden Eisverhältnisse nicht einsetzen. Und wenn die Polarnacht hereinbricht und die Winterkälte große Teile des Ozeans unter dem Eis verschwinden lässt, müssen auch die Forschungsschiffe eine Auszeit nehmen. Die nahrungssuchenden See-Elefanten können sich unter diesen schwierigen Bedingungen als echte Forschungspioniere betätigen.

Das große Schlachten

Abb. rechts: Unzählige Walfänger aus aller Welt nahmen in früheren Jahrhunderten Kurs auf die Polargebiete. Damals wurden so viele der Meeresriesen abgeschlachtet, dass die Bestände vieler Arten zusammenbrachen.

Um ein Haar aber hätte die Wissenschaft auf die schwergewichtigen Forschungsassistenten verzichten müssen. Denn der Südliche See-Elefant wurde vor allem im 19. Jahrhundert stark bejagt. Aus seiner isolierenden Speckschicht kochte man Öl heraus, das anschließend in Straßenlaternen brannte oder Leder veredelte. Etliche Kolonien der weltgrößten Robben haben die Jäger damals vernichtet. Der etwas kleinere Nördliche See-Elefant, der einst an der gesamten Westküste Nordamerikas, von Alaska bis Mexiko, lebte, wurde sogar fast vollständig ausgerottet. Nicht einmal hundert Tiere auf der mexikanischen Insel Guadalupe entkamen den Schlächtern.

Genauso erging es auch zahlreichen anderen Meeressäugern der Polargebiete. Sobald die ersten Entdeckungsreisenden von dem erstaunlichen Wal- und Robbenreichtum der eisigen Gewässer berichteten, machten sich zahllose Jäger und Glücksritter auf den Weg, um diesen Reichtum auszubeuten. Bis heute findet man sowohl in der Arktis als auch in der Antarktis stumme Zeitzeugen, die von diesen Zeiten erzählen. So ragen auf der zu Spitzbergen gehörenden Insel Ytre Norskøya noch immer die aus verwittertem Treibholz gezimmerten

BEGEHRTE PELZTRÄGER: ANTARKTISCHE SEEBÄREN

WISSENSCHAFTLICHER NAME: *Arctocephalus gazella*
VORKOMMEN: Inseln rings um die Antarktis **GRÖSSE:**
Bullen bis 1,90 Meter lang, bis 150 Kilogramm schwer
NAHRUNG: Krill, Tintenfisch, Fisch **NAHE VERWANDTE:**
Galapagos-Seebär, Südamerikanischer Seebär, Sub-
antarktischer Seebär, Neuseeländischer Seebär, Südaf-
rikanischer Seebär **BESONDERHEITEN:** Typisch für diese
Robben ist ihr besonders dichtes Fell. Es besteht aus

einer feinen Unterwolle und gröberen, graubraunen
Deckhaaren und hält sowohl Wind als auch Wasser ab.
Männchen haben darüber hinaus noch eine kräftige
dunkle Mähne. Das Fell der Seebären war bei den
Jägern früherer Jahrhunderte so begehrt, dass man die
Tiere damals als »Pelzrobben« bezeichnete. Die inten-
sive Jagd hat die Meeressäuger damals fast zum Aus-
sterben gebracht.

*Seebären waren früher
wegen ihres besonders
dichten, weichen Fells
begehrt. Auf South
Georgia hatten Pelz-
jäger die Tiere im
19. Jahrhundert fast
ausgerottet.*

Kreuze aus dem Schnee, unter denen die Walfänger
früherer Jahrhunderte ihre letzte Ruhe gefunden haben.
Als der Holländer Willem Barents 1596 Spitzbergen
entdeckte, löste er mit seinen Schilderungen über die
zahllosen Meeressäuger in den dortigen Gewässern einen
wahren Walfangboom aus. Besonders auf den Grönlandwal hatten es die Besatzungen der zahlreichen
Fangschiffe abgesehen, denn der ist besonders leicht zur Strecke
zu bringen. Wenn man ein solches Tier schießt, treibt es auf dem Wasser, ohne in die Tiefe zu sinken. Seine dicke Fettschicht, der sogenannte Blubber, gibt ihm genügend Auftrieb. In den folgenden hundert
Jahren wurde Spitzbergen deshalb der Schauplatz eines beispiellosen
Gemetzels. Im Jahr 1788 stellten zum Beispiel allein aus Großbritanni-
en 255 Fangschiffe den Walen und Walrossen auf dem Archipel nach.
Aber auch Niederländer und Franzosen mischten bei diesem blutigen
Geschäft kräftig mit. Auch sie wollten den Tran der Tiere zum begehrten und teuren Lampenöl verkochen.

Inzwischen aber sind die alten Blubberöfen genau wie die Wal-
fängergräber nur noch Fotomotive für Touristen. Denn durch die
intensive Jagd schrumpften die Walbestände immer mehr. Um die
Mitte des 18. Jahrhunderts hatten die Walfänger mit ihrer Beute ihre
Geschäftsgrundlage gleich mit vernichtet. Danach interessierte sich
kaum noch jemand für die Inselgruppe im hohen Norden.

Ganz ähnliche Dramen spielten sich auch auf der entgegengesetzten Seite der Welt ab. Kaum hatte James Cook im 18. Jahrhundert die Kunde von den tierreichen Gewässern South Georgias nach Großbritannien gebracht, machten sich schon zahlreiche Robbenschlächter auf den Weg. Das Fell der Seebären konnte man in China schließlich gegen wertvolle Seide und Gewürze eintauschen. Und wieder kam es, wie es kommen musste: Um 1820 gab es fast keine Seebären mehr auf der Insel.

Als dann Anfang des 20. Jahrhunderts die Wale auf der Nordhalbkugel fast ausgerottet waren, entdeckten auch die Walfänger South Georgia und wenig später die Antarktis als neue Reviere. Die ersten norwegischen Walfänger, die 1904 in einer Bucht im Nordosten der Insel an Land gingen, fanden am Strand noch die großen Trankessel der Robbenschlächter vor. »Gryte« ist das norwegische Wort für Kessel, eine kleine Bucht heißt »vik«, also nannten die Männer die Bucht »Grytviken« oder »Kesselbucht«. Bereits nach fünf Wochen war die Fabrik so weit fertig, dass der erste Wal verarbeitet werden konnte. Zwei Mona-

Von der 1904 gegründeten Walfangstation Grytviken auf South Georgia sind heute nur noch Schrott und Trümmer übrig. Seit 1965 wird hier kein Meeressäuger mehr verarbeitet.

te später dampfte das erste Schiff mit 165 Tonnen Waltran an Bord in Richtung Buenos Aires ab. 75 Prozent Rendite ließen Grytviken ständig weiterwachsen, Kühlhäuser und eine Bäckerei, Schweineställe und ein Kino entstanden, sogar eine vollständige Kirche wurde 1913 aus Norwegen angelandet. Im Sommer arbeiteten bis zu fünfhundert Männer in der Walfabrik, bis zum Jahr 1965 hatten sie 54 100 Wale zu 458 000 Tonnen Walöl, 200 000 Tonnen Walfleisch und Knochenmehl verarbeitet. Ganz nebenbei wurden jedes Jahr noch rund 5 000 Robben erlegt. In den Nachbarbuchten weiter im Norden entstanden ähnliche Siedlungen, und den Walen ging es nicht anders als auf der Nordhalbkugel einige Jahrzehnte früher: Sie wurden nahezu vernichtet.

Ohne Wale aber hatten auch die Walfänger ihren Job verloren. Grytviken schloss 1965, ein Jahr später war auch die letzte Station auf South Georgia am Ende. Seither rosten die alten Siedlungen vor sich hin, leckgeschlagene Walfangboote und Versorgungsschiffe liegen halb versunken an demolierten Holzpiers. Die Berichte über das Gemetzel an der Tierwelt der Polargebiete klingen wie Geschichten aus längst vergangenen Zeiten.

Licht und Schatten

Tatsächlich stehen viele der polaren Meeressäuger heutzutage unter Schutz. So hat die Internationale Walfangkommission IWC 1986 einen weltweiten Fangstopp für alle Großwalarten verhängt. Es gibt allerdings einige Staaten wie Japan, Norwegen und Island, die dieses sogenannte Moratorium umgehen – entweder indem sie es nicht anerkennen oder indem sie Wale angeblich zu Forschungszwecken fangen. Letzteres halten Naturschützer und Fischereiexperten für ein vorgeschobenes und fadenscheiniges Argument. Doch selbst nachdem die IWC im Jahr 1994 ein 50 Millionen Quadratkilometer großes Gebiet im Südpolarmeer zum Walschutzgebiet erklärt hatte, setzte Japan dort seinen »wissenschaftlichen« Walfang fort. Die meisten anderen Staaten aber haben inzwischen kein Interesse mehr daran, die Jagd auf die großen Meeressäuger wiederaufzunehmen.

Ähnliches gilt auch für die Robben. In der Antarktis gibt es schon seit den 1950er-Jahren keine kommerzielle Jagd auf die früher so beliebten Pelzlieferanten mehr. Die internationale »Konvention zum Schutz der antarktischen Robben«, die 1978 in Kraft getreten ist, gibt Regeln für einen Robbenfang in diesen Gewässern vor und soll die Jagdexzesse früherer Jahre verhindern.

Auch auf der anderen Seite der Erde hat die Robbenjagd heute bei Weitem nicht mehr die Bedeutung wie in früheren Jahrhunderten. Denn die Nachfrage nach dem Pelz der Meeressäuger ist in vielen Ländern einfach nicht mehr da. In der EU zum Beispiel gilt seit 2010 ein weitgehendes Verbot für den Handel mit Fellen und anderen Robbenprodukten. Trotzdem erlauben einige Arktis-Anrainerstaaten unter bestimmten Bedingungen nach wie vor die Jagd auf einzelne Robbenarten, die als nicht gefährdet gelten. So töten kanadische Jäger jährlich mehr als 200 000 Sattelrobben – was stets von heftigen Protesten der Tierschützer begleitet wird. Das besonders umstrittene Abschlachten der Jungtiere mit ihrem begehrten weißen Pelz ist allerdings seit 1987 verboten. Auch norwegische und russische Jäger stellen Sattelrobben nach. Einige Robbenfänger haben noch eine zweite Meeressäuger-Art im Visier, die Klappmütze.

Andere Robben dagegen sind schon seit Jahrzehnten vor Feinden auf zwei Beinen sicher. Spitzbergens Walrosse zum Beispiel stehen bereits seit 1954 unter Schutz. Dennoch haben sie ihre alte Stärke noch längst nicht wieder erreicht.

Ganz ähnliche Entwicklungen beobachten Biologen auch bei den Walen. Da die Riesen unter den Meeressäugern sehr alt werden und sich nur langsam vermehren, haben sich viele Bestände noch immer nicht von den dramatischen Einbrüchen früherer Zeiten erholt. Als im Jahr 2000 zweimal ein Grönlandwal vor Spitzbergen gesichtet wurde, war das eine Sensation auf dem Archipel, dessen Gewässer einst von dieser Art wimmelten.

Wie sich die Bestände der Meeressäuger in Zukunft entwickeln werden, ist schwer vorherzusagen. Auf den jährlichen Konferenzen der IWC gibt es jedes Mal Streit um mögliche Lockerungen des Jagdverbots, die von den wenigen noch aktiven Fangnationen immer wieder beantragt und von anderen Regierungen, von Naturschützern und vielen Wissenschaftlern ebenso beständig abgelehnt werden.

Es sind aber nicht nur Harpunen, die den Tieren künftig zu schaffen machen könnten. Auch die steigenden Temperaturen im Treibhaus Erde können Wale und Robben gefährden. Wenn das Meer-Eis zurückweicht und die Krillbestände schrumpfen, werden die Mägen von Bartenwalen und Krabbenfressern ebenso leer bleiben wie die von Pinguinen und Seevögeln. Doch das ist noch nicht alles. Den Robben der Arktis droht ihr Lebensraum unter den Flossen wegzuschmelzen. Ringelrobben, Bandrobben und Bartrobben bringen ihren Nachwuchs auf dem Eis zur Welt, nutzen den gefrorenen Panzer des Ozeans als Ruheplatz und tauchen am Eisrand und unter dem Eis nach Nahrung. Die Ringelrobben etwa gehen so gut wie nie an Land. Sie brauchen eine dicke Schneedecke, in der sie ihre Höhlen bauen, und einen festen Eisuntergrund, auf dem sie ihre Jungen aufziehen. Wenn das Meer-Eis zu früh aufbricht, könnten Mütter und Kinder leicht zu früh voneinander getrennt werden, bevor die Jungtiere selbstständig sind. Biologen halten es für äußerst unwahrscheinlich, dass sich die Ringelrobben an ein Leben ohne Meer-Eis anpassen können.

Doch auch die Eis-Fans unter den Walen sind für ein Leben im Treibhaus nur schlecht gerüstet. Das gilt zum Beispiel für den Südlichen Zwergwal, der unter dem Packeis des Südpolarmeers nach Nahrung sucht. Sollte die globale Durchschnittstemperatur um 2 Grad Celsius ansteigen – was Klimaforscher für durchaus realistisch halten –, dürfte sein Lebensraum deutlich kleiner werden. Innerhalb von nur vierzig Jahren könnte seine eisige Welt um 5 bis 30 Prozent schrumpfen, haben Cynthia Tynen von der University of Washington und Joellen Russell von der University of Arizona ausgerechnet. Ihre 2008 veröffentlichte Studie hält aber auch für andere Walarten schlechte Nachrichten bereit.

Denn der Klimawandel dürfte auch die sogenannten Frontalzonen im Südpolarmeer verschieben, in denen nährstoffreiches Tiefenwasser an die Oberfläche strömt. Wenn diese Nahrungsgründe weiter Richtung Pol rücken, wird der Weg von den warmen Kinderstuben zu den kalten Meeresrestaurants für die Weitwanderer unter den Walen immer länger. So müssten die Buckel- und Blauwale nach Berechnungen der Forscherinnen 200 bis 500 Kilometer weiter nach Süden schwimmen, wenn die Zwei-Grad-Marke überschritten wird. Das aber würde die Tiere nicht nur wertvolle Energie kosten, es bliebe ihnen auch weniger Zeit und Platz, um sich wieder einmal richtig satt zu fressen. ≈

In Kanada gibt es immer wieder Streit zwischen Robben-jägern und Tierschüt-zern. Nach wie vor werden dort Sattelrob-ben getötet, das früher übliche Abschlachten der weißen Jungtiere ist inzwischen aller-dings verboten.

12

Die Stars des Nordens:
Eisbären, Moschusochsen & Co.

E ndlich wieder einmal ein gefüllter Magen ... In derartige Wunschträume könnten auch Eisbären in Zukunft immer häufiger verfallen. Wenn es ein Symboltier für die gefährlichen Folgen des Klimawandels gibt, dann sind es die vierbeinigen Jäger im weißen Zottelpelz. Den Stars des hohen Nordens droht ihr Revier buchstäblich unter den Tatzen wegzuschmelzen. Ein Lebensstil, der sich über Jahrtausende bewährt hat, ist plötzlich nicht mehr zukunftsträchtig.

Dabei hatten sich die Tiere doch so erstaunlich gut an die Herausforderungen ihres harschen Lebensraums angepasst. In Sachen Überleben in der Kälte macht ihnen so schnell niemand etwas vor. Ähnlich wie Wale setzen auch Eisbären auf einen großen Körper, um den Wärmeverlust einzudämmen. Es ist also kein Zufall, dass sich die zottigen Arktisbewohner mit bis zu 3,40 Metern Länge und bis zu 800 Kilogramm Gewicht zu den größten Landraubtieren der Erde entwickelt haben. Doch auf Größe allein wollen sich die Bären nicht verlassen. Sie kennen noch eine ganze Reihe weiterer Tricks, um sich in ihrer frostigen Welt warm zu halten.

Abb. links: Eisbären sind die Symboltiere des Klimaschutzes. Wenn die Temperaturen im Treibhaus Erde weiter steigen, schmilzt ihnen ihr Jagdrevier unter den Tatzen weg.

So hüllen sich die Polarjäger in einen dichten, gelblich weißen Pelz, der außer der Nasenspitze und den Fußsohlen den gesamten Körper bedeckt. Die äußeren Haare sind hohl und bilden daher ein zusätzlich isolierendes Luftpolster. Unter dem Fell liegt eine schwarze Haut, die einfallendes Sonnenlicht optimal aufnimmt und in Wärme verwandelt. Darunter folgt noch eine 5 bis 10 Zentimeter dicke Fettschicht. Insgesamt funktioniert diese Dämmung so gut, dass Eisbären kaum Wärme nach außen abgeben. Deshalb bleiben sie im Gegensatz zu fast allen anderen Säugetieren selbst den empfindlichen Wärmesensoren einer Infrarotkamera verborgen.

Speck und hohle Haare sind aber nicht nur als Kälteschutz praktisch, sondern geben im Wasser so viel Auftrieb, dass Eisbären hervorragende Schwimmer sind. Wenn es sein muss, bringen sie es im Meer auf Geschwindigkeiten von bis zu 10 Kilometern in der Stunde. Damit hängen sie den menschlichen Weltrekordhalter im Freistilschwimmen locker ab, der auf der 50-Meter-Bahn nicht einmal acht Stundenkilometer erreicht. All diese nützlichen Anpassungen haben sich die Tiere in erstaunlich kurzer Zeit zugelegt, wie eine Studie US-amerikanischer und norwegischer Forscher aus dem Jahr 2010 zeigt.

Die Vergangenheit der Eisbären lag lange Zeit weitgehend im Dunkeln. Molekularbiologen wussten zwar, dass die Jäger im weißen Pelz eng mit den Braunbären verwandt sind und sich irgendwann als eigene

---

WEISSE RIESEN: EISBÄREN

WISSENSCHAFTLICHER NAME: *Ursus maritimus* **VORKOMMEN:** hohe Arktis zwischen dem 82. Breitengrad Nord und der südlichen Packeisgrenze **GRÖSSE:** Männchen bis 3,40 Meter lang, bis 1,60 Meter Schulterhöhe, bis 800 kg schwer, Weibchen deutlich kleiner **NAHRUNG:** Robben, im Sommer auch Erdhörnchen, Lemminge, Wühlmäuse und Aas **NAHE VERWANDTE:** Braunbär **BESONDERHEITEN:** Obwohl Eisbären und Braunbären verschiedene Arten sind, können sie sich in Ausnahmefällen miteinander paaren. Das bewies ein Bär mit hellbraunem Fell, den ein Jäger im April 2006 im Nordwestterritorium Kanadas schoss. Als die Behörden der Region das Erbmaterial des Tieres untersuchten, entlarvten sie einen Braunbären und einen Eisbären als Eltern. Das aber galt zuvor als ausgeschlossen, weil Eisbären sich immer auf dem Eis paaren und Braunbären sich dem anderen Geschlecht ausschließlich auf festem Land nähern.

Art von deren Entwicklungslinie abgespalten haben. Nur wann das war, konnte niemand so genau sagen. Manche Studien schätzten das Alter der Eisbären auf weniger als 75 000 Jahre, andere auf mehr als eine Million. Diese unterschiedlichen Schätzungen kamen vor allem deswegen zustande, weil es so wenige Eisbärenfossilien gibt. Schließlich halten sich die Tiere meist auf dem Meer-Eis auf. Nach ihrem Tod werden sie entweder gefressen oder sinken auf den Grund des Ozeans. So gut wie nie überdauert einer als Fossil die Jahrtausende – schon gar nicht an Stellen, die für Wissenschaftler gut zugänglich sind.

Ein Glücksfall war daher der Fund, den ein isländischer Geologe im Jahr 2004 auf Spitzbergen machte. Er entdeckte ein gut erhaltenes Stück eines uralten Eisbärenunterkiefers, in dem sogar noch ein Eckzahn steckte. Der Besitzer von Knochen und Zahn muss vor etwa 110 000 bis 130 000 Jahren gelebt haben, ergaben Untersuchungen der Sedimente, in die das Fossil eingebettet war. Für ein Team von US-amerikanischen und norwegischen Forschern war das eine der seltenen Gelegenheiten, einen genaueren Blick in die Eisbärengeschichte zu werfen. Denn aus dem Fragment konnten Charlotte Lindqvist von der University at Buffalo und andere ihrer Kollegen die DNA der Mitochondrien isolieren.

Das Erbgut dieser winzigen Kraftwerke, die für die Energieversorgung der Zellen zuständig sind, nutzen Molekularbiologen gern für

Eis- und Braunbären sind eng miteinander verwandt. Genetische Untersuchungen im Jahr 2010 ergaben, dass sich ihre Entwicklungslinien erst vor etwa 150 000 Jahren getrennt haben.

Vergleiche zwischen alter und moderner DNA. Denn es lässt sich besonders gut aus den uralten Proben gewinnen und verrät zudem viel über die Evolutionsgeschichte von Arten. Für die Mitochondrien-DNA des fossilen Eisbären haben die Forscher die komplette Abfolge von DNA-Bausteinen analysiert und die Ergebnisse dann mit den Sequenzen von heutigen Eis- und Braunbären verglichen.

Dabei kam heraus, dass sich die Entwicklungslinien von Eis- und Braunbären vor ungefähr 150 000 Jahren voneinander getrennt haben. Der Besitzer des fossilen Zahns muss dem letzten gemeinsamen Vorfahren der beiden Arten sehr ähnlich gewesen sein. Gelebt hat er aber wohl schon wie ein echter Eisbär, das zeigen weitere Analysen des uralten Beißwerkzeugs. Die Forscher haben darin das Vorkommen unterschiedlich schwerer Varianten von Kohlenstoff und Stickstoff analysiert. Das Verhältnis dieser sogenannten Isotope verrät, welche Nahrung ein Tier zu sich genommen hat. Der prähistorische Eisbär hat seinen Hunger demnach genau wie seine heutigen Nachkommen fast ausschließlich mit Meerestieren gestillt. Und auch sein Lebensraum dürfte schon so ähnlich ausgesehen haben wie die heutige Arktis, das zeigen Untersuchungen der Sedimente, aus denen das Fossil stammt.

Knurrende Mägen

In Zukunft werden sich die weißen Bären allerdings auf neue Verhältnisse einstellen müssen. Denn die Arktis gehört zu den Lebensräumen, die sich im Zuge des Klimawandels besonders stark verändern werden. Nach Berechnungen des US-Klimaforschungszentrums National Center for Atmospheric Research könnten die arktischen Meere schon im Jahr 2040 im Sommer vollständig eisfrei sein. Die weißen Raubtiere aber können nur vom Packeis aus einigermaßen erfolgreich Beute machen.

Schon unter normalen Umständen ist die Jagd für einen Eisbären mitunter eine frustrierende Angelegenheit. In den Magen eines erwachsenen Männchens passen knapp 70 Kilogramm Futter, die erst einmal beschafft werden wollen. Ab und zu starten die Polarjäger einen

Angriff auf einen Beluga oder ein Walross. Hauptsächlich aber haben sie es auf kleinere Robbenarten abgesehen. Um die zu erwischen, heißt es Geduld haben. Also liegen die Bären manchmal stundenlang bewegungslos neben einem Eisloch und warten, bis ein Opfer zum Luftholen auftaucht. Dann schlagen sie blitzschnell zu. In neun von zehn Fällen entwischt die Beute allerdings. Bis ein junger Bär die Robbenjagd halbwegs beherrscht, muss er zweieinhalb Jahre lang trainieren. Je weniger Eis es aber gibt, umso schwieriger wird die Sache.

Schon heute haben die weißen Jäger vor allem im Süden ihres Verbreitungsgebietes im Sommer eine harte Zeit durchzustehen. Der Eisrand zieht sich dann so weit nach Norden zurück, dass die Reise dorthin zu lang wäre. Die Eisbären müssen etwa vier Monate lang auf dem Festland ausharren. Robben fangen? Fehlanzeige. Kleine Säugetiere oder Vögel, Müll aus den Siedlungen, manchmal auch nur Gras, Moos oder ein paar Beeren – das muss reichen.

Die Zeit des Bärenhungers aber wird immer länger, wie etliche Studien der Weltnaturschutzunion IUCN zeigen. Eine gut erforschte Po-

Eisbären haben spezielle Jagdtechniken, mit denen sie Robben erlegen. Oft lauern sie ihnen neben einem Eisloch auf, in dem die Tiere zum Luftholen auftauchen. Auch auf Eisschollen ruhende Robben landen immer wieder im Magen der weißen Jäger.

pulation der vierbeinigen Jäger lebt zum Beispiel in der Nähe der kanadischen Kleinstadt Churchill an der Südwestküste der Hudson Bay. Dort bricht das Eis inzwischen im Frühjahr drei Wochen früher auf als noch in den 1970er-Jahren. Den Tieren bleibt somit deutlich weniger Zeit, um sich genügend Fettvorräte für die sommerliche Hungerperiode anzufressen.

Vor allem Eisbärenmüttern und Jungtieren bekommt die erzwungene Diät schlecht, ihre Überlebenschancen sinken. Da überrascht es nicht, dass der Bestand in der westlichen Hudson Bay zwischen den 1980er-Jahren und dem Beginn des 21. Jahrhunderts um fast ein Viertel geschrumpft ist. Weniger als 1 000 Tiere soll es in dieser Eisbärenhochburg noch geben. Und auch anderswo nehmen die Bestände ab. Von den derzeit noch 20 000 bis 25 000 Tieren dürften nach Einschätzung von IUCN-Experten in den nächsten Jahrzehnten 30 Prozent verschwinden. Die Organisation hat die weißen Raubtiere daher im Jahr 2006 auf die Rote Liste der gefährdeten Arten gesetzt. Zumal der Klimawandel nicht das einzige Problem ist, mit dem die Polarbewohner zu kämpfen haben.

Inzwischen transportieren Luft und Meerwasser eine ganze Palette von langlebigen organischen Schadstoffen bis in die entlegensten Regionen der Erde. Zu diesen Substanzen gehören zum Beispiel die polychlorierten Biphenyle (PCB), die früher als Weichmacher für Kunststoffe, als Flammschutz-, Schmier- und Imprägniermittel sowie in Transformatoren eingesetzt wurden. PCB sind nicht nur giftig, sondern stehen auch im Verdacht, krebserregend zu sein und das Hormonsystem von Menschen und Tieren durcheinanderzubringen. Daher werden diese Verbindungen in der EU schon seit 1996 nicht mehr verwendet, ein weltweites Verbot folgte 2001. Trotzdem lassen sie sich überall auf der Welt bis heute nachweisen – und zwar in besonders hoher Konzentration im Körper von Eisbären.

Das liegt daran, dass sich diese Substanzen über die Nahrungsketten anreichern. In Algen sammeln sich die PCB aus dem Meerwasser, in Fischen konzentrieren sich Gifte aus den Algen, und Robben bekommen mit jedem gefressenen Fisch eine neue Schadstoffdosis ab. So wird die Belastung mit jedem Glied der Nahrungskette größer. Und ganz am Ende stehen die Eisbären. Was der Schadstoffcocktail für ihr langfristiges Überleben bedeutet, kann derzeit niemand genau sagen. Die Naturschutzorganisation WWF geht aber davon aus, dass viele Tiere schon so viele PCB und andere bedenkliche Chemikalien im Körper haben, dass sie ihre Fortpflanzung sowie das Immun- und das Hormonsystem stören.

SCHADSTOFFE: DIE CHEMIE DER ARKTIS

Obwohl es in der Arktis nur wenig Industrie gibt, haben Wissenschaftler dort die verschiedensten Schadstoffe in zum Teil recht hohen Konzentrationen nachgewiesen. Luft, Flüsse und Meeresströmungen, aber auch wandernde Tiere und treibende Eisschollen tragen Schwermetalle, bestimmte Kohlenwasserstoffe und andere Umweltgifte in den hohen Norden. Dort angekommen, bleiben diese Chemikalien meist lange erhalten, weil sie in der Kälte, bei langer Dunkelheit und nur langsam arbeitenden Bakterien kaum abgebaut werden. Zudem können giftige Verbindungen im Eis eingelagert werden, sodass sie unter Umständen erst Jahre später wieder zum Vorschein kommen.

Auch in den Körpern von Eisbären, Robben, Walen und anderen Arktisbewohnern haben sich einige Schadstoffe schon in bedenklicher Konzentration angereichert. Denn die dicken Speckschichten, mit denen sich diese Tiere vor der Kälte schützen, sind ideale Depots für fettlösliche Chemikalien. In einer Studie aus dem Jahr 2005 hat die Naturschutzorganisation World Wide Fund for Nature (WWF) zum Beispiel chlorierte Paraffine im Körper von norwegischen Meeressäugern, Vögeln und Fischen nachgewiesen. Bromierte Flammschutzmittel und Fluorchemikalien fanden sich in Eisbären, Robben, Walen und Polarfüchsen zwischen Grönland und Skandinavien.

Nun haben die Eisbären allerdings auch in der Vergangenheit schon harte Zeiten erfolgreich durchgestanden. Immerhin hatten Jäger die Bestände in der gesamten Arktis bis Anfang der 1970er-Jahre auf weniger als 5 000 Exemplare dezimiert. Dass sie sich von diesem Stand wieder auf die heutigen 20 000 bis 25 000 hochgearbeitet haben, ist schon eine Leistung. Und auch mit Klimaschwankungen hat die Art bereits ihre Erfahrungen gemacht. Während der letzten Warmzeit vor etwa 120 000 Jahren lagen die Temperaturen schließlich höher als heute. Damals waren die Tiere offenbar flexibel genug, um trotzdem zu überleben, wie die Fossilien- und DNA-Untersuchungen von Charlotte Lindqvist und ihren Kollegen zeigen. Über die Zukunftschancen des

Eisbären in Zeiten des Klimawandels sagt das aber noch nichts aus, betont die Forscherin. Denn der Archipel Spitzbergen, von dem der fossile Zahn stammt, könnte den Tieren damals ein Refugium mit besonders günstigen Lebensbedingungen geboten haben. Charlotte Lindqvist hält es auch für möglich, dass heutige Eisbären nicht mehr so anpassungsfähig sind wie ihre Vorfahren. Und schließlich macht ihr das rasante Tempo des heutigen Klimawandels Sorgen: »Ob die Eisbären da mithalten können, wissen wir nicht.«

Hufe wie Schlittenkufen

Noch aber bietet die Arktis reichlich Gelegenheit für Begegnungen mit faszinierenden Polarbewohnern. Da schaut man morgens nichtsahnend aus seinem Zelt – und sieht sich einer massigen Gestalt mit zottigem Fell, kräftigen Hörnern und missmutigem Blick gegenüber. Die meisten Menschen dürfte da ein ungutes Gefühl beschleichen. Zu Recht, meint Klaus Volmer, der das so schon erlebt hat. »Moschusochsen sind meistens schlecht drauf, und man sollte sie nicht verärgern«, sagt der Tierarzt vom Arbeitskreis Wildbiologie der Universität Gießen.

HORNTRÄGER IM ZOTTELPELZ: MOSCHUSOCHSEN

WISSENSCHAFTLICHER NAME: *Ovibos moschatus* **VORKOMMEN:** arktische Tundren **GRÖSSE:** Männchen bis 2,50 Meter lang, 1,50 Meter Schulterhöhe, bis 400 Kilogramm schwer, Weibchen etwas kleiner **NAHRUNG:** Gras, Blätter, Flechten, Moose **NAHE VERWANDTE:** Gämse, Schneeziege **BESONDERHEITEN:** Moschusochsen waren schon Weggefährten von längst ausgestorbenen Eiszeittieren wie Mammut und Wollnashorn. Zwar begannen auch ihre Bestände vor etwa 12 000 Jahren massiv zu schrumpfen, doch zumindest in einem kleinen Teil ihres Verbreitungsgebietes behaupten sie sich bis heute.

US-amerikanische Forscher haben versucht, die Ursachen des prähistorischen Moschusochsenschwundes zu klären. Aus lebenden Tieren und fossilen Knochen haben sie das Erbmaterial DNA isoliert. So konnten sie herausfinden, wie sich die genetische Vielfalt der Tiere in den letzten etwa 60 000 Jahren verändert hat, zu welchen Zeiten die Bestände gewachsen und zu welchen sie geschrumpft sind. Einen Zusammenhang mit dem Auftauchen menschlicher Jäger konnten sie dabei nicht nachweisen. Vielmehr hat den zottigen Hornträgern vermutlich das veränderte Klima zu schaffen gemacht.

Sonst kann es durchaus passieren, dass einer der bis zu 400 Kilogramm schweren Bullen einen Scheinangriff startet. Und das ist ein Erlebnis, auf das auch Huftierspezialisten wie Klaus Volmer und seine Kollegen gern verzichten.

Mit ihrem dichten, langen Fell und verschiedenen anderen Anpassungen sind Moschusochsen für ein Leben in der Kälte bestens gerüstet. Das ist ihnen schon während der letzten Eiszeit zugutegekommen.

Seit dem Jahr 2004 beschäftigen sich die Veterinärmediziner aus gutem Grund mit dem etwa 50 Tiere zählenden Moschusochsenbestand in der Nähe der US-Militärbasis Thule im Nordwesten Grönlands: Von allen Wiederkäuern sind es die Moschusochsen, die sich am besten an das Leben im hohen Norden angepasst haben.

Bis zu 70 Zentimeter lange Deckhaare und eine dichte Unterwolle halten den massigen Körper warm, das Verdauungssystem arbeitet so effektiv, dass es selbst aus harten, trockenen Ästen Nährstoffe gewinnen kann. Ihre Augen haben die Tiere zu einer raffinierten Kombination aus Nachtsichtgerät und Schneebrille umgewandelt. Während der sonnenlosen dunklen Wintermonate zwischen November und Februar können sie mit ihren großen Pupillen und empfindlichen Netzhäuten auch im Mond- und Sternenlicht noch genug sehen. Andererseits lassen sich die Pupillen auch komplett schließen. Deshalb werden die Tiere nicht blind, wenn sie im Frühling und Sommer auf grell in der Sonne glitzernde Schneeflächen schauen. Und schließlich gehört auch ein spezielles, veränderbares Hufdesign zu dem Paket von Anpassungen, das den Moschusochsen ein Überleben in arktischen Regionen erlaubt.

Wenn die Tiere im Sommer über Wiesen und Geröll trotten, schleift der harte Untergrund das nachwachsende Klauenhorn immer wieder ab. Somit sind die Wiederkäuer in der warmen Jahreszeit auf ebenen Sohlen unterwegs. Sobald aber Schnee die Felsen bedeckt, verschwinden auch die natürlichen Nagelfeilen der Moschusochsen. Dann wachsen die Randpartien der Hufe ein Stück vor. Das ist enorm praktisch, weil die Tundrabewohner dadurch wie auf Schneeketten laufen, die ihnen auf dem rutschigen Untergrund mehr Halt verleihen.

Diese Spezialhufe hatten den Moschusochsen immer gute Dienste geleistet. Bis Wissenschaftler vom Greenland Institute of Natural Resources in der grönländischen Hauptstadt Nuuk Ende des 20. Jahrhunderts zum ersten Mal ein rätselhaftes Phänomen beobachteten. Moschusochsen des Bestands bei Thule schlurften mit grotesken Auswüchsen an den Hufen umher, die fast wie Schlittenkufen aussahen. Trotz intensiver Suche aber fanden weder die grönländischen Forscher noch ihre Kollegen von der Universität Kopenhagen die Ursache dieses bis dahin unbekannten Leidens. Also wandten sie sich mit der Bitte um weitere Untersuchungen an Klaus Volmer und seine Kollegen, die zu den weltweit führenden Experten für Klauenerkrankungen bei Wiederkäuern gehören. »Bei den kranken Tieren wächst das Horn so stark, dass es im Sommer nicht mehr abgeschliffen werden kann«, erläutert der Veterinärmediziner. So entstehen im Laufe der Jahre unförmige Gebilde, die nicht nur beim Laufen unpraktisch sind, sondern auch zu Arthrosen in den Zehengelenken führen können. In der Population in Nordwestgrönland leiden alle erwachsenen Tiere unter dieser Missbildung, sonst aber ist das geheimnisvolle Phänomen bisher nirgends aufgetreten.

Mit sämtlichen Methoden, die Tierärzten zur Verfügung stehen, haben die Gießener Forscher nach den Ursachen der deformierten Hufe gefahndet. Sie haben die Tiere den Sommer über beobachtet, haben Kot gesammelt und Futterpflanzen analysiert. Schwer erkrankte Wiederkäuer wurden geschossen, Proben von Läufen, Organen und Blut per Schiff und LKW nach Gießen ins Labor geschafft. Doch zunächst fand sich nichts Auffälliges. Kein Hinweis auf eine Bakterieninfektion oder eine Stoffwechselstörung durch mangelhafte Ernährung. Da blieb eigentlich nur noch die Möglichkeit eines genetischen Defekts. Und tatsächlich bestätigen die Ergebnisse aus dem Gießener Labor diesen Verdacht. Im Erbgut jedes Lebewesens ist die Abfolge von Aminosäuren verschlüsselt, die jeweils ein bestimmtes Protein aufbauen. Bildet ein Tier oder eine Pflanze daher plötzlich abgewandelte Proteine, muss eine genetische Veränderung dahinterstecken. Genau das ist bei den Moschusochsen offenbar der Fall. Als die Forscher Aminosäuresequenzen und Proteinstrukturen in den Hufen von kranken und gesunden Tieren verglichen, fanden sie deutliche Unterschiede.

Es bleibt die Frage, was man gegen eine derartige Erbkrankheit tun kann. Klaus Volmer denkt an eine Art genetisches Management. »Bei einer solchen Verdrängungszucht müsste man gesunde Tiere aus anderen Populationen in den Bestand einführen und dafür kranke Artgenossen entfernen«, sagt der Tierarzt. Denn je mehr gesunde Moschusochsen es gibt, umso seltener paaren sich zwei kranke Tiere. Bei einem kranken und einem gesunden Elternteil aber bekommt der Nachwuchs eine kranke und eine gesunde Erbanlage. Und da in diesem Fall die gesunde dominiert, würde die kranke mit der Zeit aus der Population verschwinden. Das könnte dazu führen, dass auch die Moschusochsen im Nordwesten Grönlands künftig wieder gut zu Fuß sind. Vielleicht bessert sich dann auch ihre Laune.

Hirsche ohne Uhr

Die massigen Hornträger im Zottelfell sind nicht die einzigen Huftiere, die sich an die harschen Bedingungen des hohen Nordens angepasst haben. Zu den wohl bekanntesten Bewohnern der arktischen Tundra gehören die Rentiere, die in Nordamerika auch als »Karibus« bekannt sind.

Diese Vertreter der Hirschverwandtschaft haben ähnlich wie Moschusochsen spezialisierte Hufe, die ihnen sommers wie winters einen guten Halt verleihen. Zudem haben sie sich im Laufe ihrer Evolution

WEIHNACHTSBOTEN MIT GEWEIH: RENTIERE

WISSENSCHAFTLICHER NAME: *Rangifer tarandus* VORKOMMEN: arktische Tundren, Taiga GRÖSSE: unterschiedlich je nach Unterart, bis 2,20 Meter lang, 1,40 Meter Schulterhöhe, bis 300 Kilogramm schwer NAHRUNG: Gras, Flechten, Moose, Pilze NAHE VERWANDTE: Reh, Elch BESONDERHEITEN: Rentiere sind die einzigen Hirsche, die der Mensch im Laufe der Geschichte domestiziert hat. Genutzt wurden vor allem Fleisch, Fell und Geweihe, doch auch als Milchlieferanten und Lastenträger ließen sie sich einsetzen. Echte Haustiere sind sie allerdings nicht geworden. Denn die traditionelle Rentierhaltung der Samen und anderer arktischer Völker bedeutet nicht, die Hirsche in Ställe oder Gatter zu sperren. Vielmehr ließ man die Tiere weiter zwischen ihren Sommer- und Winterweiden hin- und herwandern, die Menschen folgten ihnen einfach. Mancherorts ist das heute noch üblich, nur fallen inzwischen in den Sommerlagern der Samen die Satellitenantennen ins Auge.

nicht nur ein dichtes, langes Fell zugelegt, sondern auch ihre Nase zu einer Art Klimaanlage umgestaltet. Ein spezielles Knochendesign vergrößert die mit Schleimhäuten ausgekleidete Oberfläche in ihren Nasenlöchern. Dadurch kann das Tier die eingeatmete Luft erst mit seiner Körperwärme auf angenehmere Temperaturen bringen, bevor sie in die Lunge gelangt. Beim Ausatmen nutzt das Ren dann ein Recyclingsystem für Flüssigkeit: Es lässt die Feuchtigkeit aus der ausgeatmeten Luft in der Nase kondensieren. Mit dem so gewonnenen Wasser kann es dann beim nächsten Atemzug die trockene Polarluft anreichern.

Trotz ihrer Spezialausrüstung für tiefe Temperaturen aber mögen auch Rentiere die bittere Kälte des arktischen Winters nicht sonderlich. Daher verlassen viele Herden im Herbst ihre Sommerquartiere und wandern in die Taiga oder andere klimatisch etwas weniger extreme Regionen. Die Reiselust ist allerdings je nach Region und Unterart verschieden stark ausgeprägt. So pflegen Inselbewohner wie das Svalbard-Rentier auf Spitzbergen notgedrungen einen relativ sesshaften Lebensstil. Dafür stellen einige Bestände der Karibus in Alaska einen Rekord im Langstreckenwandern auf: Rund 5 000 Kilometer legen sie in einem Jahr zurück, das ist die weiteste Reise aller Landsäugetiere.

Bis zu einer halben Million Tiere schließen sich im Frühjahr zusammen, um den Weg in die Sommerquartiere unter die Hufe zu nehmen. Unermüdlich trotten sie voran, Stunde um Stunde, manchmal mehr als 50 Kilometer am Tag. Es ist eine gefährliche Reise, die nicht jeder

Rentiere sind im hohen Norden traditionelle Nutztiere, die Fleisch, Fell und Horn liefern. Früher stellten sich die Halter auf die natürlichen Wanderungen der Tiere ein und zogen mit ihnen von den Winter- zu den Sommerweiden und wieder zurück. Mancherorts wird das heute noch gemacht.

überlebt. Es gilt, steile Böschungen zu überwinden, sich in reißende Flüsse zu stürzen und ans andere Ufer zu schwimmen. Ganz abgesehen von all den Wölfen, Bären und anderen Fleischinteressenten, die nur auf ein Zeichen von Schwäche lauern.

RÄUBER AUF VIER PFOTEN

Wo große Huftiere unterwegs sind, finden sich immer auch verschiedene Fleischfresser ein. Die Arktis macht da keine Ausnahme. Neben den Eisbären hat der hohe Norden auch noch etliche reine Landraubtiere zu bieten.

Da ist zum Beispiel eine eigene Unterart des Wolfes mit dichtem, weißem Fell: Polarwölfe kommen bestens mit Kälte, wochenlanger Dunkelheit und Hungerperioden zurecht, solange sie sich solidarisch benehmen. Die Polarbewohner halten in ihren Rudeln noch fester zusammen als andere Wölfe. Vor allem im Winter können die gemeinsam jagenden Tiere den Rentierherden herbe Verluste zufügen.

Auch die Vielfraße, die so gut wie alles verschlingen, was ihnen vor die Schnauze kommt, interessieren sich für das Fleisch der Hirsche. Meist können die bis zu einen Meter langen und mehr als 30 Kilogramm schweren Marder allerdings nur geschwächte Rens oder Kälber erbeuten. Doch im Winter sind ihre Jagdchancen besser. Ihre großen, pelzigen Füße tragen sie dann wie Schneeschuhe durch die weiße Landschaft. Ohne einzusinken, eilen sie lautlos über den Schnee und können so ihre Beute überraschen. Zahlreiche Schneehasen, Schneehühner und Nagetiere fallen dieser Angriffstaktik zum Opfer. Doch auch die viel größeren Rentiere kann der kräftige Räuber überwältigen. Er springt ihnen einfach auf den Rücken, beißt ihnen ins Genick und bringt sie so zu Fall.

Davon kann der Polarfuchs nur träumen. Dieser flinke Jäger, der seine Fellfarbe zwischen sommerlichen Brauntönen und winterlichem Weiß wechselt, begnügt sich mit Lemmingen und anderen Nagetieren.

Doch die Strapazen lohnen sich: Die Rentiere erreichen die Regionen, in denen sie ihre Kälber zur Welt bringen und grasend den Sommer verbringen. Schon kurz nach der Geburt bildet sich ein enges Band zwischen Mutter und Nachwuchs, die sich gegenseitig am Geruch und an der Stimme erkennen. Das ist auch dringend nötig, denn kleine Rentiere sind ziemlich umtriebig: Schon ein paar Stunden nach ihrer Geburt im Monat Mai oder Juni können sie laufen, und in den folgenden Tagen und Wochen werden sie immer schneller. Nach 45 Tagen beginnen sie Gras und andere Pflanzenkost zu fressen, holen sich aber zusätzlich auch noch Milch von ihren Müttern. Erst im Herbst ernähren sie sich dann ganz eigenständig.

In dieser Jahreszeit stehen noch zwei wichtige Dinge im Rentierkalender: der Aufbruch in die Winterquartiere und die Paarung. Zwischen Ende September und Anfang November haben die Rentiermännchen eine harte Zeit durchzustehen. Im Kampf um Partnerinnen muss die Konkurrenz in die Schranken verwiesen werden. Nur selten wird allerdings bis aufs Blut gekämpft. Meist verhaken zwei Kontrahenten ihr Geweih ineinander und versuchen, sich gegenseitig wegzuschieben. Manchmal genügt es auch schon, ein beeindruckend großes Geweih zu präsentieren, und der eingeschüchterte Gegner tritt freiwillig den Rückzug an. Grundsätzlich gilt in Rentierkreisen die Devise: »Paare dich mit so vielen Weibchen wie möglich!« Den kräftigsten Bullen kann es durchaus gelingen, einen Harem von zwanzig Partnerinnen um sich zu scharen. Doch die Sache hat ihren Preis. Denn in der Paarungszeit kommen die Männchen kaum zum Fressen und verlieren einen guten Teil ihrer Fettreserven. Irgendwann aber ist auch diese aufregende Phase zu Ende. Dann gilt es nur noch, den langen, harten Winter zu überstehen, bis im Frühjahr erneut die Wanderung in die Sommerfrische ansteht.

Innerhalb dieses Jahresprogramms müssen die Rentiere ihren Lebensrhythmus auf sehr unterschiedliche Bedingungen einstellen. Tag und Nacht bedeuten nördlich des Polarkreises eben nicht dasselbe wie in den meisten anderen Regionen der Welt. Im Sommer wird es wochenlang überhaupt nicht richtig dunkel, dann wieder herrscht rund um die Uhr die Finsternis der winterlichen Polarnacht. Wer darauf flexibel reagieren kann, ist klar im Vorteil. Warum sollten die Rentiere schließlich im Sommer eine lange Nachtruhe einhalten, wenn sie die hellen Stunden rund um Mitternacht genauso gut auch zum Grasen nutzen können? Da ist es doch besser, möglichst lange aktiv zu sein und zwischendurch nur mal ein kurzes Nickerchen einzulegen. Wenn die lange Polarnacht hereinbricht, kann man dann länger ruhen.

Bei einem derartigen Lebenswandel würde den meisten anderen Säugetieren allerdings die innere Uhr dazwischenfunken. Der Wechsel von Schlafen und Wachen wird von Hormonen gesteuert, die der Körper je nach Tageszeit in unterschiedlich großen Mengen ausschüttet. Eine wichtige Rolle spielt dabei das Melatonin, das müde macht.

Abb. links:
Polarwölfe passen die
Farbe ihres Fells
ihrem Lebensraum an.
In Gegenden mit
einer dauerhaften
Schneedecke tarnen
sie sich in verschiede-
nen Weißtönen, weiter
im Süden sind sie
eher grau, gelblich
oder bläulich gefärbt.

In der Abenddämmerung beginnt die Zirbeldrüse im Gehirn von tagaktiven Tieren, die Produktion dieses Schlafhormons anzukurbeln. Zusätzlich schwankt die Melatonin-Herstellung allerdings auch unabhängig vom Licht in einem 24-Stunden-Rhythmus. Selbst wenn es gar keinen Wechsel von Hell und Dunkel gibt, schüttet die Zirbeldrüse dadurch nachts größere Mengen Melatonin aus als tagsüber. Das Tier weiß also ungefähr, wie spät es ist und ob gerade Schlaf oder Aktivität auf dem Programm stehen sollte.

Die innere Uhr, die das möglich macht, scheinen die Rentiere allerdings abgestellt zu haben. Britische und norwegische Wissenschaftler von den Universitäten in Manchester und Tromsø haben die Melatonin-Konzentrationen im Blut von Exemplaren gemessen, die unterschiedlichen Lichtverhältnissen ausgesetzt waren. Das Ergebnis war verblüffend. Denn der Hormonspiegel von Rentieren folgt offenbar überhaupt keinem inneren Rhythmus, sondern reagiert nur auf das Licht: Solange es hell ist, bleibt die Melatonin-Konzentration auf sehr niedrigem Niveau. Wenn es dunkel wird, steigt sie schlagartig an, um dann bei der Rückkehr des Lichts genauso schnell wieder abzusinken. Weitere Untersuchungen haben gezeigt, dass die Tiere zwar voll funktionsfähige Gene für eine innere Uhr besitzen. Doch sie regulieren diese Erbinformationen anders als die meisten anderen Säugetiere. So sind sie flexibel genug, um ihre Schlafgewohnheiten den ungewöhnlichen Lichtverhältnissen ihres nordischen Lebensraums anzupassen.

Ob all diese praktischen Anpassungen den Rentieren eine sichere Zukunft garantieren, ist allerdings fraglich. Anders als viele ihrer arktischen Nachbarn sind die Huftiere zwar nicht auf Eis angewiesen. Trotzdem könnten sie zu den Verlierern des Klimawandels gehören. Denn künftig wird im Winter voraussichtlich immer häufiger Regen auf den Schnee der arktischen Tundra fallen, befürchtet Jaakko Putkonen von der University of Washington in Seattle. Seinen Berechnungen nach werden die Gebiete, in denen das regelmäßig passiert, gegen Ende des 21. Jahrhunderts um 40 Prozent größer sein als heute. Das aber wäre für die Karibus fatal. Im Winter haben sie ohnehin schon genug Mühe, den Schnee beiseitezukratzen, um an Moose und Flechten zu kommen. Wenn aber Regen auf die Schneedecke fällt und dann gefriert, bildet sich auf dem Boden ein Eispanzer, der selbst mit einer Spitzhacke kaum aufzubrechen wäre – geschweige denn mit einem Rentierhuf. Doch auch die wärmeren Sommer dürften für die Karibus zur Qual werden. Denn dann wird es noch mehr blutrünstige Stechmücken geben als heutzutage. Und diese Plagegeister können ein Rentier so piesacken, dass es kaum noch zum Fressen kommt. Selbst auf die Paarung haben die Hirsche angesichts der aggressiv summenden Horden manchmal keine Lust mehr. 〰

Vielfraße ernähren sich im Sommer vor allem von Aas, Eiern und Pflanzenkost. Im Winter dagegen nutzen sie ihre Fähigkeit, sich lautlos und schnell auf Schnee zu bewegen. Dieses Talent hilft ihnen, Schneehasen und andere größere Tiere bis hin zu Rentieren und Elchen zu erbeuten.

13

Am Ende der Welt:
Der Mensch in den Polargebieten

Der Mensch beeinflusst die Polargebiete nicht nur über den Klimawandel massiv - auch zahlreiche andere von Menschenhand ausgelöste Prozesse tragen dazu bei, das natürliche Gleichgewicht der polaren Flora und Fauna zu zerstören. So haben in den vergangenen Jahrhunderten Walfänger die Populationen vieler Arten der riesigen Meeressäuger beinahe ausgerottet. In Alaska wird Öl gefördert, und in die Antarktis kommen immer mehr Wissenschaftler, die den dortigen Veränderungen auf den Grund gehen wollen, sowie Touristen auf der Suche nach dem Abenteuer. An vielen Stränden sind Pinguine, See-Elefanten und Co. daher längst nicht mehr allein.

Wie der Einfluss des Menschen die Polargebiete verändert, sieht man bei Ölbohrungen oder dem Bau einer Forschungsstation sofort. Viele Veränderungen sind jedoch so subtil oder dauern so lange, dass sie erst aufgedeckt werden können, wenn sie zum Objekt exakter wissenschaftlicher Untersuchungen werden.

Abb. links:
Die Arktis kommt vielen Menschen wie eine gigantische Wildnis vor. Die Eskimos aber prägen die Nordpolarregion schon seit Jahrtausenden. In den letzten Jahrhunderten dringen zunehmend auch andere Menschen in die entlegenen Gebiete vor.

Stethoskop für Vögel

Der Mann in dem knallroten Parka scheint den Riesensturmvogel auf seinem Nest aus kleinen Steinen auf den ersten Blick nicht weiter aufzuregen. Die Vogelaugen hinter dem mächtigen Schnabel mustern aufmerksam den Eindringling, der mit klammen Fingern auf den Auslöser seiner Kamera drückt. Vielleicht heben sich die Federn ein wenig, aber das kann auch einem der plötzlichen Windstöße geschuldet sein, die hier an der Südspitze von King George Island gleich gegenüber der Antarktischen Halbinsel bisweilen das Gefieder aufwirbeln.

Ganz so ruhig, wie er wirkt, ist der Riesensturmvogel allerdings nicht. Das erkennt Simone Pfeiffer von der Universität in Jena mit einem Blick auf ihre Instrumente. Die Biologin vom Institut für Ökologie hat dem Tier eine Art Stethoskop untergeschoben, mit dem man von außen die Herztöne hören kann. Der Puls des Riesensturmvogels aber beschleunigt sich erheblich, wenn sich die Gestalt im roten Parka nähert. In den warmen Klamotten steckt übrigens keineswegs ein Antarktistourist, sondern Hans-Ulrich Peter, der an der Universität in Jena die Arbeitsgruppe Polar- und Ornitho-Ökologie leitet. Seit 1983 ist der Wissenschaftler fast jedes Jahr in der Antarktis, um zu untersuchen, wie das Ökosystem des eisigen sechsten Kontinents mit den Menschen fertigwird, die dort immer zahlreicher einfallen. Es sind nicht nur immer mehr Touristen, es gibt auch die etwa fünfzig Forschungsstationen mit entsprechendem Personal.

Schon ein einziger Mensch in 50 Metern Entfernung lässt den Puls eines Riesensturmvogels steigen, meldet das verborgene Mikrofon an Simone Pfeiffer. Nähert sich die potenzielle Gefahr im Parka weiter, wird es dem Riesensturmvogel irgendwann zu bunt, und er fliegt auf. In der Luft aber schwebt oft bereits ein anderer Vogel: Skuas genannte Raubmöwen suchen am Boden nach Aas oder hilflosen Lebewesen, mit denen sie ihren eigenen Nachwuchs füttern können. Sitzt der Riesensturmvogel auf seinem Nest, haben diese Räuber keine Chance. Bleibt das Ei oder Küken aber einen Moment ohne Bewachung, landet es im Skua-Schnabel, und der Riesensturmvogel hat den Nachwuchs einer Saison verloren.

Doch auch wenn es nicht ganz so dramatisch kommt, bringen die zweibeinigen Störer die Vögel in Schwierigkeiten. Denn jede Aufregung zehrt an den Energiereserven des Tieres. Auf dem eisigen Kontinent aber brauchen Warmblüter wie Vögel ohnehin mehr Energie, um ihren Körper auf Betriebstemperatur zu halten. Ein zusätzlicher Energieverlust ist für die Bewohner dieser Regionen daher ein viel größeres Problem als für ihre Verwandten in anderen Teilen der Welt.

Aufregung aber gibt es für Vögel in der Antarktis jede Menge, das beobachteten Rory Wilson und Boris Culik schon 1990, als sie am Institut für Meereskunde der Kieler Universität forschten. Je tiefer ein Flugzeug oder ein Helikopter über eine Kolonie fliegt und je größer die Maschine ist, umso eher fliehen die Adéliepinguine, fanden die beiden Wissenschaftler heraus, die heute an der Universität von Cardiff in Wales und als freier Wissenschaftler in Kiel arbeiten. Die Kolonie der Adéliepinguine in der Nähe der amerikanischen Palmer-Station schrumpfte daher zusehends. 2005 lebte dort im Vergleich zu den frühen 1970er-Jahren nur noch ein Viertel der Tiere. In absehbarer Zukunft werden die ratternden Rotorblätter die Pinguine wohl vollends vertrieben haben, befürchten Artenschützer.

Christina Büßer von der Universität Jena berichtet Ähnliches von der kleinen Insel Ardley, die unmittelbar vor King George Island liegt. Dort sinkt die Zahl der Zügelpinguine, seit 1980 unweit der Kolonie eine Landebahn gebaut wurde, die zur Versorgung der Stationen in dieser Region häufig angeflogen wird. Auch die Riesensturmvögel wandern in ruhigere Gegenden ab, während Braune Skuas manchmal sogar von der menschlichen Siedlung profitieren und Essensabfälle an ihre Küken verfüttern.

Dieses Biomüll-Recycling ist allerdings riskant: Aus der Nähe einer Forschungsstation verschwanden die Skuas eines Tages völlig. Die Raubmöwen waren an der Geflügel-Cholera verendet, mit der sie sich beim Fressen von Hähnchenabfällen infiziert hatten. Aus diesem Vorfall haben die Forscher gelernt und deponieren inzwischen keine Abfälle mehr in erreichbarer Nähe von Skuas und anderen Vögeln.

Längst grübeln die Wissenschaftler um Hans-Ulrich Peter auch über weitere Maßnahmen, um den Vögeln das Leben mit den menschlichen

Eindringlingen leichter zu machen. So könnten die Brutgebiete des inzwischen weltweit gefährdeten Riesensturmvogels völlig gesperrt werden. Touristen von Expeditionsschiffen aber könnten stattdessen auf angelegten Wegen die Kolonien von Pinguinen und Robben erkunden. Wenn die Menschen nämlich immer wieder an den gleichen Stellen auftauchen, nehmen diese Tiere das irgendwann als selbstverständlich hin, wie die Jenaer Forscher mit Langzeitbeobachtungen gezeigt haben. Selten angesteuerte Buchten sollten dagegen ganz aus dem Programm genommen werden, denn dort haben die Tiere kaum eine Chance, sich an die neugierigen Besucher zu gewöhnen.

Der Antarktis-Vertrag

Manchen Aktivitäten hat bereits der 1961 in Kraft getretene Antarktis-Vertrag einen Riegel vorgeschoben. So sind südlich des 60. Breitengrades zum Beispiel alle militärischen Aktivitäten und das Lagern von Atommüll verboten. Einmal im Jahr verhandeln die 45 Vertragsstaaten darüber, wie die Nutzung des Eiskontinents ansonsten gestaltet werden soll. »Dabei geht es immer sehr ausführlich um Umweltfragen«, erzählt Denise Landau, die als Vorsitzende des Tourismusverbands »In-

ANTARKTISPOLITIK

Aus der Sicht der Geowissenschaften umfasst die Antarktis nicht nur den Kontinent Antarktis – von Geowissenschaftlern »Antarktika« genannt –, sondern auch die Meeresgebiete bis zur Antarktischen Konvergenz, die sich etwa um den 50. Breitengrad Süd um den Globus schlängelt. Nichtwissenschaftler meinen mit »Antarktis« dagegen meist nur den weitgehend vereisten Kontinent, der als einzige große Landmasse auf der Erde nicht zu einer Nation gehört. Zwar erheben einige Länder wie Argentinien, Chile und Australien, die an das Südpolarmeer grenzen, einen territorialen Anspruch. Großbritannien und Frankreich stützen ihren Anspruch dagegen auf historische Besitzergreifungen. Durch den Antarktis-Vertrag sind diese Gebietsansprüche bis zum Jahr 2041 aber eingefroren. Bis dahin legt das internationale Abkommen fest, dass alle Gebiete südlich des 60. Breitengrades nur friedlich und vor allem wissenschaftlich genutzt werden dürfen. Bodenschätze dürfen ebenfalls nicht abgebaut werden. Auch müssen die Ökosysteme erhalten werden.

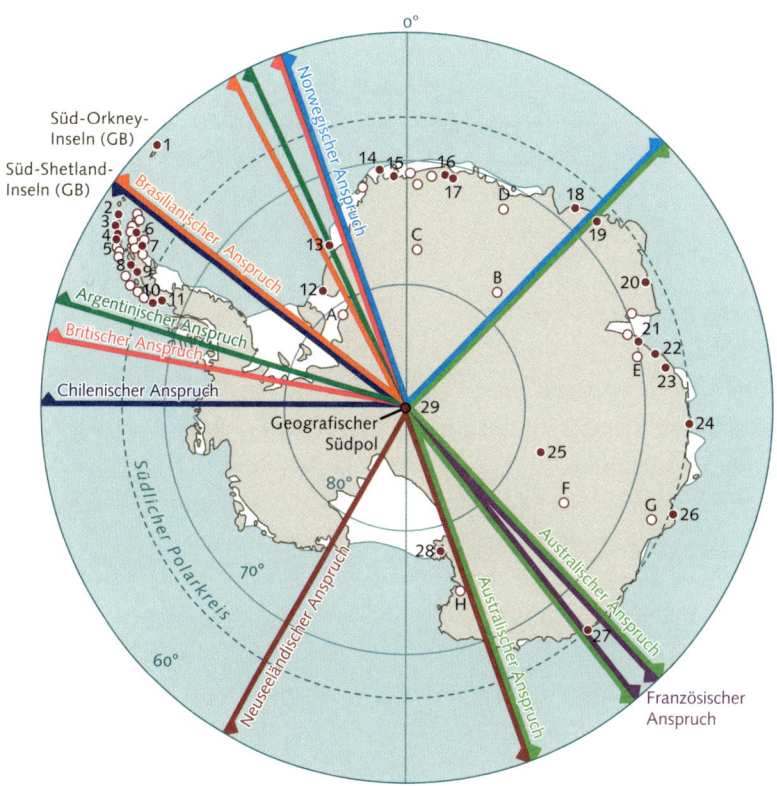

0°

Süd-Orkney-Inseln (GB)
Süd-Shetland-Inseln (GB)

Brasilianischer Anspruch
Norwegischer Anspruch
Argentinischer Anspruch
Britischer Anspruch
Chilenischer Anspruch
Geografischer Südpol
Südlicher Polarkreis
Neuseeländischer Anspruch
Australischer Anspruch
Australischer Anspruch
Französischer Anspruch

80°
70°
60°

ternational Association of Antarctica Tour Operators« (IAATO) regelmäßig an diesen Konferenzen teilnimmt. Seit 1991 ergänzt ein spezielles Umweltschutzprotokoll den Vertrag, das die Vertragsstaaten jeweils in nationales Recht umgesetzt haben. So muss seit 1998 jeder deutsche Reiseveranstalter und jedes deutsche Forschungsinstitut seine Antarktis-Aktivitäten vom Umweltbundesamt in Dessau genehmigen lassen.

Die Kontrollen sind sehr wichtig, weil sich einige Forschungsstationen früher ökologisch nicht gerade vorbildlich verhalten haben: Müllberge, Schrotthaufen und lecke Ölfässer gammelten ungesichert vor sich hin und gefährdeten Boden, Wasser und Tierwelt. Heute dagegen müssen Forschungsstationen so gebaut werden, dass sie während des Betriebs die Umwelt möglichst wenig beeinträchtigen und nach ihrem Ende vollständig abgebaut werden können. Längst hat sich die

Zwar beanspruchen mehrere Länder Teile der Antarktis für sich, die sich in einigen Fällen stark überschneiden. Durch den Antarktis-Vertrag aber ruhen diese Ansprüche zumindest bis 2041.

Situation vielerorts deutlich verbessert. In etlichen Stationen gibt es zum Beispiel biologische Kläranlagen, die Russen haben große Mengen Schrott abtransportiert und recycelt. Das neue Umwelt-Engagement hat wohl auch damit zu tun, dass international besetzte Delegationen die Stationen regelmäßig inspizieren. Da gibt man sich gleich mehr Mühe.

Vorfahrt für Pinguine

Auch wenn die rund fünfzig Forschungsstationen inzwischen der Antarktis ihren Stempel aufdrücken, fehlt auf dem eisigen Kontinent zumindest ein Einfluss, der in anderen Regionen der Natur schwer zu schaffen macht: Von Massentourismus kann in dieser Welt aus blau und weiß schimmernden Eisbergen, aus Gletschern und sturmgepeitschten Ebenen trotz der steigenden Besucherzahlen bisher keine Rede sein. Pinguine und Robben sind vielerorts die einzigen Badegäste an den weitläufigen Stränden. Statt laut dröhnender Diskotheken bildet das Rauschen der Wellen und das Heulen des Windes, das Krachen im Eis und das Geschrei der Seevögel die Geräuschkulisse. An den Stränden watscheln Pinguine geschäftig hin und her, massige See-Elefanten blinzeln behäbig ins Schneetreiben und ergänzen den Sound der Antarktis manchmal durch ein kräftiges Rülpsen.

Ganz in der Nähe aber gibt es doch Menschen, zumindest für zwei oder drei Stunden. Vorsichtig klettern die knapp 80 Passagiere des Eisbrechers *Polar Star* aus ihren Schlauchbooten an Land. Damit sie keine Krankheitserreger einschleppen, betreten sie den Strand der Antarktisinsel Cuverville Island mit desinfizierten Gummistiefeln. Die Regenhosen sind noch nass von dem kräftigen Wasserstrahl, mit dem die Besatzung vor dem Landgang auch die letzten Schmutzpartikel von den Touristenbeinen gespritzt hat. »Pinguine haben Vorfahrt«, schärfen die Führer ihren Gästen ein. Und so wird das Wegenetz, das die Eselspinguine in den tiefen Schnee getrampelt haben, sorgsam gemieden. Die Steinnester der etwa 4 800 Brutpaare liegen auf schneefreien Felsen hoch über einem glitzernden Meer voller Eisberge. Unbeirrt eilen die Vögel durch die Pinguinstadt, begrüßen sich mit durchdringenden Rufen und klauen sich gegenseitig die Steine vom Nest.

»Wir achten darauf, dass die Leute sich ruhig verhalten und den Tieren nicht zu nahe kommen«, sagt Denise Landau vom Antarktis-Tourismusverband IAATO, in dem mittlerweile mehr als einhundert Tourismusunternehmen organisiert sind. All diese Firmen leben von der einzigartigen Natur des Eiskontinents – und versuchen den Strom der Antarktisreisenden so zu steuern, dass er möglichst wenig Schaden anrichtet.

Wie nötig das ist, zeigt ein Blick in die Tourismusstatistiken. Schon seit 1991 sind nach Schätzungen der IAATO mehr Urlauber als Forscher jenseits des 60. Breitengrades unterwegs. Doch während in der Saison 1992/93 erst 6 700 Besucher kamen, waren es 2009/10 schon mehr als 36 000. Von denen gingen immerhin 21 600 auch an Land. Allein über den Strand von Cuverville Island stapften zum Beispiel 2009/10 mehr als 15 000 Menschen, um die größte Kolonie von Eselspinguinen der Antarktis zu besuchen. »Wir versuchen allerdings, die Störungen so gering wie möglich zu halten«, sagt Denise Landau.

Dazu hat die IAATO Richtlinien ausgearbeitet, die unter anderem genau regeln, welche Buchten überhaupt angelaufen werden dürfen. An einer Landestelle dürfen niemals zwei Schiffe gleichzeitig ankern. Maximal hundert Passagiere gehen gleichzeitig an Land, um die Tiere nicht allzu sehr zu beunruhigen. Größere Schiffe müssen ihre Passagiere daher in Gruppen aufteilen, von denen immer nur eine anlanden darf. An Land selbst kontrollieren die mitreisenden Naturführer die Einhaltung genauer Verhaltensregeln: Niemand darf sich zum Beispiel Pinguinen oder See-Elefanten auf mehr als 5 Meter nähern. Ändern Tiere ihre momentane Verhaltensweise, müssen die Touristen sogar ein Stück zurückgehen, bis die Strandbewohner sich wieder ungestört fühlen.

Einige der Beteiligten aber halten sich nicht an die Spielregeln: die Königspinguine selbst. Unabhängig vom Alter sind diese Vögel nämlich viel zu neugierig, um den geforderten Sicherheitsabstand zu den Passagieren einzuhalten. Wenn die Menschen still auf ihren dick wattierten Hintern am Strand sitzen, trauen sich die Tiere ganz nah heran

und schauen den Besuchern tief in die Augen. Auch die Gummistiefel und Regenhosen, mit denen sich die Passagiere vor der Brandung beim Aussteigen aus dem Zodiac schützen, faszinieren die Königspinguine so sehr, dass sie immer wieder mit dem Schnabel daran zupfen. Und wenn in einem der seltenen Momente in diesen stürmischen Gewässern die Sonne hinter den Wolken hervorlugt und sich im Objektiv der Kamera spiegelt, ist der Sicherheitsabstand vollends vergessen: Der Vogel untersucht die Linse mit dem Schnabel.

Menschen aber sollten die vorgeschriebene Distanz lieber einhalten – auch in ihrem eigenen Interesse. Wer einmal einem aggressiv knurrenden Seebären gegenübergestanden hat, legt nur zu gern mindestens 20 Meter zwischen sich und die imposante Robbe. Mitunter fällt es allerdings auch Denise Landau schwer, Störungen durch menschliche Besucher zu unterbinden. So wie an einem Weihnachtstag, als die Gäste anfingen, den am Strand dösenden See-Elefanten »Jingle Bells« vorzusingen.

Treibeis voraus

Auf den Expeditionsschiffen erleben die Passagiere noch ganz andere Dinge. »Irgendetwas stimmt doch da nicht« – dieser Gedanke schießt einigen Menschen auf dem kanadischen Expeditionsschiff *Polar Star* durch den Kopf, als sie um 3 Uhr morgens fast aus dem Bett geschleudert werden. Nach elf Tagen auf dem Schiff hat sich der Organismus schließlich an all diese unverhofften Schlinger- und Rollbewegungen im stürmischen Ozean angepasst. Da muss schon etwas Besonderes passieren, wenn man sich plötzlich an die Bettkante geklammert wiederfindet.

Ein Blick aus dem Fenster zeigt dann auch gleich die Ursache: Die *Polar Star* schwimmt nicht mehr im offenen Wasser des Südpolarmeers, sondern inmitten von Treibeis. Offensichtlich hat der Bug eine mächtige Eisscholle gerammt, und der Aufprall hat die Passagiere in den Kabinen je nach Anordnung der Betten gegen die Wand oder aus dem Bett geschleudert. Die im ersten Moment aufkeimenden Gedanken an die *Titanic* verfliegen aber rasch wieder – die *Polar Star* ist schließlich nicht nur ein Expeditionsschiff, sondern auch ein Eisbrecher der höchsten Güteklasse. 3,5 Zentimeter bester finnischer Stahl im Bug werden so leicht nicht eingedellt. Außerdem darf man sich die Chance nicht entgehen lassen, das Treibeis genauer zu inspizieren. Deswegen ist man ja um den halben Globus in Richtung Antarktis gereist. Die Uhrzeit spielt nun wirklich keine Rolle, im Sommer bleibt es in Nähe des südlichen Polarkreises ohnehin fast immer hell.

»Schlafen könnt ihr, wenn ihr wieder zu Hause seid.« Der Kanadier Dennis Mense meint es ernst mit dieser Ankündigung. Schließlich ist er Leiter der »Expedition« und damit auf der Reise für alles verantwortlich, was nicht unmittelbar die Sicherheit des Schiffes berührt. Wenn es mitten in der Nacht etwas zu sehen gibt, hallt dann auch prompt eine Lautsprecherdurchsage durch alle Kabinen: »Pottwal in Sicht, an Steuerbord, vielleicht 300 Meter vom Schiff.« Und bei Temperaturen um den Gefrierpunkt und diesiger Sicht drängen sich die Passagiere an der Reling und spähen nach dem »Blas« genannten Nebel, mit dem ein Wal seine Atemluft in die kalte Luft des Südpolarmeeres schleudert. Kaum einer bleibt dann in der warmen Koje liegen. Auch als die *Polar Star* ein riesiges Treibeisfeld durchquert, klicken Kameraverschlüsse und werden Videoapparate langsam geschwenkt.

Immer wieder bricht das Schiff mit seinem mächtigen Rumpf durch große Eisschollen, krachend zersplittern die weißen Massen. Große Eisberge und flache Schollen bedecken das Meer, so weit der Blick reicht. Eisplatten knapp unter dem Wasserspiegel glitzern türkisblau in der fast windstillen See. Wohl die Hälfte der Passagiere lässt sich dieses Spektakel nicht entgehen und hält zwischen 3 und 7 Uhr morgens die rotgefrorene Nase trotzig in den Wind. Bis die *Polar Star* wieder durch ein Stück offenes Wasser Kurs auf die Antarktis und noch mehr Eis nimmt.

Neben Dennis Mense und seiner Frau Sabina stehen dann auch die Orcaforscherin Ingrid Visser aus Neuseeland, der Antarktisspezialist Scobie Pye aus Tasmanien und die Natur-Fotografen und -Journalisten Melanie und Kim Heacox aus Alaska sowie der Geowissenschaftler Rolf Stange aus Rostock und die Seevogelexpertin Christina Büßer von der Universität Jena an Deck. Jeder von ihnen hat schon einige Kreuzfahrten in die Antarktis als naturkundlicher Begleiter hinter sich. Auch auf der *Polar Star* erklären sie den Reisenden, wie man an bestimmten Merkmalen des »Blas« erkennt, um welche Walart es sich handelt, und erläutern das schwierige Brutgeschäft der verschiedenen Pinguinarten.

Am Horizont tauchen bereits braune Flecken auf, die sich später als die mächtigen Felsen von Elephant Island entpuppen. Die karge Insel liegt weit vor der Küste der Antarktis. In Elephant Island ist die Antarktisexpedition des Briten Ernest Shackleton für einen zweiten Winter an Land gegangen, nachdem ihr Schiff während des ersten Winters vom Packeis zermalmt worden war, erzählt Kim Heacox. Er hat bei der renommierten National Geographic Society in den USA ein Buch veröffentlicht, das über diese bereits für die Großleinwand verfilmte Expedition mit sehr viel menschlicher Wärme berichtet. Im offenen Rettungsboot ist Shackleton über das stürmische winterliche Eismeer 1 500 Kilometer bis nach South Georgia gesegelt, um Hilfe für seine Männer zu holen.

Die Passagiere der *Polar Star* sitzen vor Elephant Island ebenfalls in offenen Zodiacs, den strapazierfähigen Schlauchbooten, allerdings nur eineinhalb Stunden lang. Trotz kältestarrer Finger ist dieser Ausflug vielen noch zu kurz. An den fantastischen Löchern und Bogen, die Wind und Wellen in unzählige in der Bucht gestrandete Eisberge gewaschen haben, kann man sich schließlich kaum sattsehen. Schneetreiben setzt dem blau und weiß schimmernden Eis noch einen Zuckerhut auf. Den mehr als 3 Meter langen Seeleoparden auf einer Eisscholle stört das wenig. Nur als die Abgase der Außenbordmotoren direkt in seine Nasenlöcher driften, schaut er sich kurz um. Auch die Zügelpinguine auf den Felsen und die Krabbenfresserrobbe direkt darunter werfen kaum einmal einen Blick auf die Zodiacs. Riesensturmvögel dümpeln auf einer großen Eisscholle vorbei, drei Adéliepinguine rasten auf einem Eisberg.

Viel zu schnell vergeht die Zeit, bald lichtet die *Polar Star* wieder Anker und hält Kurs auf King George Island vor der Antarktis. Bereits morgens um 6 Uhr knattern die Zodiacs mit den in knallorangefarbene Schwimmwesten gehüllten Passagieren in der Turret Point genannten Bucht an Land. Es ist einer dieser seltenen Morgen mit strahlendem Sonnenschein, der auf eine fantastische Kulisse von Eisbergen vor riesigen Gletschern fällt. An solchen Tagen möchte jeder Passagier möglichst lange Zeit an Land verbringen, um die Adéliepinguine zu beobachten, die sich auf dem Bauch den Berg zu ihrer Kolonie hinaufschieben.

Nachdem die Passagiere mühsam in Gummistiefeln durch das Wasser das Kiesufer hinaufgestapft sind und einen wohl 2 Meter hohen Schneewall überwunden haben, bleiben noch fast vier Stunden mit Naturerlebnis pur. Junge See-Elefanten liegen rülpsend und stinkend am Strand und betrachten die Touristen mit riesigen schwarzen Augen. Ein Adéliepinguin rutscht auf einem Mini-Eisberg aus und plumpst mit lautem Platschen ins Wasser. Seine Artgenossen klauen ihren Nachbarn Steinchen, mit denen sie anschließend das eigene Nest ausbauen. Winzige Küken spähen zwischen dem Bauchgefieder der Eltern in die eisige Umwelt. Und alle Passagiere verstehen plötzlich den Satz, den Melanie Heacox ganz am Anfang der Reise gesagt hat: »Wenn ihr wissen wollt, weshalb ich immer wieder in die Antarktis komme, dann wartet einfach ab, bis ihr selbst dort seid.« Ans Schlafen denkt schon lange niemand mehr.

Archipel der Eisbären

Auf der anderen Seite des Globus, in der Arktis, ist der Tourismus ein wenig riskanter. Zumindest wenn Neuschnee die primitiven Gräber der Walfänger überzuckert und unter den Sohlen der derben Stiefel knirscht. Aufmerksam mustert Reiseführer Sigmund die rundgeschliffenen Felsen am Horizont. Ein Wintereinbruch mitten im Sommer vergrößert hier oben in Spitzbergen, keine 1 200 Kilometer vom Nordpol entfernt, das Risiko für Touristen, weiß der Norweger. Im weißen Neuschnee entdecken auch seine geübten Augen einen Eisbären nur schwer. Trifft dieser unverhofft auf Menschen, greift er bisweilen an. Deshalb hängt sich Sigmund auch ein großkalibriges Gewehr über den Rücken, haben andere Reiseführer große Pistolen umgeschnallt oder tragen ebenfalls ein Gewehr. Die Waffen werden aber nur zum Abschrecken und bei unmittelbarer Lebensgefahr eingesetzt. Schließlich touren hier keine Großwildjäger, sondern sind Touristen in eisbrechenden kleinen Kreuzfahrtschiffen unterwegs, die Eisbären bevorzugt lebendig fotografieren wollen.

Der Lilliehöök-Gletscher ist eine der großen Attraktionen einer Spitzbergen-Reise. Manchmal fahren die Kreuzfahrtschiffe so nah an das Eis, dass man glaubt, es mit dem ausgestreckten Arm erreichen zu können.

Diese Reisenden bestaunen dann Attraktionen wie den Lilliehöök-Gletscher. Wie die Ränge eines gigantischen Amphitheaters kreisen seine Eismassen zwischen spitzen Berggipfeln den mehrere Hundert Meter breiten Fjord ein. Als 40 bis 60 Meter hohe Wand stürzt der Gletscher senkrecht ins Eismeer, darunter ist das Wasser gleich 140 Meter tief, verrät die Seekarte. Wie viele Farbnuancen sich doch im Weiß dieses Gletschers verbergen: Türkisblau leuchten junge Abbruchkanten, stahlblau schimmern Höhlungen, die abbrechendes Eis in der Gletscherfront hinterlassen hat. Schmutzig graubraun trägt der Gletscher Gesteinsschutt auf seinem Rücken zum Meer, den er weiter oben von den Felsen der spitzen Berge abgeschliffen hat. Tiefdunkelblau, fast schwarz schimmern turmhohe Spalten im Eis. Türme und Zinnen aus gefrorenem Wasser in bizarren Formen und einer Farbe irgendwo zwischen Weiß und Blau streben dem Himmel entgegen. Vor dem Gletscher liegen Eisschollen, ja sogar richtige Eisberge in allen Größen, Formen und Farben im Fjord. Auf einer großen Eisplatte scheint ein gigantischer Eiswürfel auf einer Kante stehend festgefroren zu sein. Milchweiß färbt der vom Gletscher mitgeschleppte Gesteinsschutt das Wasser des Fjords, das über grünliche und blauweiße Eisschollen schwappt. So nahe fährt das Expeditionsschiff an einen Eisberg heran, dass die frierenden Passagiere beinahe Eis von seiner Wand abkratzen können. Atemlos vor Staunen frieren den Passagieren die Finger am Auslöser der Kameras fest.

Die Sirius-Patrouille

Im Lilliehöök-Fjord gehen die Touristen dann wieder einmal an Land und stapfen im Schnee über schlüpfrige Felsen an kristallklaren Seen entlang. Sie bestaunen die skurrilen Eisenstangen und verschneiten Stahlkarren. Das sind Überbleibsel einer deutschen Militär-Wetterstation aus dem Zweiten Weltkrieg. Im August 1941 hatten die Alliierten Spitzbergen evakuiert, weil sie eine Invasion der deutschen Wehrmacht befürchteten. Die kam dann tatsächlich, allerdings nicht mit Panzern und Kanonen, sondern vor allem mit Wetterfröschen.

Im Zweiten Weltkrieg stand das deutsche Militär nämlich vor einem großen Problem: Man war auf einen halbwegs zuverlässigen Wetterbericht angewiesen. Damals wie heute aber liegt die Wetterküche Europas über dem Nordatlantik. Ohne Daten aus dieser Region ist eine Vorhersage das Papier nicht wert, auf dem sie gedruckt wird. Spezialeinheiten landeten auf Spitzbergen und auf anderen abgelegenen Inseln im Nordpolarmeer, um dort geheime militärische Wetterstationen zu errichten.

Eine davon lieferte ab August 1942 von der Sabine-Insel in der Hansebucht Ostgrönlands Wetterdaten. Nur zufällig entdeckte eine grönländische Patrouille im März 1943 die 17 deutschen Soldaten und wurde in ein Feuergefecht verwickelt, bei dem die Grönländer das einzige Todesopfer des gesamten Zweiten Weltkriegs hatten. Die Patrouille musste sich zurückziehen, meldete den Vorfall, und zwei Monate später zwangen Bombenflugzeuge der U.S. Air Force die Deutschen, ihre Wetterstation aufzugeben.

Um ähnliche feindliche Einsätze in der Hocharktis aufklären und verhindern zu können, gründete das für die Verteidigung Grönlands zuständige Dänemark dann 1950 die Sirius-Patrouille. Diese Einheit sichert auch im 21. Jahrhundert noch die Souveränität der Insel. Angepasst an die Verhältnisse im ewigen Eis gehören neben 26 Soldaten noch 80 Schlittenhunde zu diesen Streitkräften. Die 90 Kilogramm schweren Schlitten sind nach traditioneller Bauart aus Holz gefertigt. Wären deren Einzelteile fest miteinander verbunden, würden die kräftigen Stöße bei der schnellen Fahrt über das harte und unebene Eis die

DER SPITZBERGEN-VERTRAG

Nachdem die Walfänger die lebenden Ressourcen Spitzbergens völlig ausgeplündert hatten, begann Anfang des 20. Jahrhunderts die zweite Goldgräberepoche auf der Insel im Nordatlantik: Auf Spitzbergen reichen manche Kohleflöze bis an die Erdoberfläche und lassen sich so relativ leicht abbauen – ein lohnendes Unterfangen, trotz der abgelegenen Lage der Inseln. Aber der Archipel war nach wie vor Niemandsland, das zu keinem Staat gehörte. Jeder konnte sich damals seine Ansprüche abstecken, Streit war an der Tagesordnung. Erst seit 1925 räumt der Spitzbergen-Vertrag Norwegen alle Hoheitsrechte über den Archipel ein. Alle 39 Unterzeichnerstaaten des Vertrages aber genießen auf Spitzbergen die gleichen Rechte wie Norwegen. Deshalb dürfen die Russen dort auch heute noch Kohle abbauen – zumindest solange Norwegen das tut. Die norwegischen Gruben in Longyearbyen und Svea sowie die russische Mine in Barentsburg rentierten sich jedoch lange Jahre bloß, weil beide Staaten riesige Geldsummen zuschossen – und das taten sie nur, um ihre Ansprüche auf das Gebiet zu untermauern.

Schlitten rasch zerlegen. Daher verbanden die Grönländer die Holzteile seit jeher mit elastischen Lederriemen, ersetzen diese heute aber durch Kunststoff.

Mehr als 400 Kilogramm trägt ein solcher Schlitten, der von einem Soldaten gelenkt und von elf Hunden gezogen wird. Der zweite Mann eines Trupps spurt auf Skiern voraus oder läuft auf einfachem Gelände hinterher. 30 bis 50 Kilometer legt ein Hundeschlitten mit seiner großen Last am Tag zurück, danach übernachten die Männer in Zelten oder in einer der 65 Versorgungshütten, die in der Region stehen. Bewaffnet sind sie mit Repetierbüchsen, die aber nur zur Selbstverteidigung gegen Eisbären eingesetzt werden.

Wie in vielen Militäreinheiten gibt es auch in der Sirius-Patrouille Spezialisten, die unter anderem für den Funk *(radio man)* und die Stationselektrik *(sparky),* die Stromgeneratoren *(machine man)* und die Wasseraufbereitung *(osmosis man)* zuständig sind. Und dann ist da natürlich auch noch der *dog man,* der die 40 bis 50 Kilogramm schweren Hunde versorgt und deren Zucht kontrolliert.

Zum Patrouillengebiet gehört auch der einzige Nationalpark Grönlands, der mit 972 000 Quadratkilometern allerdings fast dreimal größer als Deutschland ist. Mit 5 000 bis 15 000 Moschusochsen leben in diesem größten Nationalpark der Welt rund 40 Prozent des gesamten Bestandes dieser Tiere. Walrosse und Polarfüchse, Hermeline und Polarhasen tauchen dort häufig auf, nur Menschen sind selten. Ganze 31 Vertreter dieser Art wohnen im Nationalpark, die meisten von ihnen gehören zur Sirius-Patrouille. Genau wie diese Soldaten müssen auch die wenigen Besucher des Nationalparks bewaffnet sein, um sich im Notfall gegen die vielen Eisbären verteidigen zu können.

Die kalte Welt der Inuit

Mit dieser Gefahr müssen sich Menschen schon seit einigen Jahrtausenden auseinandersetzen. Denn anders als die Antarktis ist der hohe Norden schon lange besiedelt. Heute leben etwa 160 000 Eskimos im nördlichen Polargebiet zwischen der Tschuktschen-Halbinsel im

Nordosten Sibiriens über den äußersten Norden Nordamerikas bis nach Grönland. Der Begriff »Eskimo« wird allerdings nur noch in der Umgangssprache verwendet, weil er von den Indianern und Europäern oft abwertend verwendet wurde. Das Wort »Eskimo« selbst kommt vermutlich aus einer Indianersprache und bedeutet entweder »Schneeschuhmacher« oder »Menschen, die eine andere Sprache sprechen«.

Den Begriff »Eskimo« zu ersetzen aber gestaltet sich schwierig. Zwar versuchen vor allem die Menschen in Grönland und im Nordosten Kanadas, den Begriff »Inuit« durchzusetzen, der übersetzt »Menschen« bedeutet. In den im Nordwesten Kanadas, Nordalaskas und der Tschuktschen-Halbinsel gesprochenen Sprachen aber gibt es dieses Wort gar nicht, dort heißen die jeweiligen Völker »Inuvialuit«, »Inupiat« und »Yupik«.

So verschieden die Sprachen und Begriffe für die Völker auch sein mögen, so sehr ähnelt sich die traditionelle Lebensweise im hohen Norden. Verglichen mit den Indianern im Süden sind die im hohen Norden lebenden Völker erheblich jünger. Erst vor etwa 5 000 Jahren

Schneewehen gehören zum Alltag der Inuitkinder. Schneeballschlachten aber scheitern vor allem im Winter oft daran, dass der Schnee zu kalt ist, um daraus gute Schneebälle zu formen.

und damit mindestens 12 000 Jahre nach den Indianern erreichten sie Nordamerika und vor 4 500 Jahren dann auch Grönland.

Landwirtschaft ist in diesen Regionen praktisch nicht möglich, und mit dem Sammeln von Früchten kommen die Menschen auch kaum über das Jahr. Daher ernährten sie sich bis in die Mitte des 20. Jahrhunderts vor allem von Fischfang und der Jagd auf Robben, Walrosse, Wale, Eisbären und Karibus. Harpunen, manchmal auch Pfeil und Bogen waren ihre Jagdwaffen, Kajaks und von Hunden gezogene Schlitten brachten die Jäger im Wasser und auf dem Schnee voran. Aus Steinen, Gras und Erdboden bauten sie das sorgfältig mit Schnee abgedichtete Winterquartier, das sie »Qarmaq« nennen. Im Sommer lebten die Menschen in luftigen Zelten aus Walknochen und Tierfellen. Die »Iglus« genannten Schneehäuser bauten sie dagegen meist nur als vorübergehende Unterkunft auf winterlichen Wanderungen.

Vor allem seit den 1960er-Jahren aber sind diese Traditionen weitgehend erloschen. Die meisten Menschen leben inzwischen in Siedlungen. Schlittenhunde sind längst durch Schneemobile ersetzt, statt mit dem Kajak ist man heute in einem fabrikgefertigten Kanu mit Außenbordmotor unterwegs. Auch der Handel mit Walross- und Narwal-Elfenbein sowie Robben- und Fuchsfellen ist weitgehend Geschichte. Einzig die Inuitkunst mit Skulpturen aus Serpentin und Marmor sowie Grafiken, Wandbehängen, Schmuck, Keramik und Puppen liefert vielen Menschen im hohen Norden heute noch ein Einkommen als Ergänzung zu Jagd und Fischfang.

Abb. links: Da Robben und Wale an Löchern im Meer-Eis zum Atmen auftauchen müssen, lauern die Jäger der Inuit an diesen Löchern ihrer Beute oft erfolgreich auf.

Schätze im Untergrund

Da wundert es nicht, wenn sich viele Polarbewohner einiges von der Ausbeutung der Bodenschätze versprechen. Genau solche Aktivitäten aber versuchen Naturschützer zu verhindern. Es wogt ein unsichtbarer Kampf in einer atemberaubenden Natur: Durch die endlose Ebene der Tundra schlängeln sich ungezähmte Flüsse, die sich in ein Netz von Armen aufspalten. Moschusochsen und Karibus trotten durch die baumlose Landschaft, Wölfe, Bären und Polarfüchse suchen nach Beute. Im Süden erheben sich die schroffen schneebedeckten Hänge der Berge Alaskas mit Gletschern und windgepeitschten Graten abrupt aus der Ebene. Im Norden leben Eisbären und Robben an der Küste der Beaufort-See, die für mindestens acht Monate im Jahr unter einem Panzer aus Eis verschwindet.

Mitten in dieser vermeintlichen Naturidylle stehen in der Prudhoe Bay unzählige Bohrtürme. Werkshallen und Hunderte von Kilometern Straßen prägen dort das Bild der Landschaft. Nordamerikas größtes Ölfeld, aus dem zu seinen produktivsten Zeiten jeden Tag zwei Millionen Barrel Rohöl durch die Trans-Alaska-Pipeline nach Süden flossen, nahm in den 1970er-Jahren den Betrieb auf. Weil die Vorräte dort langsam zur Neige gehen, sollen neue Gebiete erschlossen werden, die zum Teil mitten in Naturschutzgebieten liegen. Ein Blick auf die Ortschaft Prudhoe Bay weckt allerdings erhebliche Zweifel, ob den Menschen im hohen Norden wirtschaftlicher Fortschritt winkt: Nach einer Volkszählung gab es dort im Jahr 2000 einen einzigen Haushalt mit einem Ehepaar und deren drei Kindern. Der Rest des Ortes bestand aus Wohncontainern, in denen die Mitarbeiter der Ölfördergesellschaften lebten, die alle aus anderen Teilen der USA in den hohen Norden kamen. Und das noch vorhandene Ölvorkommen ist so gering, dass es eigentlich kaum längere Überlegungen rechtfertigt: Die neuen Lagerstätten könnten den Bedarf der USA an Öl eventuell nur für ganze zwei Monate decken.

Die Claims der Goldgräber

Auch mit den Bodenschätzen, die Russland unter dem Nordpol vermutet, ist es womöglich nicht weit her. Im August 2007 erhob das Land mit einer spektakulären Aktion einen symbolischen Anspruch auf dieses Gebiet: An Bord eines Mini-Unterseebootes hissten vier Passagiere mehr als 4 000 Meter unter dem Meeresspiegel die russische Flagge genau am nördlichsten Punkt der Erde. Auch hier stecken wirtschaftliche Interessen dahinter. Die Klimaerwärmung lässt das Eis auf dem Nordpolarmeer zunehmend schmelzen und macht so Bodenschätze im

Meeresgrund leichter zugänglich. Die Russen stecken also schnell ihre Claims ab. Dabei weiß niemand so recht, ob es dort unten wirklich lohnende Mineralien oder Erdöl gibt.

Auf die Frage nach Mineralien schüttelt Michael Wiedicke von der Bundesanstalt für Geowissenschaften und Rohstoffe in Hannover nur den Kopf. »Das ist ein typisches Meeresgebiet, Mineralien findet man aber vor allem im Boden der Kontinente«, sagt der Meeresgeologe. Und ob vom Festland zum Beispiel Goldstaub oder andere wertvolle Bodenschätze aus Kanada oder aus Sibirien in das Nordpolarmeer geschwemmt wurden, wissen vermutlich nicht einmal die Götter genau. Geologen jedenfalls müssten dort erst nach Mineralien schürfen, was aufwendig und teuer wäre und sich kaum lohnen dürfte.

Weshalb aber haben die Russen trotzdem ihre Flagge in der Tiefe des Nordpolarmeers gehisst? Da gibt es zum einen juristische Gründe. Russland hatte die Seerechtskonvention der Vereinten Nationen bereits 1997 unterschrieben und dadurch nur bis zum Jahr 2009 Zeit, Ansprüche auf Gebiete außerhalb der 200-Seemeilen-Wirtschaftszone vor der eigenen Küste anzumelden. Genau wie die Goldgräber des 19. Jahrhunderts sich in Kalifornien oder in Alaska die Schürfrechte für ein bestimmtes Gebiet mit sogenannten Claims sicherten, versuchte Russland seine Wirtschaftszone über diese 370-Kilometer-Zone hinaus auszudehnen. Andere Länder haben dafür noch mehr Zeit, weil sie die UN-Seerechtskonvention erst viel später unterschrieben haben. Aber auch Kanada und Norwegen, das über Grönland beteiligte Dänemark und vor allem die USA stecken inzwischen längst ihre Claims am Nordpol ab.

Russland hofft wohl, Erdöl oder Erdgas zu finden. Ob diese fossilen Brennstoffe aber wirklich im Untergrund des Polarmeers stecken, wissen Geologen nicht. Bohrungen im Nordpolarmeer sind bis heute selten. Der Geophysiker Wilfried Jokat vom Alfred-Wegener-Institut für Polar- und Meeresforschung in Bremerhaven veranschaulicht das Problem anhand eines Vergleichs: »Gäbe es in Nordamerika nur eine Straße von Boston nach San Francisco, könnte man von dieser aus auch nicht auf alle Bodenschätze des gesamten Kontinents schließen.« So ähnlich aber sieht die Situation im Nordpolarmeer aus.

Immerhin gibt es kleine Hinweise auf Erdöl oder Erdgas, erklärt Wilfried Jokat. Als im Jahr 2004 eine internationale Expedition im Lomonosov-Rücken am Grund des Nordpolarmeers eine 500 Meter tiefe Forschungsbohrung durchführte, rekonstruierten die Forscher mithilfe des Bohrkerns auch die Verhältnisse vor 55 Millionen Jahren. Damals schwappte in der Region ein Binnenmeer, das kaum Verbindungen zu anderen Ozeanen hatte. Bei 21 Grad Celsius könnte es im Wasser ein üppiges Pflanzen- und Tierleben gegeben haben. Ähnlich wie noch heute im Schwarzen Meer war auch damals in tieferen Wasserschichten des Nordpolarmeeres Sauerstoff Mangelware, und abgestorbene Organismen zersetzten sich kaum. Werden diese Pflanzen- und Tierreste mit der Zeit unter einer dicken Sedimentschicht begraben, steigen Druck und Temperatur. In vielen Jahrmillionen verwandeln sich die Reste des Lebens dann zu Kohlenwasserstoffen.

Kohlenwasserstoffe aber sind nichts anderes als Erdöl und Erdgas. Sollten sich im Nordpolarmeer Kohlenwasserstoffe gebildet haben, können sie von dort auch längst wieder verschwunden sein. Denn diese Substanzen verflüchtigen sich leicht und sind normalerweise stark mit Wasser vermischt. Liegt aber unter diesen Schichten zum Beispiel ein Salzstock, steigt das leichtere Salz in die Höhe und drückt die zuvor waagrechte Schicht mit den Kohlenwasserstoffen in eine leichte Schräglage. Aus der Mischung von Kohlenwasserstoffen und Wasser steigen die leichteren Kohlenwasserstoffe nach oben. Wenn dann eine Deckschicht aus undurchlässigem Ton oder einem ähnlichen Material die Kohlenwasserstoffe am weiteren Aufsteigen hindert, ist eine sogenannte Erdölfalle entstanden. Ob sich derartige Öl- und Gaslagerstätten wirklich unter dem Nordpolarmeer befinden, ist völlig unklar, führt Wilfried Jokat aus. Nur Bohrungen könnten hier Klarheit schaffen. Die aber dürften in Zukunft leichter fallen, wenn das Eis auf dem Nordpolarmeer zunehmend schmilzt. Und genau deshalb haben die Russen dort schon einmal ihre Claims abgesteckt.

In der Antarktis dagegen ist der Kampf um die Bodenschätze noch nicht in voller Schärfe entbrannt. Dort deutet bisher auch kaum etwas darauf hin, dass die kontinentale Eisdecke über den vermuteten Lagern mit Erdöl, Erdgas und Kohle, mit Titan-, Chrom-, Eisen- und Kupfererzen sowie mit Uran, Platin und Gold in absehbarer Zukunft schmelzen könnte. Außerdem verbietet der Antarktis-Vertrag ohnehin bis zum Jahr 2041 das Ausbeuten von Bodenschätzen.

Freier Weg im hohen Norden

Im hohen Norden aber macht das schmelzende Eis nicht nur den Weg zu möglichen Bodenschätzen, sondern auch für Schiffstransporte frei. Zumindest sieht es so aus. Seit dem Jahr 2000 gibt es häufiger Sommer, in denen Schiffe theoretisch von Europa an Skandinavien und Sibirien vorbei nach Japan und China hätten fahren können. Oder von New York an der Nordküste Kanadas vorbei nach Taiwan oder Südkorea. Für Reedereien sind das erst einmal gute Nachrichten, weil diese Routen viel kürzer und damit billiger sind als die übliche Fahrt durch den Panama- oder den Suez-Kanal. So treibt der Klimawandel Klimaforschern zwar Sorgenfalten auf die Stirn, einigen Wirtschaftsunternehmen aber öffnet er neue Möglichkeiten. Allerdings gilt das nur für den Sommer, erklärt Georg Heygster vom Bremer Institut für Umweltphysik, der jeden Tag eine aktuelle Weltkarte über das Eis auf den Meeren veröffentlicht. Bessere globale Eiskarten gibt es nirgends, auch der deutsche Forschungseisbrecher *Polarstern* navigiert mit dieser Hilfe.

Ein Blick auf den Globus zeigt, dass die Nordostpassage von Europa vorbei an der Nordküste Sibiriens nach Japan (rot) kürzer ist als der Weg durch das Mittelmeer, den Suez-Kanal und den Indischen Ozean (blau). Allerdings wird Meer-Eis diese Strecke wohl auch in Zukunft einen großen Teil des Jahres über blockieren.

In der Polarnacht friert im Winter das Wasser im Nordpolarmeer rasch zu einer mehrere Meter dicken Eisdecke. Im März schwimmt dann auf rund 15 Millionen Quadratkilometern und damit mehr als der dreifachen Fläche der Europäischen Union eine fast geschlossene Eisschicht. Im Frühjahr und Sommer knabbern Sonne und warme Winde am Eis, bis es im September auf gut die Hälfte der maximalen Ausdehnung vom März schmilzt. Seit den 1970er-Jahren beobachten Satelliten die Eisdecke der Arktis und messen in jedem Jahrzehnt weniger Eis. Der Klimawandel scheint das große Schmelzen seit der Mitte der 1990er-Jahre noch stärker zu beschleunigen.

Genau wie über Mitteleuropa ist aber auch über dem Nordpolarmeer das Wetter recht veränderlich. Blasen dann wie im Jahr 2007 kräftige Südwinde warme Luft vom Pazifik direkt auf das Eis, schmilzt die weiße Decke stärker als in Jahren mit nur schwachen Südwinden. Diese Abhängigkeit vom Wetter aber erschwert Prognosen enorm. 2007 war zum Beispiel die Nordwestpassage von New York an der kanadischen Nordküste vorbei nach Japan und China weitgehend eisfrei. Während Schiffe von Rotterdam nach Tokio durch den Panama-Kanal normalerweise 23 300 Kilometer fahren müssen und durch den Suez-Kanal immer noch 21 100 Kilometer vor sich haben, verkürzt diese Nordwestpassage die Verbindung auf nur noch 15 900 Kilometer. Und jeder Schiffskilometer weniger bedeutet weniger Treibstoffkosten und kürzere Transportzeit. Noch kürzer wird die Strecke Tokio–Rotterdam mit 14 100 Kilometern durch die Nordostpassage entlang der Küste Sibiriens. Dort lag allerdings auch im Sommer 2007 noch eine Eiszunge, die vom Nordpol bis zum hohen Norden Sibiriens an der Taimyr-Halbinsel reichte und diese Route blockierte.

2008 aber war alles anders, Nordwest- und Nordostpassage waren ab Ende August gleichzeitig offen. Dennoch konnten sich die Reeder nicht uneingeschränkt freuen, wie Christian Melsheimer vom Institut für Umweltphysik der Bremer Universität erklärt: Die Nordwestpassage führt im Norden von Kanada durch ein Gewirr von Inseln und Buchten. Dort war aber nur eine Route im Süden der Victoria-Insel eisfrei, die recht verwinkelt ist und sich für normale Frachtschiffe kaum eignet. In der Hauptroute im Norden dieser Insel blockierte dagegen 2008 Eis immer noch die Weiterfahrt.

Überhaupt lässt sich die Eisbedeckung auf beiden Routen langfristig kaum vorhersagen. Die über viele Monate planenden Reedereien müssen daher vorsichtshalber immer einen Eisbrecher reservieren, der ihnen den Weg freiräumt, sollte der Wind eine Eisdecke quer über die Route treiben. Der aber kostet ebenfalls viel Geld. Und da die Routen im hohen Norden in den kommenden Jahrzehnten allenfalls zwei

Monate im Jahr passierbar wären, werden die Nordost- und die Nordwestpassage für die Reeder noch auf längere Sicht ein Unsicherheitsfaktor bleiben.

Die Nordküste Russlands profitiert allerdings durchaus vom Klimawandel und von der abnehmenden Eisdecke. Dort halten starke russische Eisbrecher längst die Fahrrinnen offen. Inzwischen gibt es bereits erste Frachtschiffe mit einem normalen Schiffsbug, deren Heck wie der Bug eines Eisbrechers geformt ist. Im offenen Wasser fährt ein solcher Frachter normal vorwärts, dreht aber vor einem Eisfeld um und bricht sich rückwärts mit seinem Eisbrecherheck eine Fahrrinne durch das Eis. Die Investition lohnt sich, weil diese Frachtschiffe den Hafenstädten im Norden Sibiriens den Nachschub für den nächsten Winter liefern, der bereits Ende September vor der Tür steht.

Der Klimawandel bringt dem hohen Norden also durchaus Vorteile. Allzu groß aber dürften sie auf absehbare Zeit nicht ausfallen – und das gilt meist so, wenn der Mensch seine Umwelt umkrempelt: Die Nachteile überwiegen. In den Polargebieten droht eine eigenständige Welt aus Eis und Schnee zumindest in Teilen für immer zu verschwinden. Die Risiken sind unkalkulierbar. Und wenn gefährliche Entwicklungen einmal in Gang gekommen sind, lassen sie sich nur noch schwer stoppen. Die Geister, die man rief, wird man dann womöglich nicht mehr los. ≋

Die Zukunft des Riesensturmvogels ist so ungewiss wie die zukünftige Entwicklung der Polargebiete: Der Mensch verändert seine Umwelt nicht nur durch den Klimawandel kräftig, sondern beeinflusst die Vögel auch, wenn er in der Nähe ihrer Nester forscht oder den Tieren mit der Kamera nachstellt.

Epilog

Von Magiern und Menschen

Eines Tages, als der mächtige Schamane Kiviok auf Reisen war, kam er an einen See. Es ging schon auf den Abend zu, und so schlug er am Ufer sein Lager auf. Er sah, wie sich das Wasser allmählich mit Eis überzog, und beschloss, gegen die Kälte ein Feuer anzuzünden. Also holte er seine große Axt aus dem Gepäck. Mit wuchtigen Schlägen begann er, einen Baum zu fällen und Feuerholz zu machen.

Während er so hackte, fiel ein Holzspan ins Wasser, und ein Fisch wurde geboren. Der musterte Kiviok und verspottete ihn: Er könne ja durch ihn hindurchschauen und den Himmel sehen – Kiviok habe nicht gerade viel Substanz. Der Schamane versuchte, den Fisch zu ignorieren. Doch als immer mehr Holzspäne ins Wasser platschten, wurden auch sie zu Fischen, die sich allesamt über ihn lustig machten. Wutentbrannt begann Kiviok, alles kurz und klein zu hacken. Umherwirbelnde Späne verdüsterten den Tag zu finsterer Nacht, obwohl die

Sonne noch nicht untergegangen war. Und alle Holzstücke, die in den See fielen, verwandelten sich in Fische. Jeder Baum brachte eine andere Fischart hervor – von Forellen über Saiblinge bis hin zu Äschen. Kiviok hackte und hackte, bis endlich seine Wut verflog. Dann schaute er sich um. Da gab es keine Bäume mehr, doch alle Seen und Meere wimmelten von Fischen.

Nach dieser Legende der Inuit war es ein mit magischen Kräften ausgestatteter Mensch, der die baumlose Weite und die fischreichen Gewässer der Arktis geschaffen hat. Wissenschaftler mögen weniger zauberhafte Erklärungen für die Eigenheiten der polaren Landschaften bevorzugen, doch niemand zweifelt ernsthaft daran, dass der Einfluss des Menschen auf die frostigen Paradiese am Ende der Welt sehr groß ist. Längst sind Arktis und Antarktis keine unberührte Wildnis mehr. Und der Klimawandel wird das Gesicht dieser Regionen weiter verändern. Offen ist nur, wie stark.

Es gibt wohl kein Gebiet auf der Erde, das dem Menschen die Notwendigkeit von Klimaschutzmaßnahmen so deutlich vor Augen führt. Vielleicht gelingt es, das globale Fieber zumindest nicht auf lebensgefährliche Werte ansteigen zu lassen. Noch ist etwas zu retten vom polaren Zauber. Viel Zeit hat die Menschheit dazu allerdings nicht mehr. Zumal sie anders als Kiviok nicht mit genügend magischen Fähigkeiten ausgestattet ist, um aus Holzspänen eine neue Fauna zu schaffen. Wenn es nicht gelingt, rechtzeitig die Hebel umzulegen und den weltweiten Ausstoß von Treibhausgasen zu begrenzen, werden die funkelnden Eislandschaften mitsamt ihren faszinierenden Bewohnern verschwinden.

Dabei hätten sie noch so viel zu erzählen. Geschichten über die Kämpfernaturen unter den Lebewesen und über die eingefrorenen Rätsel der Vergangenheit. Über die langen Arme der Atmosphäre und der Ozeane, die von den hohen Breiten rund um den Globus reichen. Und auch über den Menschen selbst, der seit Jahrhunderten dem Zauber der eisigen Welten erliegt.

Arktis und Antarktis haben noch genug Naturschönheiten, Abenteuer und Geheimnisse für Generationen von Polarfans zu bieten. Jeder, der diese Regionen besucht, wird dort seine eigenen Entdeckungen machen. Danach wird er vermutlich dem norwegischen Polarforscher Fridtjof Nansen recht geben: »Wenn Menschen aufhören, Neues zu entdecken, hören sie auf, Menschen zu sein.« ☙

Glossar

Agassiz-See Als die Eismassen am Ende der letzten Eiszeit schmolzen, sammelte sich das Wasser vor 11 700 Jahren nordöstlich der heutigen Großen Seen in Nordamerika in einem See, der mit 440 000 Quadratkilometern eine größere Fläche als Deutschland bedeckte. Mehr als einmal durchbrach sein Wasserdruck Eisdämme, und riesige Süßwassermengen flossen durch den St.-Lorenz-Strom oder die Hudson Bay in den Nordatlantik. Dadurch wurde der Golfstrom unterbrochen, und vor allem Europa erlebte dramatische Klimaänderungen. Übrig geblieben sind kleinere Gewässer wie der Winnipeg-See, die noch heute das Bild der Provinz Manitoba prägen. Benannt wurde der See nach Naturforscher Louis Agassiz aus der Schweiz, der im 19. Jahrhundert die bereits zuvor aufgestellte Theorie früherer »Eiszeiten« auf solide Beine stellte.

Alfred-Wegener-Institut (AWI) Am 15. Juli 1980 gründeten die Bundesrepublik Deutschland und das Bundesland Bremen das Alfred-Wegener-Institut für Polarforschung in Bremerhaven. Nach der Eingliederung des ebenfalls dort ansässigen Institutes für Meeresforschung wurde der Name in Alfred-Wegener-Institut für Polar- und Meeresforschung geändert. Als Mitglied der Helmholtz-Gemeinschaft Deutscher Forschungszentren hat das Institut heute Außenstellen in Helgoland, Sylt und Potsdam und behauptet eine Spitzenstellung in der weltweiten Polarforschung.

Antarktische Konvergenz Ungefähr am 50. Breitengrad trifft das kalte Oberflächenwasser aus der Antarktis auf wärmere Wassermassen aus dem Norden. Diese »Antarktische Konvergenz« gilt als Grenze zwischen Antarktis und wärmeren Breiten. Sie liegt im Indischen Ozean ungefähr am 45. und südlich von Südamerika am 57. Breitengrad. Die Wassertemperatur fällt an dieser Grenze ziemlich abrupt von 8 auf 2 Grad Celsius ab.

Boreale Zone Zwischen dem 70. und dem 50. Breitengrad umspannt ein ungefähr 700 bis 2 000 Kilometer breites Band aus Nadelwäldern mit sehr vielen Mooren die Nordhalbkugel der Erde. Nach dem lateinischen Wort »borealis« für »Nordwind« wird diese Region nach den dort vorherrschenden Winden »boreale Zone« genannt.

British Antarctic Survey Unter dem Dach des British Antarctic Survey fasst Großbritannien ein Forschungsprogramm für Antarktis und Subantarktis zusammen. Hauptsitz ist Cambridge, als größte Entdeckung gilt das Ozonloch, das von der Station Halley aus 1985 zum ersten Mal beobachtet wurde.

CCD Als »Calcite Compensation Depth« (CCD) bezeichnen Meeresforscher die Wassertiefe, unter der sich das für die Schale vieler Meeresorganismen wichtige Mineral Calcit vollständig auflöst. Sie liegt heute zwischen 3 500 und 5 000 Metern Wassertiefe.

Mit der Abkürzung »DNA« für das englische »Deoxyribo-Nucleic Acid« bezeichnen **DNA**
Molekularbiologen das Erbmaterial, das die meisten Lebewesen auf der Erde nutzen.

Bleibt im Inneren einer Bohrung in dicken Eisschilden das Eis unverändert erhalten, **Eiskern**
können Forscher diesen »Eiskern« analysieren und aus eingeschlossenen Luftblasen
oder Isotopen Rückschlüsse auf das Klima und die Umwelt in der Zeit ziehen, in der
sich die betroffene Eisschicht gebildet hat.

War in einem bestimmten Zeitraum der Erdgeschichte zumindest einer der beiden **Eiszeit**
Pole des Globus vergletschert, verwenden Geoforscher für diese Periode den Begriff »Eiszeitalter«. Demnach leben wir zurzeit in einem Eiszeitalter, das vor mehr als
30 Millionen Jahren begann, als die vorher eisfreie Antarktis vergletscherte. Innerhalb
eines Eiszeitalters gibt es wiederum unterschiedlich lange Zeiten, in denen das Klima
wärmer oder kälter ausfällt. So kühlt die Erde seit etwa 2,7 Millionen Jahren noch
ein wenig weiter ab. Zwischendurch aber gibt es auch immer wieder Zeiten, in denen die Temperaturen viele Jahrtausende lang deutlich höher liegen. In den kälteren
Episoden, die von Geoforschern »Glazial« genannt werden, stoßen die Gletscher aus
vielen Gebirgen in tiefere Regionen und von den Polargebieten in Richtung Äquator
vor. Seit ungefähr einer Million Jahren wechseln sich dabei die längeren Kalt- mit
den kürzeren Warmzeiten relativ regelmäßig ab. Diese Warmzeiten werden auch als
»Zwischeneiszeiten« oder »Interglaziale« bezeichnet. Das vorletzte dieser Interglaziale
endete vor rund 118 000 Jahren, die folgende Kaltzeit dauerte rund hunderttausend
Jahre – und diese Periode ist gemeinhin gemeint, wenn von »der letzten Eiszeit« die
Rede ist. Vor 11 000 Jahren hatten sich dann die Gletscher weit zurückgezogen, und
die noch heute andauernde Warmzeit begann.

Fluorchlorkohlenwasserstoffe werden als »FCKW« abgekürzt und wurden bis in die **FCKW**
1980er-Jahre häufig als Kühlmittel und Treibgase für Spraydosen eingesetzt. Als bekannt wurde, dass FCKW die vor ultravioletter Strahlung schützende Ozonschicht
in der Stratosphäre abbauen, wurden die Verbindungen weitgehend aus dem Verkehr
gezogen.

Lebensgemeinschaften aus Pilzen und einem Partner, der Fotosynthese betreibt, **Flechte**
werden »Flechten« genannt. Der Partner ist normalerweise eine Grünalge oder ein
Cyanobakterium.

Grünalgen, Pflanzen und einige Bakteriengruppen können mit Sonnenlicht, Kohlen- **Fotosynthese**
dioxid und Wasser Kohlenhydrate herstellen, die für Lebewesen eine Art energierei-
che Ursubstanz darstellen. Diesen Vorgang nennen Biochemiker »Fotosynthese«. Dabei entsteht Sauerstoff, während gleichzeitig Kohlendioxid aus der Luft geholt wird.

Glaziologie	In der Schweiz als »Gletscherkunde« entstanden, untersucht die Glaziologie heute auch Permafrost und Schelfeis.
Hydrophon	Ein Unterwassermikrofon wird »Hydrophon« genannt.
Inuit	Heute wird der Begriff »Inuit« oft für alle Völker in den Eiswelten zwischen Nordostsibirien und Grönland verwendet. Allerdings bezeichnen sich nur die Menschen auf Grönland und im Nordosten Kanadas als »Inuit«, während die anderen Völker dieses Wort gar nicht kennen.
IPCC	Der Weltklimarat der Vereinten Nationen heißt offiziell »Intergovernmental Panel on Climate Change« und wird mit IPCC abgekürzt.
Isotope	Gibt es von einem Element Atome mit unterschiedlicher Masse, werden diese »Isotope« genannt.
IWC	Die Internationale Walfangkommission (»International Whaling Commission«) IWC besteht aus den Repräsentanten der 75 Staaten, die ein 1946 geschlossenes »Internationales Übereinkommen zur Regelung des Walfangs« unterzeichnet haben. Auf einer jährlichen Konferenz legt die IWC Quoten für den Walfang und Schutzzonen für die großen Meeressäuger fest.
Klimawandel	Kohlendioxid verursacht zusammen mit Wasserdampf, Methan und Ozon den natürlichen Treibhauseffekt auf der Erde. Da die Menschheit vor allem seit Beginn des 20. Jahrhunderts immer größere Mengen von Kohle, Gas und Öl verfeuert, um Gebäude zu heizen, Fahrzeuge anzutreiben und elektrischen Strom zu erzeugen, stiegen die Kohlendioxidwerte in der Atmosphäre von einst 280 ppm auf 383 ppm im Jahr 2009 an, weil dieses Gas bei solchen Verbrennungen entsteht. Mehr Kohlendioxid in der Luft verstärkt aber auch den Treibhauseffekt. Deshalb wird es auf dem Globus immer wärmer.
Langleinenfischerei	An bis zu 130 Kilometer langen Leinen aus Kunststoff mit bis zu 20 000 Haken befestigen Fischer Makrelen oder Tintenfische als Köder. Mit dieser Langleinenfischerei werden auf Hochsee besonders wertvolle Speisefische wie Schwarzer Seehecht, Thun, Kabeljau, Schwertfisch, Heilbutt und verschiedene Arten von Haien aus den Meeren geholt.
Methan	Das Molekül aus einem Kohlenstoff- und vier Wasserstoffatomen heißt Methan und entsteht zum Beispiel bei Faulprozessen, wenn kein Sauerstoff vorhanden ist. Dieses Gas wirkt als Treibhausgas. Ein Methan-Molekül heizt das Klima mehr als 20-mal so stark auf wie ein Molekül Kohlendioxid. Methan entsteht zum Beispiel in Sümpfen oder in den Mägen von Wiederkäuern wie Rindern.

Das Molekül aus drei Sauerstoffatomen heißt Ozon. Weil es leicht ein Sauerstoffatom abgibt, das sehr gut mit vielen anderen Molekülen reagiert, ist Ozongas sehr aggressiv. Es entsteht in Bodennähe durch bestimmte Luftverschmutzungen und gefährdet die Atemwege. In der Stratosphäre gibt es ebenfalls größere Ozonmengen, die den krebserregenden ultravioletten Anteil des Sonnenlichts kräftig filtern und so das Leben auf dem Erdboden schützen.

Ozon

Die Wissenschaft vom Klima der Vergangenheit wird »Paläoklimatologie« genannt.

Paläoklimatologie

Liegt in einer Region die durchschnittliche Lufttemperatur über das gesamte Jahr gemittelt unter dem Gefrierpunkt und bedeckt weder Schnee noch Eis ganzjährig den Boden, bleibt der Untergrund oft bis in größere Tiefen dauerhaft gefroren. Wissenschaftler nennen solche Böden »Permafrost«.

Permafrost

»Plankton« heißen alle im Wasser lebenden, meist sehr kleinen Organismen, deren Schwimmrichtung von den Strömungen bestimmt wird. »Phytoplankton« heißen die Organismen darin, die selbst Fotosynthese betreiben. Alle anderen Lebewesen heißen »Zooplankton«.

Plankton

Tief im Erdinneren gleiten sieben gigantische Platten, die ganze Kontinente oder Ozeane auf ihrem Rücken tragen, und etliche kleinere Platten mit einem Tempo von wenigen Zentimetern im Jahr über die tieferen Gesteinsschichten. Die Bewegung dieser Platten heißt »Plattentektonik«. Sie verursacht Erdbeben und Vulkanausbrüche, lässt Gebirge wachsen und Tiefseegräben entstehen.

Plattentektonik

Fallen in der Polarnacht die Temperaturen in der Stratosphäre unter minus 78 Grad Celsius, bilden sich aus verschiedenen Substanzen winzige Flüssigkeitströpfchen oder Eiskristalle. Von der Erde kann man diese Teilchen als sogenannte Perlmutt-Wolken sehen. Wissenschaftler nennen diese Gebilde »polare Stratosphärenwolken« und kürzen sie nach dem englischen Begriff »Polar Stratospheric Clouds« mit PSC ab. Sie sind ein wichtiger Faktor für die Ausbildung eines Ozonlochs.

Polar Stratospheric Clouds (PSC)

Hoch im Norden Sibiriens rahmen oft kleine Dämme eckige Flächen ein, auf denen Wasser steht. Eisige Winter und milde Sommer lassen diese Vielecke entstehen, die Wissenschaftler »Polygone« nennen. Genau wie aus den ähnlich aussehenden und aufgebauten Reisfeldern blubbert auch aus den Polygonen das Treibhausgas Methan in die Atmosphäre und heizt dort den Klimawandel an.

Polygone

»ppm« steht für das englische »parts per million« und beschreibt zum Beispiel, wie viele Moleküle einer Substanz sich unter einer Million Teilchen Luft befinden. 280 ppm Kohlendioxid heißt also, unter einer Million Teilchen in der Luft befinden sich 280 Moleküle Kohlendioxid.

ppm

Röhrennasen	Eine Ordnung von Meeresvögeln mit meist langen Flügeln und kurzen Schwänzen heißt »Röhrennasen« oder »Procellariiformes«. Der Name bezieht sich auf zwei Röhren aus Horn auf dem Schnabel, mit denen die Tiere das Salz wieder ausscheiden, das sie beim Trinken von Meerwasser mit aufnehmen. Zu den Röhrennasen gehören die Albatrosse und die Sturmvögel.
Rossmeer	Weit südlich von Neuseeland gibt es eine gigantische Bucht in der Antarktis, die »Rossmeer« genannt wird. Mit etwa einer Million Quadratkilometern hat sie rund dreimal so viel Fläche wie Deutschland. Die Hälfte des Rossmeers ist von Schelfeis bedeckt, auf der anderen Hälfte schwimmt im Winter Meer-Eis und im Sommer Treibeis.
Sauerstoff-radikale	Einzelne Sauerstoffatome ohne Partner werden »Sauerstoffradikale« genannt, weil sie extrem heftig mit anderen Molekülen und Atomen reagieren. Sie entstehen unter anderem bei bestimmten Stoffwechselvorgängen und müssen vom Organismus rasch entschärft werden.
Schelfeis	Fließt eine Eismasse ins Meer, liegt sie zunächst auf dem Meeresgrund auf. Ab einer bestimmten Tiefe schwimmen diese oft 1000 Meter dicken Eisplatten dann auf. Allerdings ragen nur rund 10 Prozent des Eises über den Wasserspiegel. Solange die schwimmenden Eismassen noch mit dem Gletscher selbst verbunden sind, heißen sie »Schelfeis«.
Subantarktis	Die Zone zwischen der Antarktischen Konvergenz und dem Polarkreis wird auch als »Subantarktis« bezeichnet, während die Regionen südlich des Polarkreises zur »Antarktis« gehören. Die Spitze der Antarktischen Halbinsel liegt demnach bereits in der Subantarktis.
Subantarktische Inseln	In der Subantarktis gibt es eine Reihe von Inseln, die zwar im Inneren häufig vergletschert sind, aber zumindest eisfreie Küsten haben. Da größere Landraubtiere dort fehlten – zumindest bis zum ersten Besuch von Menschen, die zum Beispiel Ratten als blinde Passagiere mitbrachten –, brüten dort viele Vögel der Antarktis und Subantarktis. See-Elefanten und andere Robben kommen an die Strände, um ihr Fell zu wechseln und um sich zu paaren. Die bekanntesten dieser Inseln sind die Falklands, Kerkuelen, Macquarie-Inseln und South Georgia.
Svalbard/ Spitzbergen	»Svalbard« ist der norwegische Begriff für »kühle Küste« und bezeichnet eine Inselgruppe im Nordatlantik, die von Norwegen verwaltet wird. Im Deutschen wird dieser Archipel meist Spitzbergen genannt, obwohl eigentlich nur die größte Insel der Gruppe so heißt. Mit 61 000 Quadratkilometern Fläche ist Svalbard nur ein Viertel kleiner als Österreich.

An der Schelfeiskante brechen oft riesige Eisberge ab, die dann wie gigantische Tafeln auf dem Wasser schwimmen und daher »Tafeleisberge« genannt werden.

Tafeleisberg

Der Nadelwald in der borealen Zone Europas und Asiens wird »Taiga« genannt.

Taiga

Das Sonnenlicht durchstrahlt die klare Atmosphäre der Erde, wie die Glasscheiben eines Treibhauses, relativ ungehindert und heizt den Boden darunter kräftig auf. Der aufgewärmte Boden gibt ebenfalls Strahlung vor allem im infraroten Bereich ab. Diese Wärmestrahlung aber durchdringt normales Fensterglas kaum. Damit ist die einmal eingestrahlte Energie im Inneren eines Treibhauses gefangen, das sich so auch bei frostigen Außentemperaturen auf kräftige Plusgrade aufheizt. In der Atmosphäre wiederum gibt es eine Reihe von Gasen, die ebenfalls die infrarote Wärmestrahlung absorbieren und so die Wärme in den tieferen Luftschichten halten. In Anlehnung an die Treibhäuser der Gärtner werden diese Gase »Treibhausgase« genannt. Die wichtigsten Treibhausgase sind Wasserdampf, Kohlendioxid, Methan und Ozon. Ohne den durch sie ausgelösten Treibhauseffekt wäre die Temperatur auf der Erde rund 33 Grad kälter.

Treibhauseffekt

Zwischen den polaren Kältewüsten und dem borealen Nadelwald im Norden Sibiriens, Europas und Amerikas sowie auf Feuerland wachsen vor allem Moose, Flechten, Zwergsträucher und viele Pflanzen, die zum Beispiel auch in den Alpen vorkommen. Diese Landschaft heißt »Tundra«.

Tundra

Sonnenlicht enthält einen geringen Anteil von Strahlung, deren Wellenlänge kürzer als das sichtbare Licht ist und daher als »ultraviolette Strahlung« bezeichnet wird. Der größte Teil dieser UV-Strahlung wird von der Ozonschicht in der Stratosphäre aus dem Sonnenlicht gefiltert. Auf der Erde würde diese Strahlung das Erbgut vieler Organismen verändern und zum Beispiel Krebs auslösen.

UV-Strahlung

Der südlich vom Osten Australiens und von Neuseeland liegende Teil der Antarktis heißt »Victorialand«. Dort gibt es große Zonen, die nicht von Eis bedeckt sind. Sie werden »Antarktische Oasen« oder »Trockentäler« genannt.

Victorialand

Östlich der Antarktischen Halbinsel liegt das rund 2,8 Millionen Quadratkilometer große Weddellmeer. Sein südlicher Teil ist permanent vom Filchner-Ronne-Schelfeis bedeckt.

Weddellmeer

Als Wirbellose bezeichnen Zoologen alle Tiere, die anders als Vögel, Säugetiere oder Reptilien keine Wirbelsäule haben. Dazu gehören zum Beispiel Schwämme und Quallen oder auch Tintenfische.

Wirbellose

Literatur und Quellen

ACIA, Alfred-Wegener-Institut, *Der Arktis-Klima-Report*. Hamburg: Convent 2005

Amundsen, Roald, *Die Eroberung des Südpols 1910–1912*. Lenningen: Edition Erdmann 1989

Amundsen, Roald, *Die Nordwestpassage. Meine Polarfahrt auf der Gjöa 1903–1907*. Lenningen: Edition Erdmann 2001

Bomann-Larsen, Tor, *Amundsen. Bezwinger beider Pole. Die Biographie*. Hamburg: mare 2010

Culik, Boris, *Pinguine. Spezialisten fürs Kalte*. München: BLV 2002

Fleischmann, Klaus, *Zu den Kältepolen der Erde. 50 Jahre deutsche Polarforschung*. Bielefeld: Delius Klasing 2005

Fütterer, Dieter Karl, und Fahrbach, Eberhard, *Polarstern. 25 Jahre Forschung in Arktis und Antarktis*. Bielefeld: Delius Klasing 2008

Große, Guido, *Sibirischer Sommer*. Potsdam: Strauss Druckmedien 2004

Heacox, Kim, *Antarctica. The Last Continent*. Washington, D. C.: National Geographic 1998

Heacox, Kim, *Shackleton. The Antarctic Challenge*. Washington, D. C.: National Geographic 1999

Heacox, Kim, *The Only Kayak*. Guilford: Lyon's Press 2005

Jacquet, Luc, *Die Reise der Pinguine*. Hildesheim: Gerstenberg 2005 (Buch zum Film)

Lainema, Matti, und Nurminen, Juha, *Die Entdeckung der Arktis*. Stuttgart: Theiss 2010

Lange, Gert, *Eiskalte Entdeckungen. Forschungsreisen zwischen Nord- und Südpol*. Bielefeld: Delius Klasing 2001

Leier, Manfred, *Weltatlas der Ozeane*. München: Frederking & Thaler 2007

Nansen, Fridtjof, *In Nacht und Eis. Die norwegische Polarexpedition 1893–1896.*
Lenningen: Edition Erdmann 2009

Poliza, Michael, *Antarctic. Life in the Polar Regions.* Kempen: teNeues 2009

Rodenberg, Hans-Peter, *See in Not. Die größte Nahrungsquelle des Planeten.*
Eine Bestandsaufnahme. Hamburg: mare 2004

Röhrlich, Dagmar, *Tiefsee. Von Schwarzen Rauchern und blinkenden Fischen.* Hamburg:
mare 2010

Roland, Norbert W., *Antarktis. Forschung im ewigen Eis.* Heidelberg: Springer 2009

Scott, Robert F., *Letzte Fahrt. Kapitän Scotts Tagebuch. Tragödie am Südpol 1910–1912.*
Lenningen: Edition Erdmann 1996

Shackleton, Ernest, *Mit der Endurance ins ewige Eis. Meine Antarktisexpedition 1914–1917.*
München: Piper 2009

Stange, Rolf, *Spitzbergen – Svalbard. Wissenswertes rund um eine arktische Inselgruppe.*
Bandow: Rolf Stange 2007 (Eigenverlag: www.spitzbergen.de)

Abb. S. 18: nach einer Grafik vom Fram Museum, Oslo
Abb. S. 56 nach einer Grafik vom Alfred-Wegener-Institut
Abb. S. 141 nach einer Grafik von der European Space Agency (ESA)

Register

Danksagung

»Wollt ihr uns in die Polargebiete begleiten?« Für Autoren gehört eine solche Einladung zu den Höhepunkten ihrer Arbeit. Wird ein Autorenpaar gemeinsam zu einer solchen Expeditionsreise eingeladen, ist das ein unwahrscheinlicher Glücksfall. Wir hatten dieses Glück gleich zweimal. Die Naturschutzorganisation World Wide Fund for Nature WWF in Deutschland und das Arktisprogramm des WWF in Norwegen nahmen uns im August 2000 mit nach Spitzbergen in die Welt der Gletscher, Eisbären und Naturwissenschaftler. Zwei Jahre später fragte uns die ursprünglich norwegische Karlsen-Reederei im kanadischen Halifax, ob wir nicht auf ihrem Expeditionsschiff *Polar Star* drei Wochen mit in die Antarktis und nach South Georgia kommen wollten. Und ob wir wollten!

Schon vor diesen beiden uns noch immer fantastisch vorkommenden Reisen aber hatten wir immer wieder mit Wissenschaftlern über Themen wie Klimawandel, Ökosysteme und Forschungsstationen in den Polargebieten diskutiert. Die Kälte- und Eis-Experten des Alfred-Wegener-Institutes (AWI) in Bremerhaven und Potsdam haben wir seither mehr als einmal besucht. Die Telefongespräche mit Polarforschern an vielen Universitäten und Instituten können wir längst nicht mehr zählen. Sehr viele Artikel für Zeitungen und schließlich dieses Buch, in das einige der veröffentlichten Texte mit einflossen, entstanden aus solchen Recherchen. Allen, die in diesen vielen Jahren ihr Wissen und ihre Begeisterung für die eisige Welt weit im Norden und Süden mit uns geteilt haben, danken wir ganz herzlich.

Dann erlebten wir einen weiteren Glücksfall: Die Literaturagentur Dr. Uwe-Michael Gutzschhahn vermittelte uns an den mareverlag, der ein Buch über die Polargebiete herausbringen wollte. In jeder Phase der Entstehungsgeschichte dieses Buches engagierten sich der Verleger und die Mitarbeiter des Verlages mit einer Begeisterung für das Projekt, die weit mehr als außergewöhnlich ist. Das herausragende und äußerst sorgfältige Lektorat von Dr. Meike Herrmann hat unserem Text sehr gutgetan. Die wissenschaftliche Korrektheit der vielen Buchseiten überprüfte dankenswerterweise Prof. Dr. Jörn Thiede, der von 1997 bis 2007 Direktor des AWI war. Für uns Autoren ist mit diesem Buch ein lang gehegter Wunsch in Erfüllung gegangen.

Lehnin, im Januar 2011

Kerstin Viering und Dr. Roland Knauer

Kerstin Viering, 1971 geboren, studierte Biologie und schreibt als freie Wissenschaftsjournalistin u.a. für die *Berliner Zeitung, Frankfurter Rundschau* und *Stuttgarter Zeitung.*

Roland Knauer, geboren 1957, promovierte in Molekularbiologie, Virologie und Immunbiologie. Seit 1989 arbeitet er als freier Journalist und Fotograf u.a. für *FAZ, Die Welt, Tages-Anzeiger* und *Der Tagesspiegel.*

Als Autorenteam veröffentlichten Knauer & Viering bisher mehr als zehn Sachbücher, außerdem zahlreiche Beiträge für Lexika, Forschungsinstitute und Naturschutzorganisationen.

Jürgen Willbarth, 1940 in Stargard/Pommern geboren, studierte Grafikdesign in Berlin und ist seitdem auf allen Gebieten der visuellen Kommunikation tätig. Seine Schwerpunkte sind u.a. Logo- und Markendesign, Plakat- und Verpackungsgestaltung, Schriftgestaltung und Kalligrafie, außerdem arbeitet er als Illustrator und Zeichner für Printmedien und Buchverlage. Willbarth lebt in Schwerin.